U0564986

司法部2019年度法治建设与法学理论研究部级课题项目《上市公司股权质押系统性风险的法律治理》的最终成果，项目编号19SFB5013

上市公司股票交易融资合规性监管制度研究

SHANG SHI GONG SI GU PIAO JIAO YI RONG ZI
HE GUI XING JIAN GUAN ZHI DU YAN JIU

赖华子　著

上海三联书店

前　言

　　股票交易融资是证券市场常见的现象,职业证券投资者或者投机型投资者为了以小博大,实现多赚钱,赚快钱的愿望,在投资上市公司的股票时往往喜欢融入资金进行杠杆操作。在不危害证券市场稳定运行与不损害他人利益的情况下,采用何种交易方式属于当事人意思自治的领域,公权力没有必要干涉。然而正如赌博行为一样,从行为本身来看似乎是行为人自治领域内的事情,但从行为的结果来看,往往关系到千家万户的生命与财产安全,关乎着社会的稳定。股票融资交易不加管制会助长股票投资者的冒险行为,一旦投机失败很可能给行为人的家庭,甚至他人的生命财产安全带来损害,众多的铤而走险行为叠加在一起,一旦碰到重大疫情、中外贸易战等不可抗力事件必然引发股市的动荡与影响整个资本市场的波动,如果阻断风险传导的措施不得力,证券市场股票减值所形成的金融风险就会传递到货币借贷市场,进而危及银行、信托,甚至保险市场等的金融安全。2008 年美国次级债引发的金融海啸,造成雷曼兄弟破产,并直接引发了欧洲债务危机,波及我国证券市场的稳定。2015 年我国大陆股票市场因为场外配资,造成中国沪深两市的股票暴涨暴跌,给贪婪的投资者一次深刻教训。商业银行的理财项目、信托公司的结构性资管信托产品由于参与场外配资损失惨重,证券监管部门费了九牛二虎之力,鼓励众多上市公司大股东在二级市场增持股份,引进中央汇金资产管理有限责任公司、梧桐树投资平台有限责任公司等大型战略投资机构进场增持多家大型上市银行的股票,才使股票市场脱离下滑的漩涡,最终使证券市场回归平衡发展的轨道。这种暴涨暴跌的证券走势难以保护最广大的人民群众的利益,无法让人民分享我国经济发展带来的红利,无法让人民获得财产性的收益。

中共"二十大"指出:"要完善分配制度,坚持按劳分配为主体、多种分配方式并存,坚持多劳多得,鼓励勤劳致富,促进机会公平,增加低收入者收入,扩大中等收入群体,规范收入分配秩序,规范财富积累机制。"证券融资交易是智慧型脑力劳动者扩大收入、积累财富的途径之一,但是必须规范,无论是正规的融资融券交易还是场外配资交易均应该纳入规范的范畴,不应该因为难管理、难规范就一味地加以禁止,一味地禁止有悖"充分发挥市场在资源配置中的决定性作用"这一基本原则。而且监管部门明面上的禁止根本上无法禁绝证券市场上的场外配资,从不断发生的场外配资的诉讼案例来看,司法部门根本没有认定场外配资无效,而是根据当事人意思自治与公平原则,分清诉辩双方的过错与责任,公正地审理配资炒股案件。场外配资应该在规范中发展,才符合市场准入平等的原则。

有鉴于此,作者在综述近年来法学界对股票融资交易的论述、结合国家有关管理部门出台的众多治理与规范证券融资交易及各类资金入市的规范性文件,斗胆探索我国"股票交易融资的合规性监管"问题。作者有过证券从业经历,知晓证券交易的法律法规与证券融资交易的操作规范,但苦于学识与英语水平的限制,未能全面比较国外的同类监管经验,无法深入地探讨这一问题。在此作者以谨慎的心态向国内同行求教,希望学界同仁能对本书粗浅的观点提出批评意见,以促进作者进一步完善股票交易融资监管制度的研究。

目 录

第一章

股票交易融资合规性监管制度的研究意义

第一节 股票交易融资监管相关概念的界定

一、股票交易融资的概念与特征

(一) 股票交易融资的概念

股票交易融资是指投资者为了获取更多的收益以自有资金作为交易保证金,按照一定的融资比例融入资金买入股票的证券交易行为。

(二) 股票交易融资的特征

1. 交易主体的资格性。交易主体一般是指具有两年以上证券市场投资经验,投资保证金达到 50 万元人民币,具有证券投资知识与风险承受能力的经济组织或自然人。

2. 交易标的的特定性。融资交易买入的股票必须是经证券监督管理机构核准或备案的业绩较好的股票或基金等证券。

3. 交易资金的担保性。投资者投入的资金与融入的资金在买入股票后均成为偿还融入资金的担保金,其本质上是交易者投入资金对融入资金本息的担保,在融入资金的偿还期限届满时,或买入股票下跌到融资合同设定的平仓线时,资金融出者享有强制平仓权,平仓后所得的资金优先清偿融入的资金,不足清偿部分由投资者自有资金清偿,因而客户的自有资金称为保证金。

4. 交易关系的三重性。一个融资交易的完成包含了两个交易关系,一是融入资金的融资关系,二是买入股票的股票交易关系,三是买入股票作为偿还融资担保的股票质押关系。

二、股票交易融资合规性的界定

股票交易融资合规性是指根据股票交易融资的风险生成机理以及基于证券投资者权益与社会公共利益的需要而对股票交易融资规制的因素,这些因素共同构成股票交易融资的合规性标准。从国内外证券融资交易的合规性要求来看,股票交易融资合规性标准一般包括公司治理制度、信息披露、融资杠杆、产业政策、金融消费者利益保护等制度规范,这些合规性标准共同构成规制股票交易融资的合规系统。

三、股票交易融资合规性监管的含义

合规性监管是指通过行政、经济与法律手段,对股票抵押融资交易的有关法规、制度和规章等进行规范性监管,以规范证券融资交易行为,维护股票交易融资的秩序,避免股票交易融资的系统性风险。合规性监管的目标是:最大限度防止和遏制证券市场风险的扩大与传导,从而维护证券业的安全稳定和证券市场的高效运行。

第二节　我国股票交易融资面临的发展机遇

一、证券市场的国际化与产业资本的并购催生股票质押融资的壮大

当前我国处于逐步对外开放证券市场与加强多层次证券市场建设并

逐步提高直接融资比重的金融背景下。《国务院关于进一步做好利用外资工作的意见》第 1 条第 2 款规定："2020 年取消证券公司、证券投资基金管理公司、期货公司、寿险公司外资持股比例不超过 51％的限制。" 2019 年 10 月 11 日，证监会发言人在例行新闻发布会上表示，证监会将坚定落实对外开放总体部署，积极推进资本市场对外开放进程，继续依法合规高效做好合资证券公司、基金管理公司的设立或变更实际控制人的审核工作。① 我国正在逐渐步入后工业化时代，后工业社会的经济主要是服务性经济，生产性服务业正在成为产业结构优化的助推器。作为经济发展血脉的金融业无疑是核心的生产性服务业，而且也是生活性服务业，更是居民财富增长的助推器。我国进入后工业社会后，投资者的投资标的将以房地产等物质形态为主转向以债权、股票、股权、期货等价值形态为主，其中股票投资因为证券市场 30 多年来的发展已经被国内证券投资者熟练掌握。在产业经济发展方面，股票市场是产业资本融资并购并做强做大的主要资本市场，中国平安收购深发展、保险资本在证券二级市场收购金地集团、宝能收购万科等均展现出产业资本通过证券市场做强做大的欲望，产业资本的扩张必然需要依靠杠杆收购等股票质押融资方式才能降低产业并购的成本与增并购的能力。从我国经济结构调整与战略资本并购的角度看股票质押融资面临巨大的发展机遇。

二、中产阶层的壮大造就个人股票质押融资的需求

从发达国家的历史看，后工业社会时代，中产阶层会逐渐成为这个社会的主要阶层，② 中产阶层是证券投资的主要个人投资者。我国进入后工业社会后中产阶层是我国股票市场的有生力量，他们又往往是接受过高等教育、学习能力较强、智力层次较高的一个阶层，有分析与投资

---

① 《明年取消券商、基金、期货公司外资股比限制　对外开放再提速　外资正加速涌入》，东方财富网 http://finance.eastmoney.com/a/201910121258413166.html，2019 年 10 月 12 日。

② 张翼：《社会新常态：后工业化社会与中产化社会的来临》，《江苏社会科学》2016 年 1 期，第 2 页。

股票市场的能力。另一方面,随着我国证券市场的开放,国外资金配置我国股票的欲望逐步增强,加上我国机构投资主体逐渐增多,我国的股票市场将呈现出国内外机构投资者与中产阶层个人投资者为主要投资主体的市场,所以我国股票市场正面临良好的历史发展机遇。基于中产阶层良好的学习能力与良好智力,其追求财富增值的欲望与后工业社会我国证券市场的发展机遇,他们采用股票交易融资增值财富将成为常态。

第三节　股票质押融资法律制度建设所面临的机遇

市场经济是法治经济,证券市场是法律规制下市场经济的有机构成部分。无论是 2015 年曝光的场外配资事件还是宝能集团收购万科时引发的融资合规性讨论及其股票质押融资风险的最终化解,均暴露出我国股票质押融资制度存在缺陷,这种缺陷既妨碍着产业资本的做强做大,又妨碍着一部分有能力的中产阶层通过股票市场发财致富,一定程度上还妨碍着我国经济结构的调整。所以我国的证券抵押融资交易迫切需要健全的法律制度来规制。面对股票质押融资法律制度的困境,相关管理部门正在组织力量加强研究与调研,力求针对我国股票市场的实际情况制定相应的股票质押融资的监管规则。

当前随着证券市场的进一步开放,股票投资者素质的进一步提高,一方面以国内外机构投资者与中产阶层个人投资者为主要投资力量的投资主体,其抗风险的能力逐步增强,另一方面这类投资主体参与证券法制建设的能力也进一步增强。他们在投资中对运用股票质押融资追求股票投资利益最大化的欲望在增强,利益所在,渴望股票融资法制完善的诉求在增强,使得他们不得不献计献策,并积极参与证券市场法制建设。中国证券法制建设已经进入主管部门推动与投资者积极参与的大好时期,随着我国法学留学人才的回国效力,证券法制科研力量的增强,中国即将面临股票质押融资法制建设的大好局面。

第四节　场外配资与杠杆收购事件引发的股票交易融资监管问题

2015 年中国发生的场外配资事件让人反思我国股票交易融资合规性监管问题，是什么原因导致场外配资日益做大，并最终导致股灾的？股灾发生后监管部门采取的应急措施是否妥当？在法律层面是否存在制度上的不足？股票质押融资应该如何规范？当股票质押融资风险暴露时监管层应该采取什么样的监管措施才能更好地保护合规股票投资者的利益？什么样的股票交易融资监管法律制度才能保障股市健康发展？这些问题均值得研究。

宝能收购万科事件，最终以"宝能系"关联公司将辛苦收购的筹码给其他投资者而告终。这一杠杆收购事件的失败暴露出股票质押获取杠杆资金的监管问题。其中值得人们思考的主要问题，一是关联子公司与相关理财项目收购的上市公司股票如何合并计算实际持股比例问题，二是关联公司动用公司资金帮助实际控制人收购上市公司股票需要经过何种决策程序，三是关联人收购上市公司股份的信息披露如何规范的问题，四是作为资管计划委托人的资管产品利用杠杆融资融入银行理财资金所收购的上市公司股票是否享有表决权的问题，五是自有资金有什么要求？六是杠杆融入资金的种类有无限制？七是杠杆融资的比例如何计算？这些问题均需要研究。

第五节　研究股票交易融资合规性监管的理论意义

当前学界在研究的证券市场监管，诸如风险控制理论等均可以运用于股票融资监管，然而股票融资合规性监管有自身的规律，股票质押融资包含两个法律关系，一是质押关系，一是融资关系，从微观上说质押理论与融资理论均可以运用到股票质押融资监管的研究中来，但是所谓集合大于所有集合元素之总和,股票质押融资必然高于质押制度与融资制度的总和,质押融资监管不但要考虑质押的合规性、融资的合规性与股票质押融资风险的控制,还要考虑证券市场的活跃与发展,考虑产业资本通过股票市场的股权并购做强做大,还要考虑占市场支配地位的产业垄断者在杠杆收购上市公司股权之垄断行为的规制,考虑中小投资者参与股票投资的公平性问题。所以,股票质押融资合规性监管的研究在理论上具有综合应用系列理论解决股票质押融资实际问题的探索价值,在某种程度上有可能丰富或拓展证券监管理论。本课题的理论价值主要体现在:(1)在股票质押系统性风险的法律治理方面,引进利益共同体理论,同意上市公司的股东与公司一起成为一个利益共同体,股东从关心自己股票价值利益的角度关心公司价值与其他股东的股票交易融资行为,强调上市公司股东之间对各股东的股票抵押融资交易进行互相监督,及早发现大规模股票交易融资的机构投资者,特别是杠杆收购的战略投资者谨慎使用融资杠杆,以防股票抵押风险引发上市公司股价暴跌;(2)运用系统理论将影响股票质押交易融资风险的诸多因素设置成一个系统,这些因素包括公司治理、资金准入标准、理财人意思自治、信息披露、关联交易、反垄断审查、杠杆收购产业政策、金融消费者权益保护标准、股票交易融资的保证金比例等,它们共同构成股票交易融资合规性的系统,这些因素既相互独立又相互联系,共同影响着股票交易融资的安全性,这是系统性理论应用到股票交易融资合规性监管的有益尝试;(3)借鉴美国的"双峰"监管理论,为我国中央金融委员会领导下的证监会与金融监管局的"双峰"监管模式进行有益的探讨。

第六节 研究股票质押融资合规性
监管制度的实际意义

股票交易融资合规性监管制度的研究重点是股票质押融资的合规性标准与监管主管部门对股票质押融资的监管运作与监管措施的制度建设。股票交易融资的合规性标准,为证券投资者划定了不可逾越的红线,指引证券投资者按照合规性标准自律从而降低抵押融资的风险。

股票交易融资合规性的研究还为证券经营机构监控融资交易客户提供了监控的方向,也为证券经营机构合规经营提供了合规管理的参照标准。股票交易融资合规性标准中的上市公司治理因素的研究也为上市公司引进机构投资者完善公司治理章程,规范股东特别是财务投资者股东参与公司治理,监督公司大股东与公司规范经营具有实际的应用价值。

合规性标准还为金融监管部门确定股票交易融资的监管对象与监管内容,提供了参考标准,可以防范因股票融资资金入市标准的缺失所引发的主观随意性监管。中央金融委员会是应对当前金融分业跨界经营的协调监管组织。如何配备常务工作人员,日常收集金融运行信息,发现金融跨界风险苗头,及时召集统筹协调监管会议,研究监管对策;加强金融监管信息共享、风险共防,金融业统筹与协调监管的制度建设;及时通报各金融分业中出现的融资风险,及时布局相关监管机构管控或防范股票交易的融资风险,及时领导监管主体调校"股票交易融资合规性的标准指标"等股票质押融资监管制度建设是当前迫切需要解决的问题。

综上,本课题的研究对监管主管部门监管股票质押、股票投资者合规投资、证券经营机构合规经营与杠杆收购者依法产业购并均具有借鉴意义。

第二章

股票交易融资合规性监管的理论基础

第一节　市场缺陷与政府干预理论

政府干预理论是建立在市场缺陷理论基础之上的,由于市场机制本身存在不能克服的缺陷,因而就需要政府干预来解决。在传统经济学中,大多数经济学家认为只要有一个充分竞争的市场,经济就能在价格规律的调节之下实现平稳的增长。但随着资本主义经济的发展,贫富差距等问题的出现,人们意识到经济发展仅仅依靠市场的自我调节是不够的。

一、市场缺陷与政府干预理论的提出

20 世纪初,随着资本主义经济从自由竞争阶段进入垄断阶段,市场机制暴露出许多问题,经济学家从实证经济学角度出发,在对市场缺陷的原因及变现等方面进行深入研究的基础之上,形成了较为完备的市场缺陷理论。[①] 其中比较有代表性的两个领域,一个是英国经济学家庇古在《福利经济学》一书中从微观领域来分析市场缺陷,另一个是英国经济学家凯恩斯在世界性资本主义经济危机的背景下,从宏观角度分析的市场缺陷。

---

① 刘大可:《会展经济学》,北京:中国商务出版社 2004 年,第 148 页。

福利经济学代表庇古第一次将市场缺陷与国家干预结合起来作为一门领域进行研究,其认为现实交易中的市场往往是非完全竞争的,存在诸如垄断、外部性等阻碍竞争的因素,从而无法实现资源的优化配置,因此其主张政府通过税收、国有化,对垄断进行监管等措施对资源配置进行干预。在此基础之上,鲍莫尔从衡量社会福利角度出发,主张国家应该对经济生活进行干预,从而使个人社会福利达到最优水平。[1] 凯恩斯主张政府干预宏观经济的主要目标是实现宏观经济的平稳增长,在市场自由的状态下,由于信息不完善以及市场不健全,市场作用的有限性使得宏观经济不能保持稳定状态,从而导致市场缺陷,政府应主要通过财政及货币政策针对不同时期的经济发展状况对市场进行干预。[2]

二、股票市场自由运行的缺陷

1. 负外部性

负外部性是指某些经济活动会对活动无关的主体带来影响,产生不应由其承担的成本。[3] 股票市场的负外部性表现在股票市场的风险具有牵一发而动全身的特点,一旦市场风险显现出来扰乱投资者的信心,就会在证券市场引起"多米诺骨牌"效应,扰乱证券市场的稳定。在虚拟交易大于实体交易的今天,股票市场的发展已经成为推动国民经济发展的重要因素,局部的股票市场的动乱不仅会影响整个股票市场,甚至对债券、期货等其他金融市场产生影响。

2. 不完全性

我国股票市场从 20 世纪 90 年代发展至今还处于成长阶段,相比西方发达国家的股票市场还存在一定的差距,市场不完全性表现在信息不对称等方面,其指的是交易的一方主体无法获取另一方的行为,无法掌握另一方主体的信息。如消费者和生产者获取的信息往往是不完全的,市场只提供有限的信息量。信息在股票市场自由传播,私人信息市场带来

① 刘会洪:《中国住房市场政府干预及绩效》,长沙:湖南大学出版社 2014 年,第 16 页。
② 刘会洪:《中国住房市场政府干预及绩效》,长沙:湖南大学出版社 2014 年,第 16—18 页。
③ 黎子超:《政府干预股票市场研究》,硕士学位论文,暨南大学金融学院,2008 年,第 7 页。

的信息是有限的，要获取足够的信息往往要支付额外的费用，因此这种信息的不对称性会使得投资者利益受损、上市公司利润披露不实，甚至引发内幕交易、价格操纵、欺诈等道德问题。

3. 垄断

垄断是自由竞争必然产生的结果，股票市场也不例外。垄断往往会违背市场法则，侵犯消费者的公平交易权以及选择权等合法权益，一方面垄断企业会获得超额利润，降低生产积极性，不利于效率的提高，另一方面，诸如行政垄断等滥用行政权力的行为还会助长腐败的气焰，不利于我国经济增长。

三、政府干预股票市场的必要性

（一）美国政府干预股市的经验

1929 年，美国利用第一次世界大战的黄金机会，使其从债务国成为世界上最大债权国，纽约成为世界金融中心，美国经济突飞猛进，激发了民众的热情，全民开始入市炒股。由于股市行情远远超过美国经济发展的实际情况，炒股者以股票做抵押进行交易。随着投机人信心下降，保证金增加，投机者只能通过抛售股票来获得资金，致使股价下跌，最终导致了股市崩盘，金融危机随之而来。此后，美国政府开始对股市实施严格的监管措施，对市场准入、交易等制定了详细的规则。1987 年美国迎来了第二次股灾，但与第一次不同的是，美国此时的经济仍然保持着高速的增长，并没有导致整体的经济危机。这得益于第一次股灾过后美国政府通过加强金融立法、分业监管等措施对金融行业的监管，使得美国从第二次股灾对经济的破坏中得以迅速恢复。

（二）我国政府干预对股票市场的积极影响

20 世纪 90 年代，我国成立了上海、深圳两个证券交易所，实行证券场内集中交易，在仅仅十几年的时间里取得了可观的成绩。目前我国经济正处于转型时期，股票市场存在着诸如不稳定性、垄断等弊端，通过与实体经济的内在联系,影响实体经济的正常运行,同时,投资者风险意识不足,投资观念不成熟等原因也加剧了股票市场的严峻形势,因此需要政府通过市场规制、宏观调控等措施加以适当干预,来保持股票市场的平稳运行。

1. 积极救市,稳定证券市场。1991 年,政府初步干预股市,在深交所交易凋零、市值跌落的情况下,政府成立"调节基金",使股价不断回升,增强了股民的信心;2014—2015 年,由于政策上放宽了对金融市场的限制,场外配资业务的盛行,使大量杠杆资金涌入股市,股票市场迎来牛市场面,而随着场外配资的清理,股票市场的回调,A 股市场大幅度下跌,人民币汇率以及大宗商品均受影响,以国务院为首的政府部门联合多部委开始救市行动,从而减缓了股票暴跌的速度,平稳了市场情绪,对股指企稳回升意义重大。

2. 降低了股市风险。高风险性是股市的一个重要特征,纵观美国、日本等发达国家,以及我国台湾地区都曾经发生过股灾,股灾带来的后果不容小觑,不仅会造成股票市场重大损失,打击投资者的信心,导致股灾的违规欺诈等行为使得投资者不敢入市,以至于市场缺乏需求,同时由于证券和金融市场的交易联系,引发货币贬值,甚至导致金融危机的发生。而我国政府通过把握股票市场的发展方向和轨迹,采取行政手段对股市进行管理,使得股市一直稳定发展,未对经济体系造成重大破坏。

3. 建立了多层次的全国性证券市场。适应企业需求,形成多层次的证券市场。目前我国大陆地区有上海、深圳和北京三家证券交易所,香港和台湾地区也分别有一家证券交易所,证券交易所的设立和解散工作都交由国务院裁决。将股票交易场所加以限制,可以较为便利地对股市进行管理,避免了混乱的现象,同时又保留了必要的竞争关系。纵观其他国家股票市场,交易所大都经历了从分散到集中的过程,从这一点来看,我国的证券交易所正逐步走向成熟。

第二节　金融业宏观审慎监管理论

后金融危机时代,基于国家对系统性风险的重视,宏观审慎监管研究成为经济和金融界关注的重点问题。宏观审慎监管通过对重要金融机构制定规则与措施,使金融风险减缓并稳定在可控范围之内,从而防止金融危机的发生,同时在系统性风险即将扩散之时,通过合理的措施防止金融危机的扩散。

一、金融业宏观审慎监管概述

1. 金融业宏观审慎监管概念

1979 年 6 月库克委员会上,"宏观审慎"作为专业术语第一次被提出,但由于当时微观审慎监管是理论界研究的重点,宏观审慎监管一直未受重视。直到 2008 年金融危机过后,这一概念才真正被人们所重视。所谓金融业宏观审慎监管,是指在金融监管领域,金融监管主体为了减少金融危机给金融体系带来的危害,在金融市场整体实施的一种自上而下的监管模式。[①] 与微观审慎监管只考虑单一金融机构的稳定不同,宏观审慎监管注重从整个金融系统角度出发对其进行监管。

2. 宏观审慎监管的组织体制

从实践上来看,目前宏观审慎监管的组织体制主要有三种模式,第一种是以新加坡为代表,由中央银行实施宏观审慎监管,中央银行行长或者董事局辅助宏观审慎监管决策;第二种是以英国为代表,由中央银行下属的一个专门委员会实施宏观审慎监管;第三种是以美国、法国等国家为代表,新设立一个宏观审慎监管理事会实施宏观审慎监管,理事会居于中央银行之上,中央银行只是作为该理事会的一个成员单位。[②]

3. 宏观审慎监管的政策工具

宏观审慎监管要在两个维度里进行,时间维度和空间维度。所谓时间维度是指从弱化金融体系顺周期性出发,采用宏观审慎监管政策,防止系统性风险随金融周期不断恶化,抑制经济上行期风险积累,减缓经济下

---

① 殷占伟:《我国宏观审慎金融监管制度探究》,硕士学位论文,西南政法大学经济法学院,2017年,第 5 页。

② 范亚舟:《宏观审慎监管下我国金融监管机构改革及需进一步解决的问题》,《武汉金融》2018年第 7 期,第 41 页。

行期风险释放速度。[①]所谓空间维度是指防止系统性风险跨地区、跨市场传播。

在时间维度，政策工具主要有：逆周期的资本缓冲制度，通过动态调整资本充足率，在资本充足率下滑时提高资本缓冲，弥补下行周期造成的损失，防止银行系统的经济危机；前瞻性的拨备计提，在经济状况良好时多计提拨备防范危机时期的经济衰退；杠杆率指标，杠杆率是衡量公司负债风险的指标，引入杠杆率作为资本监管的补充手段，有利于维持银行的最低资本充足，控制银行资产负债表的快速增长。在空间维度，主要政策工具有：加强事前监管；制定应急清算计划，危机处理制度；强制拆分金融机构的联系，防止风险传染。[②]

4. 宏观审慎监管的监管目标

宏观审慎监管制度产生的直接目的是控制系统性风险，具体来说包括以下两个方面：第一，防范爆发系统风险，即事前预防，制止会引发金融体系负外部效应的策略，在空间维度上，防止因金融机构的相互关联引发的金融风险的扩散，在时间维度上，防止金融机构在经济上升期忽视风险，在经济下滑期高估风险，促使其行为溢出成本内部化，抗衡金融体系的顺周期性；第二，提供支付、信用中介、风险保险等金融中介服务，避免信贷供给和流动性的周期性波动，规避金融泡沫和失衡，控制金融机构遭遇正常冲击时，由于资产负债表过度恶化带来的社会成本。[③]

5. 宏观审慎监管主体

央行作为宏观审慎监管的主体是学术界的主要观点。央行作为国家中居主导地位的金融机构，掌握了更多的金融信息，能够宏观监督金融体系的运行，及时发现金融风险；作为金融活动的领导机构，央行有利于协调各机构之间的联系，在系统性风险来临时，加强各机构之间的交流沟通，共同抵御风险；作为独具货币发行权的中央银行，能更好地解决货币

[①] 李天宇：《宏观审慎政策的信号识别——传导路径与有效性研究》，硕士学位论文，吉林大学金融学院 2018 年，第 3 页。

[②] 辜子寅：《后经济危机时代金融监管理论的变迁》，《上海经济研究》2015 年第 12 期，第 39—40 页。

[③] 辜子寅：《后经济危机时代金融监管理论的变迁》，《上海经济研究》2015 年第 12 期，第 39 页。

政策对杠杆率以及系统性风险的潜在影响。

二、国外金融业宏观审慎监管制度分析

全球性金融危机后,各经济发展国家意识到微观审慎监管的弊端,开始重视宏观审慎监管制度的建设,着重解决金融市场的系统性风险问题,根据宏观审慎监管制度进行了改革。

(一) 美国金融业宏观审慎监管制度

1. 危机前美国的金融监管体制

金融危机前,由于联邦制度的高度分权以及先前的金融危机带来的影响,美国金融监管实行多层多头、分业经营、分业监管的模式。然而,经过 2008 年的金融危机,此种监管模式暴露出许多问题,如监管重叠、监管成本过高、监管效率低下等问题,由于缺乏对系统性风险的监控,各监管机构之间的冲突日益显现。

2. 危机后美国金融业监管机制改革

(1) 相关法律文件

2008 年金融危机后,为了弥补监管漏洞,加强宏观审慎监管,解决系统性风险问题,美国发布了一系列文件。2008 年 3 月,财政部门公布了《现代金融监管框架改革蓝图》,2009 年 6 月发布了《金融监管改革:新的基础》,2010 年 7 月,奥巴马任职美国总统期间又签署了《多德—弗兰克华尔街改革和消费者保护法》(简称《多德法》)该法案被称作是 20 世纪 30 年代经济危机以来美国实施最广泛、最严厉的金融监管法案,其中最令人关注的就是金融监管机构表决通过了限制商业银行高风险投机行为的"沃尔克规则",①这标志着美国金融监管改革有了法律形式的结果。

(2) 金融监管机构—金融稳定监督委员会

---

① 巴曙松,朱元倩,金玲玲:《巴塞尔Ⅲ与金融监管大变革》,北京:中国金融出版社 2015 年 10 月,第 5 页。

《多德法》新增了宏观审慎监管机构，并且设立了一个新的金融监管机构——金融稳定监督委员会（FSOC），其隶属于美国财政部门，负责识别影响金融稳定的各类风险，尤其是对系统性风险的监督，加强美国金融市场的稳定。

组织框架方面。FSOC 由 10 名投票权的成员和 5 名列席成员组成，通过召开定期会议的方式作出各项决策，通常采取简单多数决原则，同时设立了副部长委员会、系统性风险委员会以及常设功能委员会来负责日常工作的实施开展。

监管职能方面。第一，通过对企业杠杆率、相互关联程度等因素的审查，评价出某一金融企业可能会对金融市场带来的损害，加强美联储金融监管效果。第二，通过提供交流跨领域监管平台，使不同金融监管机构在订立政策时做到信息共享。第三，针对金融机构的支付、结算以及清算体系，设立风险管理标准。第四，向国会提供金融市场发展信息以及存在的漏洞等问题。[①]

监管方向及监管工具方面。宏观审慎监管的重点是对系统性风险的监督，主要包括金融市场、金融机构及其各方之间的相互联系，其中最主要的监管方向是对金融市场监管的加强。监管工具包括：动态资本、杠杆率、动态拨备以及流动性，针对顺周期性造成的风险，制定了不同的监管工具适应金融市场的需要，保障金融系统的稳定。

（二）英国金融业宏观审慎监管制度

1. 危机前英国的金融监管体制

金融危机以前，英国的金融监管主要由财政部、英格兰银行以及金融服务局负责，财政部负责维护国家法律和制度体系运作，英格兰银行负责宏观经济稳定，金融服务局负责微观经济监管。[②] 由于职能受限，金融危机发生后，三方监管机构并不能采取有效的措施防范系统性风险的扩散，严重影响了英国金融系统的稳定。

---

① 殷占伟：《我国宏观审慎金融监管制度探究》，硕士学位论文，西南政法大学经济法学院，2017年，第 24—25 页。

② 张炜：《银行业法制年度报告》，北京：中国金融出版社，2014 年，第 317 页。

2. 危机后英国金融业监管机制改革

(1) 相关法律文件

金融危机后,英国政府采取了一系列积极措施,构建更有效的金融监管体制。2009 年 2 月,英国议会通过了《2009 年银行法》,开始对金融监管体制进行改革,2011 年 6 月,财政部发布了《金融监管新方案:改革蓝图》白皮书,为此后法案的产生奠定了基础。2012 年 12 月,英国议会正式通过了《2012 年金融服务法》,标志着英国金融监管体制正式确立。①

(2) 宏观审慎监管机构

金融危机爆发后,建立了以英格兰银行为中心的宏观审慎监管框架,政府授权在英格兰银行内部设立了金融政策委员会、审慎监管局(PRA)和金融行为监管局。

在监管职责方面,金融政策委员会负责监督整体金融系统,积极采取措施消除存在的金融风险,赋予其特别监管权及使用宏观审慎工具,维护宏观经济稳定;审慎监管局负责对金融机构的监管,降低单个金融机构破产而引发对金融市场的破坏;金融行为监管局对所有境内注册的金融机构进行监管,制定前瞻性行为措施。在监管重点方面,宏观审慎的监管重点主要包括系统重要性金融机构以及顺周期对金融系统的影响。②

三、我国金融业宏观审慎监管制度

1. 发展历程

2008 年金融危机过后,我国充分吸收了其他国家金融监管体系及改革成功经验,按照中央有关部署,先后多次对我国金融监管体系和工具进行调整以完善宏观审慎监管。2009 年,银监会正式将实施宏观审慎监管作为其重要工作内容之一,开发了一系列宏观审慎监管工具。2011 年央行首次提出了引入差别准备金动态调整措施的宏观审慎管理理念,促进

---

① 畅彤:《美英金融宏观审慎监管机构及其机制比较》,《中央财经大学学报》2015 年增刊,第11—12 页。
② 殷占伟:《我国宏观审慎金融监管制度探究》,硕士学位论文,西南政法大学经济法学院,2017年,第27—28 页。

了货币信贷业务的平稳增长,但在维护金融稳定方面没有实质作用。2014 年,面对差别存款准备金动态调整机制,人民银行在初步复苏的宏观经济背景下,提出了合意贷款工具,旨在说明金融机构信贷投放应和自身的资本水平以及经济增长的合理需要相符合,该政策对维护金融稳定作出了较大贡献。2016 年,人民银行将差别准备金动态调整机制升级为宏观审慎评估体系,实施逆周期调节。2017 年成立了金融稳定发展委员会统筹协调金融改革和监管。2018 年,中共中央提出组建中国银行保险监督管理委员会,2023 年 3 月重新组建中央金融委员会,替代金融稳定发展委员会的职能,标志着我国在宏观审慎监管框架下,金融监管机构改革进一步加强。从注重微观审慎监管到加强宏观审慎监管,符合我国经济发展特点,顺应了世界金融监管变化趋势。

2. 宏观审慎监管机构

我国金融市场的风险防范能力极大程度上取决于大型企业和金融机构的风险抵御能力,"影子银行"监管对象影响金融市场风险的分散,但同时丰富了我国金融产品与闲置资金的合理配置,因此,针对金融风险防范,我国要在打击"地下钱庄"及非法集资的同时,加强对民间融资的合理引导。央行作为组织监管各银行的"领头人",能够在宏观审慎监管制度中更加全面便捷地获取金融机构的信息,减少了多头监管的成本,提升了监管的效率,实现了对系统性风险防范的同时监控流动性风险。[①]

四、金融业宏观审慎监管必要性分析

1. 微观审慎监管的不足

微观审慎监管的对象是单个金融机构金融风险的防范,随着金融市场的不断发展,一体化特征的不断显现,各金融机构之间的联系更加紧密复杂,金融市场系统性风险不断加强,微观审慎监管下,监管机构往往更注重单个金融机构的风险控制,不能全面地评价和监督整个金融市场风

---

① 陈丽贞:《宏观审慎监管视角下金融监管有效性实证研究》,《赤峰学院学报(自然科学版)》2016 年 4 月,第 113 页。

险,无法实现虚拟经济与实体经济风险传导的隔离作用。同时,微观审慎无法实现对顺周期性的监控,而宏观审慎监管是对金融市场风险的全面监管,通过对不稳定因素的全面识别,减小系统性风险。[①]

2. 宏观审慎监管的有效性

传统监管方式往往从银行拥有的资产基础角度确定流动性是不准确的,忽视了投资者心理预期和金融环境对流动性风险的影响,宏观审慎是从整体对金融市场进行监管,在时间上通过自动稳定器制度监测各金融机构,在空间上采取"自上而下"的干预方式,根据金融机构对经济影响程度确定监管标准。[②] 从我国金融风险的监管实践来看,虽然我国与其他发达国家的监管体制仍存在差距,但我国监管综合指数呈现上升趋势,极大地肯定了宏观审慎监管对我国金融市场的积极影响。

五、宏观审慎监管对我国股票市场的影响

1. 股票市场的监管风险

股市的复杂性,是股市监管的最大风险。随着我国对外开放程度不断提高,外国资本融入我国股票市场,在一定程度上增加了我国股市的交易量,促进了经济增长,但同时由于国际资本逐利性特征,导致国际资本频繁进出我国股市,从而扰乱我国股市正常经营秩序,引发短期混乱。监管层缺位,我国股票市场运行时间不长,对运行规律把握不够,加上权力制衡机制的缺失,监管机构效率低下,监管不到位。[③]

2. 宏观审慎监管促进我国股市发展

现行我国股市监管体制主要依靠单一部门进行监管,然而随着经济的发展,股票交易逐渐复杂化,交易领域不仅涉及股票市场,还包括保险银行等其他市场,坚持宏观审慎监管原则,从金融业整体进行监管,能够更好适

---

① 巴曙松:《从微观审慎到宏观审慎——危机下的银行监管启示》,《国际金融研究》2010 年第 5 期,第 84—85 页。

② 同上,第 85 页。

③ 陈鹏:《后危机时代国内股票市场监管风险与对策研究》,《知识经济》2018 年第 6 期,第 55 页。

应股市与其他市场相关联,利益相渗透的特点,符合股市整体发展方向。

第三节 金融消费者利益保护理论

金融产品创造出来的直接目的是满足不同金融消费者的需求,不受消费者欢迎的产品将很快被金融市场淘汰,因此金融消费者是金融产品不断创新,金融市场不断发展的直接推动力。随着我国金融业的不断发展,多样化的金融产品和服务不断涌现,金融消费者利益受损的现象日益增多,保护金融消费者利益已成为当前维护金融体系稳定的重要举措。

一、金融消费者利益概述

(一) 金融消费者定义

"金融消费者"概念第一次使用是在 2006 年我国出台的《商业银行金融创新指引》中,但并没有对其进行定义。关于金融消费者的定义,理论界有很多不同的观点。一部分学者认为金融消费者是消费者的子概念,并将其定义为:为了满足个人或家庭生活需要而购买、使用金融机构提供的商品或服务的个人投资者。[1] 另外一部分学者从金融消费者的行为角度将其定义为:购买或使用金融机构提供的商品或服务的社会成员。[2] 从上述观点可以看出,对于金融消费者的定义不外乎有广义狭义之分,在这里我们采取狭义定义,即金融消费者是指为满足个人或家庭生活需要在银行、证券、保险等金融领域购买、使用金融机构提供的商品或服务的个人。

(二) 金融消费者利益

1. 金融消费者权益内容

金融消费者作为消费者在金融领域的扩展,当然享有一般消费者的

---

① 吴弘、徐振:《金融消费者保护的法理探析》,《东方法学》2009 年第 5 期,第 13 页。
② 郭丹:《金融消费者之法律界定》,《学术交流》2008 年第 8 期,第 55 页。

各项权益,如:知情权,即金融消费者对所购买的商品和服务信息具有全面准确知悉的权利,该权利是金融消费者利益得以实现的最基本的保障;隐私权,即金融消费者享有的对其金融信息不受他人非法侵扰、知悉的权利;求偿权,即金融消费者在金融市场交易过程中权利受到侵害时享有的要求赔偿的权利,该权利是消费者利益得以实现的最后屏障。

2. 金融交易过程中的利益冲突

(1)金融机构利益与金融消费者知情权矛盾。金融消费者的知情权决定了在金融交易过程中,金融机构的信息披露义务,然而面对专业性极强的金融领域,信息不对称性使得消费者处于弱势地位,为了提高利益,金融机构故意隐藏重要信息或传递虚假信息的情况时有发生,损害了金融消费者的合法利益。

(2)产品创新与风险加剧之间的冲突。随着经济活动的日益频繁,金融活动种类日益增多,创新产品在给经济发展带来积极作用的同时,也加剧了金融风险,金融机构在利益的驱使下,对消费者加以误导欺诈,容易引发信任危机,不利于金融市场稳定。

(3)金融利益与金融消费者知识缺乏的矛盾。金融交易的专业性是其重要特征,面对复杂多变的金融市场,金融消费者所掌握的专业知识是有限的,与此同时面对金融市场带来的巨大利益,消费者盲目投资,不理性消费,从而加剧了交易风险。

(三)金融消费者利益保护的理论基础

1. 信息不对称理论

信息不对称是指缔约当事人一方知道而另一方不知道或者虽然有可能知道,但验证成本太高的信息。信息不对称理论在传统经济交易中就存在,只不过由于在传统交易中,消费者对交易对方比较了解,消费需求比较单一,消费者可以依靠自身生活常识对信息加以判断。在当今金融市场中,金融消费者面对的金融商品和服务种类繁多,金融机构传递给金融消费者的信息往往对其回报较高,同时由于金融消费者掌握专业知识的有限性,使得经营者与消费者之间掌握的信息差距越来越大,不利于保护金融消费者利益。

2. 自然垄断理论

在金融市场中,金融机构处于自然垄断地位,自然垄断是指由于市场的自然条件而产生的只能容忍一家或几家公司进行经营的一种交易状态。金融机构凭借优势条件,可以获取大量的信息,大量的资金,进而操纵市场价格,获得垄断利润,相较于金融机构而言,金融消费者相对分散,往往以独立个体的形式存在,在实力相差悬殊的金融市场,处于不利地位的金融消费者的利益更容易受到损害。

3. "双峰"目标

1995年英国经济学家迈克尔·泰勒提出了"双峰"目标,即金融监管有两个主要的目标,第一,对系统性风险进行审慎监管,防止发生系统性金融危机,以维护金融体系稳定;第二,对金融机构的机会主义行为进行监管,防止欺诈行为的发生,保护中小消费者的合法利益。[1] 金融危机过后,多数国家发现,消费者保护与金融业宏观审慎监管目标相冲突,消费者利益往往不受重视,为了金融市场稳定,应单独设立金融消费者保护机构,将金融业审慎监管与消费者利益保护列为同等重要目标。

4. 实质正义理论

正义是法律的最高价值,实质正义要求在金融交易时金融机构不仅追求自身利益,还要考虑由于金融产品的专业性给金融消费者带来的影响。自由与秩序既对立又统一,保护金融消费者是实现法的自由与秩序的要求。[2]

(四) 金融消费者利益保护的基本原则

1. 全面保护原则

面对金融消费者在金融交易中的弱势地位,金融监管对消费者保护的范围应当覆盖整个金融市场活动。2001年,日本在《金融管制改革白皮书》中第一次确立了全面的消费者保护规则,2006年,《金融商品交易

---

[1] 刑会强:《澳大利亚金融服务督察机制及其对消费者的保护》,《金融论坛》2009年第7期,第33页。

[2] 徐佳:《我国金融消费者权益保护的法律制度研究》,硕士学位论文,扬州大学法学院,2013年,第13页。

法》将有关消费者的保护规则覆盖到所有投资类金融商品。[①] 对金融消费者的全面保护可以弥补金融消费者专业不足的缺陷,使金融经营者与消费者处于相对平等的状态,维护金融体系稳定。

2. 倾斜保护原则

金融市场专业性带来的信息不对称,使金融消费者相对于金融机构处于弱势地位,为了弥补缺陷,立法规定金融机构具有信息披露义务,并且应当保证提供信息的准确真实性,在发生法律纠纷时,针对金融消费者举证困难,败诉风险大等因素,减轻金融消费者举证责任正是倾斜保护原则的体现。对金融消费者的倾斜保护,一是为了弥补地位不平等缺陷,二是为了确保市场自由竞争机制的正常运行。

3. 适度保护原则

金融消费者与经营者是相互依赖而存在的,对金融消费者的保护应遵循适度原则,根据金融市场的交易风险以及金融消费者信息收集能力、学习能力、交易经验等多种因素确定对金融消费者的保护程度,竞争是促进金融市场发展的一个重要因素,对于金融消费者的过度保护,一方面容易引发金融机构的不满,影响其参与金融活动的积极性,另一方面,会降低金融消费者处理危机的能力,"过犹则不及",对金融消费者的保护应遵循适度原则。

二、国外金融消费者利益保护制度

(一) 美国金融消费者利益保护制度

1. 立法概况

随着美国金融市场的快速发展,金融消费者权利意识不断提高,美国法律制度暴露出在保护消费者利益方面的缺陷,20 世纪 60 年代,美国提出了一系列关于消费者利益保护的法律制度,如 1968 年的《诚实信贷法》,1974 年的《平等信贷机会法》,1999 年的《金融服务现代化法》等,其

---

① 何颖:《论金融消费者保护的立法原则》,《法学》2010 年第 2 期,第 54 页。

中 2010 年《多德—弗兰克华尔街改革和消费者保护法》是以金融危机为背景产生的,是美国改革最为全面、意义最重大的一部法律,该法律规定了金融机构向金融消费者提供金融商品或服务以及对金融消费者利益的保护等问题。

2. 监管模式

美国金融监管遵循伞式功能监管体制,即由美联储、财政部货币监管总署及州银行监管署等银行监管机构监管银行类业务;州保险监管署等保险监管机构监管保险类业务;商品期货交易委员会监管期货类业务。[①] 美国该种监管模式体现了分业监管的特点,但同时也暴露出许多弊端,多个监管机构同时存在,监管机构职能模糊行业,归属不明现象多有发生,造成金融资源的浪费,不能及时保护金融消费者的利益。

3. 保护机构

美国对金融消费者利益最主要的保护机构为消费者金融保护局(United Statis Consumer Financial Protection Bureau, CFPB),CFPB 将美国联邦众多消费者金融保护机构整合为一体,主要职责是在向金融消费者提供金融产品和服务中保护金融消费者,CFPB 具有规则制定权,对金融机构的监督权,监控金融市场对金融消费者风险等权力,在金融消费者利益受损时,CFPB 可以从其他监管部门获取信息,加强部门间的合作,同时,设立了研究部门加强对金融产品、消费行为等信息的研究,将与公共利益相关的金融市场的重要信息提供给商业机构、消费者和监管者,并将其作为决策的重要依据。[②]

4. 纠纷解决机制

金融危机后,美国在 CFPB 下设立了专门的金融消费者纠纷解决机构,遵循先自行协商再外部介入解决的原则,具体程序如下:消费者投诉时提供与金融机构进行交易的证据,如不属于 CFPB 管辖则由其直接转给相关机构,CFPB 要求金融机构在 15 日内答复,CFPB 要在 60 日内作出裁决,消费者不服可向相关监管机构投诉,监管机构可根据实际情况要

---

① 朱摇摇,李辰:《美国金融监管体制改革趋势:"伞＋双峰"的模式》,《海南金融》2009 年第 12 期,第 61 页。

② 高明:《金融消费者保护及美国立法实践研究》,《征信》2011 年第 2 期,第 85 页。

求金融机构作口头或书面承诺采取补救措施或禁止其从事某些金融活动。[①] 这种统一的纠纷解决机构，一方面提高了金融纠纷解决的效率，另一方面避免了政府资源浪费，更好地保障了金融消费者的利益。

（二）英国金融消费者利益保护制度

1. 立法概况

英国金融业发展以来就比较重视金融消费者利益保护，如 1974 年的《消费信贷法》，1975 年的《保单持有人保护法》等均体现了对金融消费者利益的保护。20 世纪末期，经过一系列的改革，英国逐步形成了一套比较完整的金融监管体系。2000 年颁布《金融服务与市场法案》设立了金融服务管理局（FSA），确立了单一化的监管模式。金融危机后英国金融行业受损，在此基础上 2010 年通过了《2010 年金融服务法》进一步强化了 FSA 的金融监管和规则制定能力。2012 年通过了《金融服务法案》，明确了金融消费者的范围，监管模式从单一机构监管到"双峰式"监管模式，提出申诉制度。21 世纪以来，三部法案的通过体现了英国对金融消费者利益保护的不断提高。

2. 监管模式

英国的监管模式实现了从单一式监管模式向"双峰式"监管模式的转变，2012 年以前的单一监管模式可以跨行业监管金融机构，有效地利用监管资源，但是由于经济的不断发展，各行业风险程度的不同，一元化的监管模式不能更好地履行审慎监管与消费者保护职能。2012 年以后的"双峰式"监管模式，FCA 承担消费者保护职能，审慎监管局负责审慎监管，两个机构有各自独立的监管目标和规章政策，同时还保持信息共享，更好地实现对金融行业的监管。

3. 保护机构

金融行为监管局（FCA）是 2012 年新成立的金融消费者保护机构，其以金融消费者为监管核心，明确了金融机构应当履行的义务，并且确立了

---

① 陈志毅：《金融消费者权益保护体系：比较、借鉴与中国构建前瞻》，《宁夏社会科学》2012 年第
　6 期，第 11 页。

金融消费保护的理念，FCA 具有规则制定权、禁止权以及处罚权等权力，其监管范围权限比 FSA 更加广泛，以保护金融消费者利益，维护市场秩序，确保金融市场良好运行为目标。

4. 纠纷解决机制

FSA 在 2001 年设立了金融调查专员服务处（FOS），专门处理金融消费者对经营者的投诉。FOS 免费接收案件，在金融消费者与金融机构无法处理或协商未果的情况下处理案件，并且其裁决具有单向约束力，金融机构必须遵守，金融消费者不服则可以采取其他救济措施。[①] 2012 年进一步准予 FOS 在其网站上公布申诉专员的决定，并向 FCA 提出"超级申诉"制度，即多个消费者投诉同一机构或同一个问题涉及多个消费者时，FOS 可以要求监管机构采取相应措施。[②]

三、我国金融业消费者利益保护制度

（一）我国金融消费者利益保护现状

1. 立法方面

目前我国关于金融消费者利益保护的法律制度主要有《民法典》《证券法》《银行法》《保险法》《消费者权益保护法》等基本法律，《储蓄管理条例》《外汇管理条例》《个人存款账户实名制规定》等行政法规，以及原一行两会，即中国人民银行、银保监会、证监会发布的行政规章和规范性文件，如中国人民银行 2016 年制定的《中国人民银行金融消费者权益保护实施办法》，银监会制定的《银行业消费者权益保护工作指引》，保监会制定的《保险消费投诉处理管理办法》，证监会制定的《证券公司客户资金管理业务试行办法》等，我国金融法律法规主要注重从宏观方面加强对金融机构的监管，立法重点较多关注金融机构的监管机制和治理结构问题，对于金

---

① 马冰清：《金融消费者权益保护法律制度》，硕士学位论文，华东政法大学经济法学院，2014 年 4 月，第 18 页。

② 中国人民银行、银监会、证监会、保监会联合调研组：《英国金融消费者保护法律制度》，《中国金融》2013 年第 8 期，第 76 页。

融消费者利益的保护，没有专门的单行法。

2. 保护机构方面

2023年3月后，中国金融监管局成为金融消费者权益保护的专门监管机构。此前我国金融消费者利益保护机构主要是"一行两会"，2017年之前为了更好地保护金融消费者利益，"一行两会"各下设金融消费者保护机构，银监会设立了银行业消费者保护局和保险消费者保护局，证监会设立了投资者保护局，中国人民银行设立了金融消费者权益保护局。保险消费者权益保护局的主要职责是：总部对全国保险消费投诉处理工作进行监督管理，保监会派出机构在明确消费投诉处理工作管理部门的基础上，对辖区内保险消费投诉处理工作进行监督管理。[1] 中国证监会投资者保护局主要职责包括八个方面，如负责对证券期货监管政策制定和执行中对投资者保护的充分性和有效性进行评估；对证券期货市场投资者教育与服务工作进行统筹策划、组织协调和检查评估等。[2]（中国银行业协会消费者保护委员会主要有七个方面的职责：组织制定并实施银行业消费者保护方面的行规行约，推进消费者保护工作的制度化建设；关注涉及银行业的消费者诉求，维护消费者的合法权益，改进银行业服务质量，提升银行业整体服务水平等。[3]）中国人民银行金融消费权益保护局的主要职责是：综合研究金融消费者保护重大问题，拟定发展规划和业务标准，建立健全金融消费者保护基本制度；牵头建立金融消费者保护协调机制，统筹开展金融消费者教育等。[4] 2023年3月，全国"两会"将人民银行的这一职能划归中国金融监管局。

---

[1] 中国保险监督管理委员会：《保险消费投诉处理管理办法》2013年7月，总则第4条。

[2] https://baike.baidu.com/item/%E4%B8%AD%E5%9B%BD%E8%AF%81%E7%9B%91%E4%BC%9A%E6%8A%95%E8%B5%84%E8%80%85%E4%BF%9D%E6%8A%A4%E5%B1%80/7657092，2019年7月20日。

[3] https://baike.baidu.com/item/%E4%B8%AD%E5%9B%BD%E9%93%B6%E8%A1%8C%E4%B8%9A%E5%8D%8F%E4%BC%9A%E6%B6%88%E8%B4%B9%E8%80%85%E4%BF%9D%E6%8A%A4%E5%A7%94%E5%91%98%E4%BC%9A/7057764，2019年7月20日。

[4] https://baike.baidu.com/item/%E4%B8%AD%E5%9B%BD%E4%BA%BA%E6%B0%91%E9%93%B6%E8%A1%8C%E9%87%91%E8%9E%8D%E6%B6%88%E8%B4%B9%E6%9D%83%E7%9B%8A%E4%BF%9D%E6%8A%A4%E5%B1%80，2019年7月20日。

3. 纠纷解决机制

我国目前关于金融消费者利益受到损害的纠纷解决方式主要有以下四种。投诉，先向金融机构投诉，未解决纠纷再向其他分支机构金融投诉；调解，由消费者协会出面在金融消费者和经营者之间进行调解。投诉和调解两种解决方式不具有约束力，如一方不履行，最终可以寻求司法救济。仲裁，其结果具有约束力，比诉讼更加便利，但纠纷处理成本相对较高；诉讼，诉讼具有权威性，是人们经常选择的纠纷解决方式，但诉讼审理时间较长，金融消费者存在举证困难等不利地位。

（二）对我国金融消费者利益保护制度的完善建议

从上述我国金融消费者利益保护制度可以看出，在金融消费者利益保护方面我国存在着立法不完善，缺乏统一的保护机构，救济机制不完善等问题，而在实践中关于金融消费者受损的例子屡见不鲜，因此完善我国金融消费者利益保护制度迫在眉睫。

综合其他国家关于金融消费者利益保护的有益经验，我国可以在立法上完善关于金融消费者保护的法律规定，确立金融消费者作为消费者主体的合法地位，明确其权利义务，完善我国金融法律法规关于金融消费者利益保护的规定；如今金融监管局成为统一保护金融消费者的监管机构，但尚未制定全面保护金融消费者的统一法规，有必要借鉴美国的立法形式，制定效力层次较高的《金融消费者保护法》。

四、构建金融消费者利益保护制度的意义

1. 有利于防范金融风险，调动投资者积极性

金融消费者是金融市场的重要主体，由于金融市场专业性较强，投资主体对投资种类，投资业务信息的相关了解不足以及信息不对称等影响，对金融投资风险不能作出准确的判断，易造成不必要的损失，对金融消费者利益进行保护，可以以法律的形式营造诚信经营氛围，增强投资者在金融市场的安全感和交易信心，进一步促进金融市场稳定发展。

2. 有助于保护金融消费者利益

金融消费者在金融领域,对金融产品或服务信息获取能力,专业知识了解能力以及风险预防能力都处于弱势地位,为了弥补金融消费者能力不足,维护利益平衡,需要专门构建关于金融消费者利益保护制度的法律法规,明确金融消费者享有的权利,在利益遭受损失时的救济措施以及金融机构负担的责任和义务等。将金融消费者正当利益保护作为金融监管的目标之一。

3. 提高金融机构服务质量,保持金融市场活跃发展

构建金融消费者利益保护制度,把金融机构的活动限制在该制度内,能够规范内部操作流程,加强制度管理,提高服务质量,引导金融创新活动沿着正确的轨道运行。对金融消费者利益保护程度高,会吸引更多的金融消费者进行投资,金融机构能筹到更多资金,使金融市场保持持续稳定的良性循环状态,进一步促进我国经济的健康可持续发展。[1]

4. 是适应对外开放、与国际金融市场接轨的现实需要

我国自加入 WTO 组织以来,金融业的开放领域与程度逐步加大,近年来大量外商投资注入我国金融发展市场,部分金融服务机构也开设到国外,面对国际化趋势,英美等发达国家已经逐步完善对金融消费者利益的保护,我国也应当在结合我国经济发展基础之上,制定出符合我国国情的金融消费者利益保护制度,推动国民经济稳定发展。

第四节　风险规制理论

随着经济全球化时代的到来,金融市场变得更加复杂多变,机遇与挑战并存,一方面金融产品多样化促进了金融市场的发展,另一方面也伴随着金融风险,我国金融市场尤其是股票市场还处在发展初期,制度等方面不完善,抵御风险方面的能力有待加强。

---

[1] 苏州市农村金融学会课题组:《金融消费者权益保护问题探析》,《唯实(现代管理)》2017 年第 8 期,第 22 页。

一、股市风险概述

人们常说："股市有风险，投资需谨慎。"所谓股市风险，狭义上来讲，是指股民在买入股票后在规定的时间内不能高于买入价卖出股票或以低于融券卖出价买回股票以偿还所融入的股票，给股民利益造成损失。在这里我们所讨论的是宏观方面的股市风险，即对整个股票市场的影响。

（一）股市风险种类

股市风险主要包括三种：系统性风险、非系统性风险以及交易风险。

1. 系统性风险

系统性风险又称之为市场风险、不可分散风险，是指由于某种因素的影响导致所有在证券交易所上市的股票价格下跌，从而给股票持有人带来损失的可能性。系统性风险主要是由一些宏观因素造成的，如政治、经济以及社会环境等。主要有以下几类。

政策风险。与股票交易直接或间接相关的政策实施，影响股票价格和股票市场供求关系，可能造成股票收益损失。

物价风险，也称为通货膨胀风险，指的是物价变动导致股票价格变动的风险。轻微通货膨胀可以刺激投资，促进股票市场活跃，但达到一定程度的通货膨胀会影响宏观经济调控，影响股市稳定，造成股市动荡。

利率风险。利率的变动会影响股民对股票市场的投资，进而对股市资金总量产生影响，导致股市供求格局变化，引起股票价格变动。

市场风险。股票市场本身复杂多变的因素造成股票价格的涨落而产生的风险。尤其在新兴市场上，造成股市波动的因素更加多样。

2. 非系统性风险

非系统性风险是指某一行业或某只个股自身存在的风险，如上市公司经营管理、财务状况、市场销售等因素发生变化，对公司股价产生的影响。

该类风险主要对某一类股票,与其他股票没有直接联系。[①] 主要包括以下几种。

经营风险。主要指上市公司经营、生产或投资等方面出现问题,导致公司盈利情况恶化,从而使投资者收益减少。

财务风险。主要指公司因财务结构不合理,可能丧失偿债能力而产生的风险,主要表现为无力偿还到期债务、利率变动风险等。

信用风险,也称违约风险。是指公司不能按时向股票持有人支付本息而给投资者造成损失。造成此种风险的主要原因是公司财务状况恶化。

道德风险。主要指上市公司管理者的不道德行为给公司股东带来损失。上市公司股东与管理者之间属于委托代理关系,由于两者追求目标的差别,以及双方信息不对称等因素,管理者的行为可能会对股东利益造成损失。

3. 交易风险

交易风险是指在股票交易过程中,由于投资者掌握信息知识有限,经验缺乏等因素造成的影响。此种风险主要包括两类,交易行为风险和交易系统风险。

交易行为风险是指由于投资者个人知识时间等因素有限,发生的错过配股缴款、忘记行权等行为,或者出现券商违规,保证金被挪用,股票账号被冻结等情况,给投资者造成损失。

交易系统风险是指在股票市场中,证券公司给客户提供的网上交易、手机交易等交易系统带来的风险,如:由于短期交易人数激增,造成交易系统繁忙,速度慢而延误交易,或交易密码、资金账户等个人资料被泄露等由于交易系统问题给投资者交易带来损失的可能性。

(二) 股市风险特征

1. 普遍性

股市风险的普遍性体现在范围、种类以及时间三个方面。在范围上,

---

① https://baike.baidu.com/item/%E8%82%A1%E5%B8%82%E9%A3%8E%E9%99%A9,2019 年 7 月 20 日。

股票风险会覆盖所有行业、板块、个股或与股票投资相关联的金融衍生产品中。在种类方面,股市风险种类繁多,会受到宏观经济政策、交易市场、交易行为等多种因素的影响。在时间方面,股市风险存在于整个投资交易过程中。

2. 范围广、破坏力大

随着股票交易的复杂程度不断加深,以及与其他外汇、货币、债券等金融市场的联系不断紧密,一旦股票市场爆发风险危机,不仅股票市场,其他与之联系的相关市场也会不同程度受到波及,往往会发生连锁反应,给实体经济带来消极影响。

3. 突发性

在股票市场中,资金和信息都在随时发生变化,由于造成风险发生的因素众多,任何细小的变化都会对股市带来影响,这种不确定性使得股市风险爆发没有预兆,突发性极强。同时由于信息交流速度极快,一旦有某些导向性的信息开始扩散,投资者随大流现象发生,一时的同向变化会加剧股票市场动荡,进而增加了爆发危机的可能性。

4. 难控性

由于引起股票市场风险的因素来源广泛,并不是市场本身能够控制,而危机爆发之后的破坏程度和范围也超过了可控范围,目前我国股票市场处于发展阶段,交易和监管制度都不够成熟,进一步加剧了对股票市场进行控制的难度。

(三) 股市风险的诱因

基于股票市场的参与主体可以归纳出股市风险诱因主要包括外部宏观环境层面,以及内部市场、公司以及投资者层面。[①]

1. 外部层面

外部层面主要是指宏观环境层面。具体包括,由于经济全球化趋势,对外开放程度提高,国外政治变动,汇率波动等国际因素对股票市场产生

---

① 张佳慧:《我国股市风险压力的识别及预警指标体系的探究》,硕士学位论文,南京大学经济系,2018年,第17页。

的影响;政府的经济、发展政策变动,新颁布的法令制度等政策因素对股价造成的影响;利率波动影响投资者对股票市场的资金供应量,进而影响股价;通货膨胀导致整体经济环境恶化,破坏股市正常运行。

2. 内部层面

市场自身层面。股票市场自身作为筹资者和投资者的第三方中介,在交易过程中可能出现的操作或道德等问题,如系统故障导致指令发错,人为盗卖等运作风险。在市场行情变化中,股价上下波动给投资者带来收益或损失的市场波动风险。在投资者需要资金时,不能以合理的价格对股票进行变现而产生的市场流动性风险。

上市公司层面。行业风险,行业内部竞争导致公司经营体制的变化,由于某些恶性竞争给公司本身甚至整个股票市场带来负面影响。经营风险,企业经营状况不佳,效益下滑,导致股价下跌给投资者带来的风险。

投资者层面。一方面信息不对称,给投资者的决策增加了很多风险,机构垄断信息资源使得投资者不能及时止损,另一方面由于投资者非理性投资,出现投资过度情况,一旦失败,对自身的生活消费造成影响,这种心理因素作用所产生的行为偏差对股票市场产生很大影响。

二、我国股市风险现状

对于股市危机,学术界赋予其一个衡量标准:"在 10 个交易日连续累计下跌超过 20%。"最近的一次股市危机在 2015 年,以上证综指为例,2014 年 10 月份之后,在短短 8 个月的时间内,上证指数产品从 2500 涨到了 5100 以上,而其中极大的泡沫导致了接下来大幅下跌,从 2015 年 6 月中旬开始,上证指数一路狂跌,在仅仅两个月内就跌了一半。[①] 这次股市动荡暴露出我国股市存在很多问题。

1. 投资者方面

我国股民虽然整体上数量较多,但存在投资者风险意识薄弱,投机

---

① 张佳慧:《我国股市风险压力的识别及预警指标体系的探究》,硕士学位论文,南京大学经济系,2018 年,第 15 页。

倾向严重等问题,加上信用风险与道德风险等因素的影响,给我国股民带来了较大的股市投资风险。投资者的不成熟和投机性主要表现在两个方面:一方面,投资者盲目从众心理,在媒体煽动、庄家炒作、利益驱使等环境下,投资者出现极强的从众行为,股价上升时跟风买入,下跌时跟风抛售,较少地关注公司经营状况和个股收益率等因素,使得股民投资风险加大;另一方面,股民的逐利性,股民投资股市往往以获得高额回报为目标,希望通过股票买卖差价来获利,而非长期投资,导致股票平均换手率很高,以至于我国股市存在过度交易,交易次数频繁等现象。

2. 制度方面

(1)发行制度

我国发行制度缺陷主要表现在以下几个方面:

第一,新股抑价过高,即股票首次公开发行时的定价低于上市后二级市场的价格。我国 A 股的抑价普遍超过 40%,而国外发达国家新股抑价基本维持在 15% 左右,这种做法主要是为了吸引投资,但同时也给我国股票市场带来许多不利影响,如:大量资本在一级市场赚取利益,影响新股上市价格,加上二级市场机构投资者故意炒作,散户投资者跟风炒股使新股出现暴涨暴跌现象,引发股灾。

第二,新股发行询价制。我国股市新股定价发行方式经历了严格固定市盈率阶段、相对固定市盈率阶段、控制市盈率下的上网定价阶段以及现行的累计投标询价制阶段,在一定程度上实现了市场化,证监会把定价权力交给了市场,然而并没有从根本上改变我国新股抑价过高现象。我国询价制度仍存在承销商对股票定价能力有所欠缺,初步询价和累计询价两个环节脱离等问题。

第三,金融消费者对发行询价无话语权。

尽管 2023 年 3 月之后我国证券交易所上市的股票发行均采用注册制,市场化程度全面提高,股票发行价均由市场决定,但由于金融消费者目前并未参与发行定价,股票发行价由发行人与机构投资者、证券承销商三方决定,即便是询价发行也是更多地体现了机构投资者的询价权,这有悖于市场准入公平与交易公平,作为股票购买方的中小投资者,特别是金融消费者被排除在询价对象外。这一制度不利于人民分享证券市场发展的红利，与以"人民为中心"的"二十大"报告精神相悖。

（2）交易制度

我国股市实行 T＋1 交割，T＋1 交收，涨跌幅限制的交易规则，即交易双方在交易次日完成与交易有关的证券、款项收付；证券交易所为了抑制过度投机行为，防止股市暴涨暴跌现象的发生，在每天交易中规定当日的证券交易价格在前一个交易日收盘价基础上下波动的幅度。在我国现货市场与股指期货市场相对分割背景之下，散户进入股指期货市场的门槛相对较高，机构投资者可以在同一个交易日将价格拉高以吸引散户跟风买入，同时可以在抛售的时候出逃，散户在没有足够资金的情况下都会在 T＋1 现货市场被套牢，在这种现货、期货不对等的交易制度下散户处于不利地位。

（3）退市制度和信息披露制度

现阶段我国上市公司退市制度出现"进多退少"现象，导致上市公司有增无减，存在着劣质股、优质股平摊资金现象，资金没有集中在优质上市公司，不利于股市资源最佳配置。我国证券市场信息披露制度虽然已经初步形成了全方位、多层次的体系，但从实践来看，由于影响证券价格因素十分复杂，投资受害人在利益受损时对上市公司信息披露责任举证困难，在一定程度上助长了上市公司进行内幕交易与市场操纵行为，在法律责任方面，对于信息披露行为违反之后应当承担的法律后果没有明确规定，可操作性不强。

（4）监管制度

我国股市监管制度问题主要体现在政府部门监管、证券交易所的监管职能方面。在政府部门监管方面，中国证监会作为股票市场的核心监管者，在决策过程中，由于监管决策滞后，监管不严，执法力度不到位等原因，导致监管部门效率低下，同时由于证监会离股票市场较远，信息掌握程度不够，监管过程中不能灵活应对风险，不利于股市正常运作；证券交易所主要存在组织形式不明确，权限范围较狭窄等问题。由于是在政府推动下成立的，具有明显的政府干预特征，缺乏监管独立性，很难从市场角度制定出符合市场规律的规制,不能实现对市场的有效监管。[①]

三、我国股市风险规制建议

1. 针对投资者方面的问题。一方面,加强投资者教育,培养成熟理性的投资者。另一方面,强化投资者保护机制。建立证券市场公益诉讼制度,在股市中,投资者尤其是中小投资者容易受到内幕交易、操纵市场等违法行为的影响,在诉讼中处于弱势地位,因此需要专业机构为投资者提起公益诉讼,以平衡投资者在股市中的弱势地位,保护投资者利益。把内幕交易和操纵市场纳入证券民事赔偿诉讼机制,我国关于投资者维权诉讼,在诉讼代表的选择、判决效率、律师制度等方面都不健全,使得投资者维权困难。

2. 针对制度方面

(1) 改进涨跌停板制度。在一定程度上适当放宽涨跌停板的幅度,根据不同股价范围制定出不同的涨跌幅度,参照国外成熟交易市场的做法,规定在每个交易日内参加交易的每笔委托指令规模的上限,如纽约证券交易所、伦敦证券交易所采用的收盘程序来解决委托单的严重不平衡的问题。[②]

(2) 完善退市制度。我国退市制度现在仅有连续亏损、公司总股本变化及股权分布三项标准,退市标准过于单一,不能适应如今的股票市场,可以增加公司资产、股票市值、公众持股人数等作为衡量公司经营能力的标准。赋予证交所退市处理权,一方面减轻证券监管部门的执行压力,另一方面证交所更能全面掌握上市公司的情况,作出更公正的判断。

(3) 优化信息披露制度。加强内部控制系统的建设,规范信息披露主体的行为,让内幕信息公之于众,同时减少重点审批环节,严厉打击虚假陈述行为,并建立申诉制度,对投诉情况及时进行处理,定期公开处理结果。

(4) 改善监管制度。监管制度的完善主要在政府角色定位方面。政

---

① 刘志蛟:《外生冲击对股票市场影响及股市风险管理研究》,博士学位论文,东北师范大学金融系,2018年,第97页。

② 国家:《中国证券市场风险防范研究》,博士学位论文,辽宁大学经济系,2016年,第113页。

府监管角色应逐渐从直接监管到制定相应规则制度进行监管,对政府行为和市场行为进行区分,对政府的职能定位应当是保证市场主体遵守相关规则制度,在机构违规时进行惩处,保护投资者的利益,同时规范投资者的行为,防止其滥用权力,起到"中间人"的作用。

第五节　黑箱控制理论

一、黑箱控制理论概述

20 世纪中叶,美国科学家诺伯特·维纳创立了一门新兴科学——控制论,所谓控制,就是运用某种手段,将被控对象的活动限制在一定范围之内,在控制论中,把未知的区域称为黑箱。所谓黑箱控制理论,是指在对特定的系统进行研究时,人们把系统看作一个看不透的黑色箱子,研究中不涉及系统内部体系,仅从其输入输出的特点来了解该系统规律。①

(一)黑箱理论的出发点

黑箱理论的出发点在于事物之间的相互联系作用,自然界中没有孤立的事物,所以即使不清楚"黑箱"的内部结构,但关注它的输入输出关系,注意到它对信息刺激所作出的反应,就可以对它作出研究,只要模拟出一个系统,在同样输入作用下,模拟出相同输出,就基本可以确认"黑箱"系统。信息的输入,其实就是一个事物对黑箱施加影响,信息的输出,就是黑箱对其他事物的反作用。②

(二)黑箱方法及其步骤

研究黑箱的方法有两种,一种是打开黑箱的方法,另一种是不打开黑

---

① https://baike.baidu.com/item/%E9%BB%91%E7%AE%B1%E7%90%86%E8%AE%BA/7987518?fr=aladdin,2019 年 7 月 20 日。

② https://baike.baidu.com/item/%E9%BB%91%E7%AE%B1%E7%90%86%E8%AE%BA/7987518?fr=aladdin,2019 年 7 月 21 日。

箱的方法。我们着重研究不打开黑箱的方法。打开黑箱的方法就是把研究对象分解成许多部分来研究其内部结构和功能,这种方法对于人们认识内部规律是一种有效的方法,但同时具有局限性,会感染对象本身的结构和功能。

不打开黑箱方法,就是通过考察黑箱的输入输出,而不直接研究黑箱内部结构来探测对象的行为、功能及其内部构造的科学研究方法。主要分为三个步骤。

1. 确认黑箱的内容。对黑箱的研究,就是研究它们与环境之间的相互作用关系,因此,确认黑箱内容,就是找到黑箱与环境相互作用的特定通道,确定唯一相对应的输入—输出关系。根据研究对象的性质和研究任务,划定研究范围,选定对象与环境相互联系的特定通道,就意味着研究对象的确立。[①]

2. 考察黑箱。由于黑箱不能直接进行观察,所以考察黑箱,就是考察研究对象的输入输出关系及其动态过程。获得有关黑箱的信息,将其作为认识黑箱的依据。

3. 阐明黑箱。根据对考察过程中所获得的数据等信息建立相关的黑箱模型,并对此模型进行定性的、定量的、静态的、动态的分析,从而对黑箱的结构、功能等作出推测得出结论。

不打开黑箱的方法的出发点就在于事物之间的相互联系作用,不干扰黑箱本身的运动规律,通过研究黑箱的输入信息及动态变化,观察输出信息的情况,从而推测出黑箱的内部结构和状态。

(三) 黑箱方法的作用

1. 研究复杂大系统的有效工具

有些系统的内部结构十分复杂,用传统的剖析方法难以解决,可能会破坏系统的整体运行作用,黑箱方法从整体出发,在不破坏系统整体运行的基础上,探索系统的环境条件、运行状态和发展趋势,为科学评估系统的技术性能提供科学方法工具。

---

① 孙素丽:《知识经济简论》,济南:黄河出版社,1998 年,第 127—128 页。

2. 探索微观领域的科学工具

微观领域的探索依赖于现代科技的突飞猛进和适宜的科学研究方法，运用不打开黑箱的方法，深入现代科技无法直接进入的微观领域。对黑箱对象的输入加以影响，观察相应的输出变化，从而达到考察微观领域物质结构的目的。

二、黑箱控制理论在股市中的应用

随着股权分置改革制度的完成，我国股市高速发展，发展规模日益扩大，多层次的证券市场逐渐形成，对经济发展的影响日益增强，但同时我国股市发展时间尚短，存在诸如内幕交易、信息不对称、监管不完善等问题，亟待解决。

黑箱控制理论在股票市场的应用，就是利用黑箱方法，即打开黑箱的方法和不打开黑箱的方法解决股票市场的弊端，完善我国股票市场。

(一) 我国股市现状

1. 暴涨暴跌现象严重，稳定性差。造成这种现象的主要原因在于我国股民大部分是靠买卖差价来获得利润，长期投资的很少，股民投机现象严重，换手率极高。同时我国股民缺乏专业的投资经验，从众心理严重，跟风现象明显，一旦行情好便大批买入，一旦行情变化就纷纷卖出，加剧了股市动荡。

2. 上市公司欺诈发行，违规披露。此前绿大地、万福生等多家上市公司因欺诈上市行为受到法律惩处，导致股价暴跌，近年来，这种违法违纪现象不仅没有停止，而且扎堆违规现象明显。

3. 内幕交易。虽然监管层对内幕交易一直是零容忍的态度，查处力度不断加大，但内幕交易现象却屡禁不绝，损害投资者利益的现象时有发生，破坏了证券市场的公平性。

4. 体系不健全。从市场体系来看，我国股票市场属于新兴市场，还存在着体系不完善、监管体系不健全、立法体系不适宜等诸多方面的问题，法律体系的建设跟不上股市发展的节奏，执行力度不高。

（二）黑箱控制理论的应用

1. 打开黑箱方法

运用打开黑箱的方法，首先不能对股票市场的正常运行产生影响，从股票市场内部进行治理。针对上述股票市场存在的问题，对于上市公司欺诈发行、违规披露、内幕交易等违规行为，可以采用打开黑箱的方法，提高我国上市公司的质量，提升上市公司准入标准，严格把关，严格控制上市公司的增发新股和配股的条件，保护中小投资者的利益，降低投资风险。上市公司应保障信息披露的真实、准确性，让投资者获得充分的信息。

2. 不打开黑箱方法

投资者从众现象可以称为投资者黑箱，在投资者受到外部刺激时进入心理活动的过程，这个过程是我们看不见摸不着的、不能掌握的领域，但我们可以通过投资者的投资行为，以及交易过程、交易结果推测出投资者此时的心理动态，采用适宜的教育、宣传等措施改变投资者的投资观念。

由于股票市场十分复杂多变，我们不能靠分析其内部因素来一步步健全股市体系。唯有从市场输入方面，如：市场准入体系，进入门槛等方面，观察股市体系的运行动态，从输出结果推测出我国股市运行方向，制定出适合我国股市发展的法律体系。将来量子计算机与区块链技术的广泛应用有望窥见股票集中交易的内幕，基本上可以打开黑箱，研究证券交易的监管对策。

第六节　公司治理理论

一、公司治理理论概述

（一）公司治理理论起源

公司治理理论从思想起源上来看，发源于 1776 年亚当·斯密提出的,股份公司中的经理人员使用的是别人的财产,不能期望他们管理企业时有像私人公司合伙人那样的警觉性。[①] 此后 1932 年美国学者贝利和米恩斯提出了公司治理结构的概念。"公司治理"的提出则是在 20 世纪 80 年代初。直到今天,关于公司治理的问题研究仍属于西方学术界企业理论研究领域的前沿焦点课题。

(二) 公司治理理论

随着公司治理问题在理论界的关注度越来越高,不同学者从不同视角对公司治理问题进行研究,形成了多种公司治理理论,其中具有代表性的是:以股东利益为中心的公司治理理论和以利益相关者为中心的公司治理理论。

1. 以股东利益为中心的公司治理理论

股东是原始资本的投入者,是企业风险和利益的最终承担者,秉承这一理念,公司治理的基础就是如何实现股东利益最大化,在此基础之上,公司治理机制的安排主要是为了保证股东资产的保值升值。以股东利益为中心的公司治理理论以两权分离理论为基础,以代理理论为代表。

(1) 两权分离理论

两权分离是指公司的所有权和控制权分离,该理论的代表人物是贝利和米恩斯及钱德勒,他们对美国 200 家大公司进行分析发现这些大公司中大部分是由没有掌握公司股权的高级管理人员控制的,由此得出结论,现代公司已经发生了所有权和经营权分离,公司实际是由职业经理组成的控制者集团控制,他们可能会以损害股东权益的方法追逐自己的利益。[②]

(2) 委托代理理论

委托代理关系主要是指行为主体根据契约、雇佣其他行为主体服务,同时授予其他行为主体一定的决策权,根据其他行为主体提供服务数量质量等因素给予其相应报酬。委托代理理论是 20 世纪 60 年代末 70 年代初期一些经济学家研究企业内部信息不对称和激励问题发展起来的。

---

① ［英］亚当·斯密著:《国富论》(上卷),杨敬年译,西安:陕西人民出版社,2006 年,第 318 页。
② 胡学勒,胡泊:《当代经济学流派》,北京:清华大学出版社,2016 年,第 184 页。

委托代理理论认为,委托代理关系是随着生产力发展规模逐渐增大而产生的,在委托代理关系中,委托人追求的是自己的利益最大化,而代理人追求的是自己获得报酬的最大化,两者在追求目标方面难免会有冲突。在现代公司中,由于股权的分散性,股东一般不直接行使决策权,而将决策权授予给董事会,这就形成了股东为委托人,董事会为代理人的委托代理关系。而董事会将日常经营管理权交给高层管理者,即经理人,这就形成了第二层委托代理关系。

对于委托代理关系,首先从追求目的来看,两者都追求自身利益最大化,股东期望自己的利润最大化,而经理人期望获得更多的收入,享有更好的声誉,两者之间的利益冲突可能会损害公司的利益;其次,委托人与代理人的风险偏好和承担能力不同,委托人偏于保守,承担风险的意愿低,而代理人更偏重于高风险;最后,委托人内部利益不一致,如公司内部大股东和机构投资者倾向于长期投资,而中小投资者更注重短期利益,这导致代理人在经营活动中难以平衡两者之间的利益,使得委托代理关系变得更加复杂。

委托代理关系产生的问题主要是委托人如何授权使得决策更有效以及如何监督和激励使得代理人、公司和股东三者的利益最大化。造成这些问题的原因主要是信息不对称,认识的有限性以及契约的不完备性。委托代理理论下的公司治理主要从委托人角度出发解决降低代理成本,维护股东利益,保证代理人为委托人利益最大化服务等问题。

2. 以利益相关者为中心的公司治理理论

随着企业股权结构变化,以及股东利益主义导致对企业外部环境的忽视等问题,人们发现股东利益至上理论表现出了很大的弊端,恶意收购通过短期的套利会使股东、经济层和债权人的利益受到损害,从而出现了以利益相关者为中心的公司治理理论,此理论以人力资本理论为背景,最具代表性的是利益相关者理论。

(1)人力资本理论

人力资本理论是由美国经济学家舒尔茨创立的,理论基础是在生产过程中以土地、生产者数量和体力构成的要素具有报酬递减的趋势,而以人的知识构成的人力资本要素却具有报酬递增的趋势。当今企业之间的竞争力,集中体现在技术和管理水平等方面,传统由货币资本家独享企业的声誉收益的模式已经不适应当今企业的发展,因此公司治理由原来货币资本的所有权与经营权分离的两权分离理论转向以货币资本和人力资本为基础的人力资本理论。[1]

（2）利益相关者理论

利益相关者也叫利害关系者。在企业经营过程中,不能只关注股东的利益,利益相关者的利益也不容忽视,这些利益相关者对企业的经营发展产生至关重要的影响。利益相关者主要包括企业的股东、债权人、雇员、用户、供应商、竞争者、社区、政府等,企业不仅要对股东负责,还要对企业的利益相关者负责。利益相关者理论主要形成了如下治理公司的理论主张。

利益相关者利益至上,主张不仅股东利益至上,还要追求经济社会个人和公共目标的平衡,董事去平衡股东及利益相关者的利益,这种合作性的关系是最有力的;管理者是公司的受托人,而不仅是股东的受托人,公司的董事会应当由各方利益主体的代表组成,并把咨询顾问作为其首要任务;人力资本的投入者应当拥有公司治理的参与权,公司的管理人员、员工等也应成为公司的治理主体,因此,当出现风险时,风险的承担不仅是股东,还应该包括人力资本的投入者,如技术人员、技术工人等,各方利益相关者应通过各级管理委员会的控制参与到公司的治理当中;公司的所有决策要充分考虑所有利益相关者之间的利益平衡,只有如此,企业才能获得共同认可,取得长期利益。[2]

由于不同利益相关者之间的利益关系不同,因此利益相关者理论在实践过程中暴露出了许多问题。如:经营者很难兼顾各方利益平衡;利益相关者之间存在相互制衡关系,导致对经营者监管减弱;利益相关者对经营者过度监管,影响经营者正常经营管理。

二、公司治理结构研究

公司治理结构,就是为了实现资源的有效配置,在所有权与经营权分

---

① 沈乐平:《公司治理学》,大连:东北财经大学出版社,2015年,第18页。
② 刘延平:《现代企业组织理论与实践》,北京:北京交通大学出版社,2012年,第230页。

离的前提条件下,所有者对公司的经营管理等情况进行监督、控制和协调的一整套制度安排,具体来说就是如何在股东大会、董事会、监事会以及经营者和职员等利益相关者之间实现权责分配,从而实现共同的经济目标。

(一) 美国公司治理结构特点

美国公司治理结构主要包括以下特点:

股东利益高于一切,股权高度分散。这一特点有利于保护股东利益,但股权结构的分散性和流动性的股票市场,不利于企业的长远发展。如:针对恶意收购,被收购企业股东可以高价卖出股票,基于股东利益考量,经理人接受恶意收购,却不利于企业的长远发展。同时,由于职工与股东利益的冲突,遵循股东利益至上,会打击职工工作积极性。

市场约束。股权过度分散导致权力集中到高层管理者手中,企业内部的平衡和制约遭到破坏,并且为了使企业能够更适应外界环境的变化,增强竞争能力,股东将大部分的决策权力交给了董事会,董事会进而将经营管理决策权交给了他们聘用的总经理。基于这种现状,股东不能对管理层实施有效的监督,同时董事会缺乏独立性,独立董事不能实现对公司高级管理人员有效的制约,容易出现违规情形的发生。如:公司高层做假账抬高股价,使得自己手中的股票可以高价出售,或隐瞒公司亏损情况,抛售公司股票,将损失转移给投资者。

从以上特征可以看出美国公司治理结构存在重大的内部人员控制问题,为了解决这一问题,美国通过资本市场和政府法律建立了激励和制约机制来控制企业内部人员,虽然仍存在一些违法现象,但并未从整体市场上影响美国企业的发展。

(二) 日本公司治理结构特点

日本公司治理结构主要包括以下特点:

以相互持股为核心的法人所有制结构。日本银行和企业持有的股份占总量的50%以上,这部分股份在各公司之间实行相互持股,其中"稳定股东"占相当一部分比重。所谓"稳定股东"就是不以盈利为目的,出于对某一企业现有管理者群体支持为目的的股东。[①] 法人所有制导致市场监督功能丧失,使得管理者在公司治理中占据统治地位,董事会形同虚设。

银行在公司治理中占据主导地位。银行是企业的大股东,并与企业保持长期稳定的交易关系,虽然会使企业回避资本市场带来的冲击,但同时也意味着把企业与外部市场隔离,不利于企业经营效率的提高。

经营者主导型。日本公司建立终身雇佣、年功序列等人力资源制度,以"家"理念塑造企业文化,增强了员工的忠诚度,营造了集体主义的氛围,使企业发展更致力于长期的发展目标。企业快速增长可以为经营者提供更多晋升机会,才能保障内部人力资源系统激励的有效性。[②]

日本公司股东相对集中,在资本市场的影响能力相对较弱,但内部人员控制也存在问题,不过股东相对集中更有利于监管。

三、我国公司治理发展现状

(一) 全球化的背景

伴随着经济全球化以及网络经济的迅速发展,公司治理理论发生了变化。投资理念更趋向于国际化,国际化的资产证券组合比国内的风险更低,回报率更高,国际化投资组合的现象更加普遍。市场的全球化同时加剧了企业之间的竞争,使得企业要生存必须获得更高的生产效率,这就要求企业具有更先进的治理体系。全球化信息革命为小企业带来了商机,使得小企业也能在全世界范围内找供应商,为中小企业的发展带来了可观的前景。

(二) 我国公司治理现状

我国在公司治理方面主要借鉴了英美和日德公司的公司治理模式。改善上市公司治理。对于上市公司的治理,我国采取的是双层委员会制,

---

① 周新闻:《上海汽车集团股份有限公司治理结构研究》,硕士学位论文,上海交通大学安泰经济与管理学院,2012年,第8页。
② 沈乐平:《公司治理学》,大连:东北财经大学出版社,2015年,第8页。

与德国的公司治理结构相似,在监管机制上,引入了独立董事制度。完善了相关法律制度,在法律上确立了股东代表诉讼制度,通过累计投票制度等保护了中小股东的利益;实现了国有控股企业股权多元化。颁布了政策性文件,对股权分置改革以后国有单位转让和受让上市公司的方式,定价原则、协议签订等方面作出了具体规定;加强对国有商业银行的治理。发挥银行对贷款企业监督控制功能,提高了公司治理的效率;建立健全了市场竞争机制,完善了经理人市场;发展资本市场,培育机构投资者,使我国资本市场开始发挥资源配置的作用,对企业形成外部制约。[1]

四、我国股份公司治理制度

(一) 我国股份公司治理制度的主要内容

我国股份公司治理结构采取决策权、经营管理权、监督权三权分立,三种权力分属于股东大会、董事会、监事会。股东大会由公司的全体股东组成,决定公司经营管理的重大事项,是公司最高权力机构,其他机构都由其产生对它负责。[2] 董事会由股东大会选举,由董事组成,对内掌握公司事务,对外代表公司执行业务。监事会是由股东大会选举的监事以及由职工选举的监事组成,对公司的业务活动进行监督的机构。三个机构通过权力之间的制衡,既各司其职又相互制约,保障了公司的平稳运行。

(二) 我国股份公司治理制度存在的问题

近年来,为了适应社会主义市场经济体制的发展,我国进行了国有体制改革,国有独资企业、国有独资公司以及国有控股企业改成国有资本控股、参股、相对控股和不设国有资本的公司制企业,改变了原来国有企业的体制。但在许多制度方面还有不足。

1. 中小股东利益容易受损。整体上我国的公司治理更偏向于英美

---

[1] 沈乐平:《公司治理学》,大连:东北财政大学出版社,2015 年,第 23—24 页。
[2] https://baike.baidu.com/item/%E8%82%A1%E4%B8%9C%E5%A4%A7%E4%BC%9A,2019 年 7 月 22 日。

国家,股权相对集中,股东会的决议往往是大股东意志的体现,虽然我国《公司法》规定,股东会选举董事监事可以依照公司章程的规定实行累计投票制,但中小股东群体较分散,很难进行联合,这使得中小股东的权利难以行使,利益难以保障。

2. 监事会缺乏独立性。我国股份公司监事会履行职责受制于高管和控股股东。公司的业务机关以决策效率为借口,常常试图缩减监事会的人数和职权,所以监事会往往受到董事会的排斥。[①] 另外我国股份公司普遍存在被大股东操纵的问题,大股东利用自己所占的资本多数决定了公司的董事会和监事会的成员,导致监事会难以保证独立性,起到监督作用。即使监事会提出了董事和高管存在损害公司利益的行为,监事会也仅有提议权,并没有实质罢免权,无法实际上履行监督职能。

五、完善我国股份公司治理制度

1. 采用累加表决制度选择董事。所谓累加表决制度指的是在公司表决中,每一股票享有一票表决权,有效表决票数等于持股数额与法定董事数额的乘积,选举者可以将这一定数量的权利进行集中或者分散投票的选举方法。累加表决制度可以充分调动中小股东行使投票权利的积极性,使其有机会在董事会中谋取一席之地参与公司决策,同时也降低了大股东的控制作用,防止大股东控股权损害中小股东利益。

2. 强化监事会实体权力。

赋予监事会一定的人事任免权和财政权。在我国,公司高管以及财务人员的选任都交由董事会负责,监事会与董事会的权利相对平行,导致监事会无人可用,不能更好起到监督作用。将人事任免权交由监事会,可以更好行使监督职责,防止董事和高管之间的恶意串通;将财政权交予监事会,可以更好实现监事会对财务部门的监督,并且使监事会实现财务独立,防止因财务问题导致其行使监督职能时遇到财务掣肘情况。

扩大监事会的监督范围。如:监事会在公司经营状况出现严重落差

---

① 梅慎实:《现代公司机关权利构造论》,北京:中国政法大学出版社,2000年,第511页。

时可以直接对董事会及高管进行询问了解相关情况；监事会对公司内部的监督情况拥有知情权，可以对公司内部控制流程发表意见；监督公司重大交易事项是否按照程序完成并执行。细化监事会的监督范围，扩大监督权利，对公司管理层、经营层的行为建立更有效的监督机制。[①]

第七节　系统论在股票交易融资合规性标准中的应用

一、系统论的概念与特点

系统论是研究系统的一般模式、结构和规律的学问，它不仅是具有逻辑和数学性质的一门科学系统论，还是具有哲学价值的世界观，从科学工具的角度来看系统论，系统论又是具有哲学价值的方法论。系统论在具备系统科学之个性化属性的同时，又有别于具体的数学方法、物理方法或化学方法等等具体科学门类的技术方法，从而具有普遍意义上的哲学属性，具有世界观和方法论意义。系统论是反映客观规律的科学理论，具有科学方法论的含义，这正是系统论这门科学的特点。

一般系统论试图给一个能描述各种系统共同特征的一般性系统定义，通常把系统定义为：由若干要素以一定结构形式联结构成的具有某种功能的有机整体。在这个定义中包括了系统、要素、结构、功能四个概念，表明了要素与要素、要素与系统、系统与环境三方面的关系。在股票交易融资合规性标准这个系统中其构成要素包括公司治理、资金准入标准、理财人意思自治、信息披露、关联交易、反垄断审查、杠杆收购产业政策、金融消费者权益保护标准、股票交易融资的保证金比例等要素，其系统结构包括机构投资者、金融消费者、投资标的公司、资金来源要求、管理手段、国家政策导向等，系统的功能是股票质押交易的安全性、流动性与效益性。

---

① 孙铂：《我国上市公司监事会制度研究》，硕士学位论文，内蒙古大学法律系，2017 年 6 月，第 21 页。

二、系统论的基本观点

系统论认为,开放性、自组织性、复杂性,整体性、关联性,等级结构性、动态平衡性、时序性等,是所有系统的共同的基本特征。这些,既是系统所具有的基本思想观点,而且也是系统方法的基本原则,系统论的核心思想是系统的整体观念。贝塔朗菲强调,任何系统都是一个有机的整体,它不是各个部分的机械组合或简单相加,系统的整体功能是各要素在孤立状态下所没有的性质。他用亚里士多德的"整体大于部分之和"的名言来说明系统的整体性,反对那种认为要素性能好,整体性能就一定好,以局部说明整体的机械论的观点。同时认为,系统中各要素不是孤立地存在着,每个要素在系统中都处于一定的位置上,起着特定的作用。要素之间相互关联,构成了一个不可分割的整体。要素是整体中的要素,如果将要素从系统整体中割离出来,它将失去要素的作用。

三、系统论的基本方法

系统论的基本思想方法,就是把所研究和处理的对象,当作一个系统,分析系统的结构和功能,研究系统、要素、环境三者的相互关系和变动的规律性,并优化系统观点看问题,世界上任何事物都可以看成一个系统,系统是普遍存在的。

四、系统论的任务

系统论的任务不仅在于认识系统的特点和规律,更重要的还在于利用这些特点和规律去控制、管理、改造或创造一个系统,使它的存在与发展合乎人的目的需要。也就是说,研究系统的目的在于调整系统结构,协调各要素关系,使系统达到优化目标。所以运用系统论研究股票交易融资的目的是找到影响股票交易融资安全性与效益性的各种因素,构筑股票交易融资安全系统,防范证券交易系统性风险的发生。

第三章
境外证券市场股票融资监管的成功经验

　　股票交易融资是指证券公司通过向客户出借资金供其买入证券或者出具证券供其卖出证券的业务。[1] 股票交易融资业务最早出现在 400 多年前的欧洲市场。在 18 世纪初，英国和法国股票交易融资业务随着证券市场的产生而出现。19 世纪，股票交易融资业务扩展到美国。在 20 世纪中期，日本、韩国及中国台湾地区开始进行股票交易融资业务，并在欧洲成熟股票交易融资业务的基础之上进行了改革。20 世纪七八十年代，我国股票交易融资业务扩大到了国际股票交易融资市场，随着经济全球化的推进，股票交易融资业务在全国的资本市场盛行。

　　由于各国证券市场和经济发展水平的不同，导致各国的股票交易融资业务有所差别，现今的股票交易融资业务主要分为两种模式：一种是以美国为代表的分散信用模式；另一种是以日本、韩国及中国台湾地区为代表的集中信用模式，在集中信用模式基础上，又可以划分为以日本韩国为代表的单轨制集中信用模式和以中国台湾为代表的双轨制集中信用模式。

---

[1] https://baike. baidu. com/item/%E8%9E%8D%E8%B5%84%E8%9E%8D%E5%88%B8%E4%B8%9A%E5%8A%A1/6557659? fr＝aladdin#3，2019 年 7 月 23 日。

第一节　日本、韩国、中国台湾的股票
交易融资所采用的集中信用模式

一、日本单轨制集中信用模式

(一) 日本股票交易融资产生背景及发展进程

二战之后,在美国占领日本期间,以美国《1933 年证券法》《1934 年证券交易法》为基础,日本的证券市场正式开始确立,在 1949 年,日本通过了《证券交易法》,作为日本证券市场发展的基础法律。随后在 1951 年,日本推行保证金交易并推出了融券卖空制度。在 1954 年日本通过了《证券交易法》,通过中央银行注入的资金成立了专门的证券金融公司负责提供信用交易资金,这标志着日本卖空机制的确立,股票交易融资促进了日本证券市场的发展,推进了日本经济的进步。1955 年日本对《证券交易法》进行了修改,加强了对证券金融公司的监管,使得日本的股票交易融资业务更加规范。1960 年,日本作出了一个里程碑式的决定,允许证券公司向客户提供债券交易融资。在 20 世纪 70 年代中期后,随着日本证券市场的不断发展,股票交易融资规模不断上升。1997 年,日本又分别对股票交易融资保证金比例规制进行了修改。[①]

从日本股票交易融资业务可以看出日本股票交易融资制度形成的背景。一方面,在 1949 年,日本当时处于战后经济的困难时期,政府债务较重,同时由于美国全面经济控制,日本整体的经济处于不利状态,为了刺激股市发展,日本证券交易所开始交易;另一方面,证券公司的建立符合日本的中央集权的经济运行体制,并且日本的证券市场大环境需要证券公司来协助政府进行金融调控。

[①] 罗国庆:《全球融资融券模式比较及对中国启示》,硕士学位论文,华东师范大学金融学院,2009 年 5 月,第 15 页。

（二）日本单轨制集中信用模式及其特点

在单轨制集中信用模式下，券商对投资者提供股票交易融资业务，同时设立证券金融公司为券商提供转融通业务，以此来调控证券市场信用资金和证券量的流入流出活动，加强对证券市场股票交易融资活动管理。[①] 在这种模式下，证券金融公司不能直接对投资者进行股票交易融资业务，只能对证券公司进行融出资金，在证券信用交易业务中，日本的证券金融公司处于绝对垄断地位，严格控制着资金通过信用交易倍增效应，[②]形成了"中央政府—证券公司—证券金融公司—客户"这样的单向管理体系。

日本单轨制集中信用模式主要有以下特点：

1. 证券金融公司占据垄断地位

前文提到，日本的证券金融公司在日本股票交易融资业务中处于垄断地位，投资者只能向证券公司申请融资业务，不允许直接向证券金融公司申请融资业务，当证券公司的自有资金不足时，其只能向证券金融公司申请转融通业务，而不能向银行、保险公司等金融机构借入资金。在实际运行中，日本证券金融公司的自有资本比例较小，仅有 2.5%，这种模式得以运行归因于日本政府的支持。该模式一方面有利于加强政府的监管，控制风险，但另一方面高度的垄断使得处于下层级部门丧失了多元化发展的时机，不利于金融市场向市场模式转变。

2. 政府干预

对于金融市场的监管，日本始终保持着中央集权和严格监管的传统。日本《证券交易法》规定，由证券交易所制定出规范股票交易融资业务的相关具体规则，并由金融厅采取各种信用交易监管工具对股票交易融资业务进行监督管理。证券金融公司专门负责转融通业务，严格隔离了证券公司与银行、保险公司等金融机构之间的融资交易。这种模式本质上是日本政府在控制着资金和证券的流向。

[①] http://www.doc88.com/p-4445452360458.html，2019 年 7 月 23 日。

[②] 金庆新：《我国证券市场引入信用交易制度研究》，硕士学位论文，首都经济贸易大学金融学院，2006 年 5 月，第 15 页。

3. 专业化的信用交易结构

在日本三家证券金融公司中，日本证券金融公司占据了大量的市场资源，从其资本结构中我们可以发现，日本证券公司以融券，尤其是债券融资为主要业务活动。在融资业务中，也主要以债券融资为主。这种职能化分工的交易结构便于监管。

(三) 日本股票交易融资制度

1. 主体资格。投资者资格，在日本，公民只要缴纳一定的保证金就可以进行信用交易，但在实践中，证券公司标准较高，女性和高龄者、年收入不符合条件的投资者都很难被证券公司认可，本公司的利益相关者也不能进行信用交易。证券公司资格，日本《证券交易法》规定，证券股份有限公司自有资金比率大于 120％时可以进行信用交易。

2. 标的证券范围。日本可以用于融资的证券必须是在主板市场交易且股利回报较高，并且要经证券主管机关制定，符合普通股票及收益凭证。进行信用交易的证券主要为借贷股票，其须在主板上市，此外，证券监管机关将不符合一定动态监管指标的股票排除在外，规定了 500 多种证券只能进行融资业务。[1]

3. 保证金比率。日本《证券法》规定，对信用交易的初始保证金不得低于 30％，初始保证金和维持保证金在 20％左右。在保证金制度方面，日本对融资交易风险监控主要有四种。一是信用账户的最低常规保证金维持率。常规保证金维持率由证券交易所规定证券公司来实施，目前的常规保证金维持率为 20％，若客户的信用账户中现金或证券净值降到 20％以下时，要在一个工作日内补足保证金。二是现金比率。即客户信用账户中用作担保的现金必须达到的最低比率，现金比率的设置目的是考虑到用作担保抵押的证券价值浮动较大，现金担保风险较小，价值较高。三是担保证券的折扣率。当市场价格波动较大，信用交易额增加影响到偿还能力时，通过降低折扣率来减少系统性信用风险。四是特殊股票最低保证金比率。当市场出现需求过剩，价格上涨的股票，会将其认定

---

① 戚力：《日本信用交易实践》，《银行家》2006 年第 11 期，第 108 页。

为"特殊股票"而为其规定特殊的保证金比率。[1]

4. 账户管理制度。在日本证券市场中,普通现金交易和融资交易均采用二级托管制度,不专门设置用于开展股票交易融资的账户,证券公司仅需要在现金交易账户中增加此项功能,券商在信用交易账户中设定了此功能后投资者即可进行交易,投资者不能在同一券商的不同分支机构中同时开展融资业务,但可以选择在多家券商中从事融资交易。[2]

5. 交易主体的法律责任。日本《证券交易法》规定:有价证券的发行人、证券公司、交易所等高级职员在违反信用保证金等的规定时应当处以30万元以下过失罚款或3年以下徒刑。

(四) 日本股票交易融资的监管

1. 监管主体。日本最初采用的是大藏省证券局技术官僚管理型体制,自从2002年日本金融监管体制改革以来,日本金融厅基本上接管了大藏省的金融监管职能,就目前来说,日本对于信用交易的监管机构主要有以下几个。一是金融厅。金融厅于2000年7月设立,接管了由原来大藏省负责的对民间银行和证券业的金融监管事务,金融厅是日本金融监管的最高行政部门,其设立目的是维护日本金融系统的稳定,同时又以保护存款人、保单持有人、有价证券等投资者的利益为目的。金融厅监管局下又设证券事务科,主要负责证券金融机构设立许可的发放撤销监督等命令,金融厅检查局负责对证券金融机构的业务内容进行检查。二是证券交易所。证券交易所对信用交易实行多层次多角度的监督管理,根据《金融商品交易法》的规定,在金融厅规定基础上制定相应章程规范信用交易行为,也可通过对信用交易余额以及股票数值的统计,把握信用交易动态,加强监管。三是证券金融公司。证券金融公司负责控制证券商融资的途径,调整各证券商融资的额度。四是证券业协会。证券业协会是自治组织,主要负责提高与通过信用交易卖出或买入相关的委托保证金

---

[1] 罗国庆:《全球融资融券模式比较及对中国启示》,硕士学位论文,华东师范大学金融学院,2009年5月,第18页。
[2] 沈永兵:《融资融券在我国的发展及交易监管现状》,硕士学位论文,华东政法大学经济法学院,2014年4月,第15页。

比例,限制以有价证券代替委托保证金,限制或禁止通过信用交易卖出或买入等监管职责。①

2. 监管法律法规。日本规范证券交易的法律主要是《金融商品交易法》,其次还包括《证券投资信托法》《日本金融期货交易法》等,另外还包括证券交易所及证券业协会制度的相关管理办法。

二、韩国单轨制集中信用模式

(一) 韩国股票交易融资产生背景及发展进程

在 20 世纪 50 年代左右,朝鲜战争过后,韩国面临着重大的经济问题,为了促进工业的发展,韩国开始筹集资金,股票交易融资开始出现。在 1955 年,韩国成立了证券金融公司,后又颁布了《证券交易法》,证券金融公司作为股票交易融资业务的中介,为证券公司提供资金及转融通服务,这种市场机制的建立为这一时期韩国的经济发展起到了非常重要的作用。

在 1997 年亚洲金融危机之后,韩国金融经济遭受重创,信用交易和转融通业务在一定程度上都受到该金融危机的波及,以至于危机过后,韩国监管部门为了防止经济的持续下滑,通过解除对外国投资者融资数额限制,吸引大量外资涌入韩国证券市场,促进了韩国经济的快速发展。韩国证券借贷业务发展快速,同时不断向海外及国际市场扩张,开展了各种信用交易业务类型,促进了韩国证券市场的发展。截至 2008 年,韩国已经在 10 多个国家设立了几十个分支机构,韩国的证券市场在世界范围内已经有了较大影响。②

(二) 韩国单轨制集中信用模式及特点

韩国股票交易融资制度安排与日本模式类似。证券金融公司也处于

---

① [日]河北一郎、大武泰男著,侯水平译:《证券交易法》,北京:法律出版社,2001 年,第 185 页。
② 国信证券:《"境外市场融资融券业务比较研究"系列四》,https://finance. ifeng. com/stock/special/rzrq/gmxx/20100202/1786206. shtml,2022 年 12 月 7 日。

垄断地位,普通投资者可在交纳一定的保证金后通过证券公司从事融资业务,不能直接向韩国证券金融公司申请融资业务。但不同于日本,证券公司在自有资金不足时,不仅能够向证券金融公司申请转融通,也可以向银行等金融机构借入资金后再转借给客户。韩国证券金融公司对客户结算资金进行集中存管的行为,在为证券金融公司带来稳定资金来源的同时,也防止了客户结算资金被非法挪用的风险。

在转融通担保品方面,证券金融公司向证券公司收取的担保品主要有:融资交易买入证券,转融券业务所收取的融资交易卖出资金,以及保证金三种。尽管没有限制以证券冲抵保证金的情况,但在实际运行当中,证券公司均会要求投资者交纳现金形式的保证金。目前,韩国证券监管部门和证券交易所已经放开了对保证金比例和维持担保比例的限制,证券公司可根据实际情况自行确定投资者应当交纳的保证金比例。[1]

在交易账户方面,韩国没有针对融券业务的专门账户,同时投资者也不用为融资交易单独开设专门的证券账户,只需要证券公司为其已经开立的普通账户增加信用交易功能即可。

(三) 韩国股票交易融资监管

1. 监管法律法规

韩国关于信用交易的相关法律起源于 20 世纪 60 年代,标志是颁布了《证券交易法》,后经过多次修订,在此基础上制定了一系列监管规则。《证券交易法》第 49 条对证券金融公司应对融资融券交易贷款的上限、保证金比例、保证金的种类和收集方式等作出规定。第 57 条规定:一旦证券公司违反证券金融公司关于融资融券交易的约束条件,证券金融公司可以暂停证券公司的部分甚至全部融资融券交易业务。第 188 条规定:除对未公开披露信息的内幕交易者不允许卖空外,对一般投资者的卖空没有特别管制。《金融中介证券融入融出业务监管办法》规定:参与方申请、证券融入融出交易、交易的执行与证券的交付、担保物的管理、证券融入融出交易期满/终止、没有履行义务的处理等。《金融中介证券融入融出业务监管

---

[1] 国信证券:《"境外市场融资融券业务比较研究"系列四》,中国证券报,2010 年 2 月 2 日。

办法细则》规定:参与融资融券相关的表格、存款账户的报告、报价费率单位、交易的信息披露、证券抵押的评估率、担保物标准和盯市、担保物的替代、现金抵押的利息支付、担保物的处置、借贷证券的收益、赔偿、费用等。

2. 监管机构

在 1997 年金融危机后,韩国设立了专门针对金融事务的金融监督委员会,负责制定相关政策并履行监督职责。首先是政府监管机构,包括金融监督委员会和财经部。金融监督委员会负责金融机构及证券和期货市场的管理监查,并研究和制定相关政策。其次是自律组织,包括证券商协会、期货协会、证券期货交易所和资产运用协会。自律管理组织辅助政府监管机构对金融市场进行监督管理。最后是其他证券相关机构,包括韩国证券托管公司(KSD)、韩国证券信息公司(KOSCOM)、韩国证券金融公司(KSFC)、韩国上市公司协会(KLCA)和科斯达克上市公司协会(KOSDAQCA)。[①]

三、中国台湾双轨制集中信用模式

(一) 中国台湾股票交易融资产生背景及发展进程

中国台湾的股票交易融资制度早在 1962 年就已经开始,随着股票交易融资业务的不断发展,中国台湾的股票交易融资主要经历了例行交易时期、银行代办信用交易时期、单一办理信用交易时期、双轨制时期、开放时期五个阶段。

1. 1962 年—1974 年例行交易时期

1962 年,股票交易融资业务出现在中国台湾证券市场,当时的交易方法主要是通过交易者先支付一定的保证金在日后进行交割,或者约定交割日前进行反向对冲于交割日补上差价的方式进行操作,这种方面导致杠杆率较高,给予了投资者极大程度的投机操作,加大了市场风险。[②] 在 1973

---

① https://finance.qq.com/a/20100202/001431.htm,2019 年 7 月 25 日。
② 罗国庆:《全球融资融券模式比较及对中国启示》,硕士学位论文,华东师范大学金融学院,2009 年 5 月,第 20 页。

年,中国台湾将股票交易融资的保证金率调整为 100%,取消了信用交易,解除了杠杆率。

2. 1974 年至 1980 年银行代办信用交易时期

1974 年 6 月 4 日,中国台湾制定了《授信机关办理证券融资业务暂行操作办法》,此文件指定了交通银行、台湾银行与土地银行等三家金融机构来办理融资业务,开始进行信用交易。

3. 1980 年至 1990 年单一办理信用交易时期

20 世纪 80 年代,中国台湾证券市场发展迅速。1988 年修正后的《证券交易法》规定了券商可以办理融资业务。1990 年 6 月,颁布了《券商办理有价证券买卖融资融券管理办法》,标志着台湾的股票交易融资业务双轨制的建立。

4. 1990 年至 1995 年双轨制时期

1990 年 9 月,中国台湾发布了《证券商办理有价证券买卖融资融券管理办法》及《有价证券得为融资融券标准》,核准了证券商办理股票融资业务,修订了《证券金融事业管理规则》,开放了证券金融公司的转融通业务。1993 年,证券暨期货管理委员会制定了《证券金融视野申请设立暨核发营业执照审核要点》,规定了在每年的 8 月份接受证券金融公司的设立申请。

5. 1995 年至今开放时期

1994 年,制定了《证券金融事业申请设立及核发营业执照审核要点》,放开了证券金融公司的设立申请环节。1995 年核准了环化、富邦及安泰三家证券金融公司的设立申请,三家证券金融公司开始运行,为证券市场投资人提供了新的融资渠道,加强了证券金融业的有力竞争。

实践证明,证券金融公司的制度一定程度上推进了中国台湾证券市场的发展,中国台湾"双轨制"模式有其特殊的历史背景。

首先,由于中国台湾被日本占据了长达 50 年,因此,证券市场模式不可避免地受到日本模式的影响;其次,在 20 世纪 80 年代,由于中国台湾政府的介入,金融业、银行业、信托业以及证券公司的设立等活动都受到了许多的限制,股市的规模较小。80 年代之后,中国台湾的金融业得到了开放,货币、外汇和证券市场迅速得到解放,取消了对券商、银行等设立的限制,中国台湾的证券信用交易制度在吸收了市场化模式特点的基础上,形成了垄断与竞争并存的独特的"双轨"模式。

(二)中国台湾双轨制集中信用模式及特点

中国台湾股票交易融资模式融合了美国和日本模式,又在此基础上形成了适宜自身证券市场发展的新模式——"双轨制"集中信用模式。在这种模式下,证券公司可以向证券金融公司融入资金,也可以将不动产作为抵押向银行、投资公司等金融机构融资。证券金融公司可以为证券公司办理转融通业务,也可以向一般投资者进行融资。这种模式的形成是中国台湾金融市场不断发展的结果。

中国台湾双轨制集中信用模式的特点如下:

1. 证券金融公司和证券公司属于既竞争又合作的关系

集中信用模式的建立源于中国台湾证券市场发展不成熟,监管体制不完善。为了提高市场效率、促进证券市场自由竞争,中国台湾建立了四个证券金融公司,但与日本相区别,四个证券金融公司不是一家独大的局面,相反,这四家证券金融公司处于相互合作竞争的关系。同时,由于投资者可以选择从证券公司或证券金融公司融资,使得证券公司与证券金融公司处于竞争状态。这种竞争合作关系的产生,能够刺激证券市场规范化、高效化运作,维持证券市场的稳定。

2. 证券金融公司业务由转融资逐渐向直接融资转换

在中国台湾,投资者可以选择从证券公司直接融资或从证券金融公司直接融资。中国台湾的证券公司只有一小部分可以为客户直接提供融资的信用交易支持,大部分的证券公司必须通过接受投资者的委托,向证券金融公司办理转融通业务,因此,随着证券市场逐渐效率化,有信用交易资格的证券公司,在融资交易中会逐渐减少对于证券金融公司的依赖,而转为直接为投资者提供融资服务。

3. 证券公司与资本市场联系紧密

中国台湾的证券公司与资本市场的关系联系比较紧密,这是由于中国台湾的一些证券公司具有资格可以直接为投资者提供融资服务,能够直接在资本市场上取得融资。证券公司与银行之间的借贷关系表明已经在货币市场进行短期资金的拆借。[①] 这种交易特点防止了证券金融公司在资本市场上处于垄断地位，使证券金融公司更多地以投资者为融资对象，有利于自由竞争，提高了资本市场运行的效率。

(三) 中国台湾股票交易融资制度

1. 主体资格。投资人资格，在中国台湾开设信用交易账户需满足以下条件：必须是年满 20 周岁、有行为能力的居民或者以法律组织进行登记的法人；开立受托买卖账户满 6 个月；最近一年内委托买卖成交十笔以上，并且累计成交金额要达到所申请融资的 50％；年所得与各种财产合计达所申请额度的 30％。证券公司资格，证券公司要进行融资业务需要具备以下条件：公司净值新台币 2 亿元；经营有价证券经纪业务届满两年以上；最近两年度结算有营业利润及税前纯益；最近三年未受台湾"证管会"停业或撤销分支机构的处分；最近三年未曾受证交所停止或限制买卖的处分；已订立业务章程，并设置专卖单位，指派专任人员不得少于 5 人，增提营业保证金至新台币 1.5 亿元。

2. 标的证券范围。在中国台湾，进行融资交易的证券要符合《有价证券得为融资融券标准》的规定：普通股股票上市满六个月，每股净值在票面以上，由证券交易所公告的为融资融券交易股票；非属柜台买卖管理股票、第二类股票及兴柜股票普通股股票上市满六个月，每股净值在票面以上，且该发行公司符合下列各款规定者，由证券柜台买卖中心公告的为融资融券交易股票，设立登记结满五年以上、实收资本达新台币三亿元以上、最近一个会计年度决算无累积亏损，且营业利益及税前纯益占年度决算实收资本额比率达 3％以上。上述两类股票有股价波动过度剧烈、股权过度集中、成交量过度异常等情况之一的，不得作为融资融券交易股票；受益凭证上市满六个月，由证券交易所公告的为融资融券交易，但指数股票型证券投资信托基金受益凭证除外。

3. 保证金比率。在中国台湾，信用交易保证金比率由征管会在中央

① 罗国庆：《全球融资融券模式比较及对中国启示》，硕士学位论文，华东师范大学金融学院，2009 年 5 月，第 23 页。

银行授权的范围内根据证券市场状况进行调整,在 1962 年到 1988 年之间,调整次数较多。目前,上市与上柜股票融资的保证金比例分别为 60％与 50％,而融券保证金的比例为 90％。

4. 账户管理制度。根据中国台湾《证券商办理有价证券买卖融资融券管理办法》,投资者开设从事融资交易的信用账户主要有两种途径:一种是通过自办券商申请,只需在原开立普通账户基础之上增加信用交易的功能;二是通过代办券商申请,需要经过证券金融公司专门开设不同于其在代办券商交易账户的信用账户。

(四) 中国台湾股票交易融资监管

1. 监管主体。中国台湾融资监管主要包括三个机构。首先是立法院,通过法律规定从事融资融券业务的证券金融公司和证券商的设立许可。其次是行政院金融监督管理委员会证券期货局,对从事融资交易主体资格、证券标准、证券金融公司的业务范围、证券商和证券金融公司的内部控制与市场风险的控制指标进行规范。最后是证券交易所和证券柜台买卖中心,根据行政院金融监督管理委员会证券期货局制定的相关法规确定相关业务操作和市场监督控制规则。

2. 监管法律法规。中国台湾 1992 年颁布的《证券金融事业管理规则》是融资交易的指导性文件。如今对融资业务的监管,主要以《证券交易法》为核心,由行政院金融监督管理委员会颁布的管理规章制度为补充加以规范。

第二节　美国股票交易融资所采用的分散信用模式

一、美国股票交易融资产生背景及发展进程

美国证券市场的股票交易融资业务起源于卖空交易,由于当时市场机制不健全,早期的卖空和借券风险都很高,因此发生了很多欺诈以及不履行承诺等情况。1929 年股市大危机之前,由于美国政府对股票交易融

资业务没有相关的法律规定,导致在股市危机中许多采取股票交易融资的投资者遭受了损失。为了防止损失再现,美国1934年颁布了《证券交易法》,成立了证券交易委员会,对信用交易活动进行严格的管理,美联储作为证券信用交易的监管机构,行使市场监督的职责,随后又颁布了规则T、规则U、规则G和规则X,进一步完善了美国股票交易融资制度。

20世纪70年代之前,美国的融资活动主要围绕证券公司后端业务部门的活动进行,在70年代之后,美国的股票交易融资逐渐走向国际市场,许多保险公司、信托基金和上市公司开始参与融资活动,证券公司也利用股票交易融资作为承销新股的再融资手段。同时,美国成立了信托存管公司,为股票交易融资业务过户和结算过程提供了方便,有效地减少了交易风险,推进了股票交易融资业务的发展。

80年代到90年代之间,债券回购协议市场的发展使得回购融资在股票交易融资活动中占据较大比重,共同基金和对冲基金成为融券交易的推动力,使美国证券市场的融资业务增长迅速。

90年代之后,由于经济全球化的影响,再加上在融资操作上许多结构上的变化,交易者的逐利性特征使得他们在全球范围内的金融市场寻求交易机会,很大程度上促进了股票交易融资业务的发展。

纵观美国股票交易融资业务,美国的金融市场比较发达,金融机构的自主性较强,投资者相对来说较成熟,但其发展也是在不断探索中逐渐完善的。

二、美国分散信用模式及特点

美国分散信用模式是市场化模式的典型代表,美国的金融市场比较发达,因而信用交易的发展主要依靠市场自身的调节作用,政府不直接干预券商的借贷关系。在这种分散信用模式中,不存在专门的信用交易机构,投资者直接向证券公司申请融资,当证券公司的自有资金不足时,可以向资本市场直接融资。

美国的证券公司在开展融资业务中的自律性主要体现在两个方面:一是按照美联储和交易所的规定,向银行申请转融通时不能随意挪用冻结的证券;二是按照美联储和交易所的有关规则和制度,对客户进行融资时,要求常规保证金维持率要高于交易所的规定,信用账户中的保证金比率也要高于美联储规定的比例。[①]

美国的证券业协会为了防止融资交易中可能产生的各种风险,对股票交易融资业务制定了比较详细、标准化的交易流程,使得证券公司在自主经营的基础上,对相关融资活动通过法律和信用账户操作加以界定。

美国分散信用模式的特点如下:

1. 高度市场化

美国关于股票交易融资的主体资格,没有特别的限定,门槛相对较低,只要有足够的资金就可以参与到融资活动。美国监管局根据美国资本市场的特点,从提高市场活跃度及防范风险角度出发,制定了一套较为完整的交易规则,只要不超过规则规定的交易范围,融资活动就由参与者自主完成。

2. 交易主体广泛

在美国,证券公司之间,证券公司与投资者之间都可以进行融资活动。银行等金融机构的参与方式主要以转融通为主,同时也可以向证券公司提供借券,在这种市场化的交易模式中,证券公司、企业、银行、基金、普通投资者各主体之间的联系是十分紧密的。

3. 证券交易与回购市场及货币市场联系紧密

美国的金融体系发展较早,相对来说比较完善,关于证券交易的相关制度监管规制比较全面,整个金融体系处于相对开放的状态,只要证券交易各主体之间的交易比较顺畅,就可以顺利地扩大资本市场融资交易,各机构之间可以在货币市场上获得交易所需要的资金,同时回购工具也在货币市场上被广泛使用,其中最主要的工具就是债券回购,对于证券公司短期资金来说,证券公司往往通过抵押证券来获得资金。

4. 融资规模大

美国的股票交易融资规模较大,相对来说交易比较活跃,大量的保险

---

① 李鑫:《我国融资融券交易业务模式研究》,硕士学位论文,大连理工大学工商管理学院,2009年12月,第15—16页。

基金,投资公司和对冲基金的金融机构不同的投资策略有效形成融资融券的供需双方,作为长期投资的保险机构可以将手中的证券出借给看空的对冲基金,一方面满足了对冲基金投机赚取价差收益,另一方面也满足了长期投资机构获得稳定的收益。[①]

三、美国股票交易融资制度

1. 主体资格。投资者资格,美国对于开立信用账户投资者没有规定特殊身份要求,对其要求资格规范主要在于资金和程序两方面。在资金方面,一般由各个证券交易所自行规定,如纽约证券交易所规定投资者开立信用账户要在账户中维持 2000 美元以上的净值。在程序方面,规定投资者开立账户时需要填写的资料及签订的协议。证券公司资格,美国《证券交易法》规定:持有投资者证券的证券公司符合 15:1 的负债总额与流动资产比率;且净资产高于 25000 美元即具有办理信用交易的资格。

2. 标的证券范围。根据美国规则 T 第 220.2 条规定,可以作为信用交易的有价证券包括:已经在国家证券交易所上市的有价证券;店头可融资股票;店头可融资债券;以及根据《1940 年投资公司法》规定注册的开放式或单位投资信托基金。[②] 在实践中,纽约证券交易所禁止价格和交易量剧烈波动的股票作为标的,证券公司一般不接受每股市价在 4 美元以下的融资,融资购入每股市价在 4 到 12 美元的股票时要提高维持担保的比率。

3. 保证金比率。美国的融资保证金曾被多次调整过,1974 年美联储将这一比率控制在 50％范围内,证券公司和证券交易所可以进行修改,但不得低于 50％,其中纽约证券交易所对于维持保证金的比率有自主决定权。

4. 账户管理制度。美国投资者进行股票交易融资业务要签订借贷、质押以及同意出借合同,同时还要开立保证金账户来从事信用交易,在开设账户时需要存入各券商自行规定的开户保证金。对于非权益证券从事信用交易业务时,投资人需要另外开立"存入保证账户"。

---

① 罗国庆:《全球融资融券模式比较及对中国启示》,硕士学位论文,华东师范大学金融学院,2009 年 5 月,第 12 页。
② 任彦:《海外证券信用家交易制度比较分析》,《金融法苑》2008 年辑刊,第 85 页。

5. 交易主体法律责任。美国《证券交易法》第 78 条第 32 节第一款规定:故意违反本法或规章的应当被处以不超过 100 万美元的罚款或者不超过 10 年的有期徒刑。

四、美国股票交易融资监管

1. 监管主体。美国对于信用交易的监管主要有三个主要机构。联邦储备委员会,根据《1934 年证券交易法》的授权对信用交易进行管理,根据证券市场情况需要调控信用交易的规制,并及时作出调整。联邦证券交易委员会(SEC)对证券商进行信用交易的事前业务审批或事后业务处罚。证券交易所,通过制定本交易所的规则来规定投资人融资的资格、需要遵循的程序以及维持保证金等事项。

2. 监管法律法规。《1933 年证券法》和《1934 年证券交易法》开始规定对自用交易制度的监管,随后联邦储备委员会根据《证券交易法》第 7 章又制定了详细的规制 T、规则 U、规则 X。规则 T 规范了信用交易中借贷双方的权利义务,规制 U 规范了证券商在信用交易中需要为客户提供的服务等事项,规制 X 规范了银行在融资中的地位、行为等事项。《1996 年全美证券市场促进法》对保证金规定进行了局部修改,联邦储备委员会规定:与该经纪人或交易商进行交易的大部分人不是经纪人或交易商以及贷款是为了造市或为承销进行融资两种情况之下对经纪人或交易商的贷款无需加以管理。1998 年 4 月以后,根据《全美证券市场促进法》修改的规则 T、规则 U、规则 X 开始生效。其中,规则 T 是规范经纪人和交易商提供的信用,规则 U 规范来自银行和其他美国的贷款人,规则 X 规范美国公民和相关组织得到来自国外的信用购买或持有美国证券的保证金。①

五、日本、韩国、中国台湾及美国股票交易模式比较分析

1. 交易结构方面。美国股票交易融资最典型的特征就是市场化运

---

① 罗国庆:《全球融资融券模式比较及对中国启示》,硕士学位论文,华东师范大学金融学院,2009 年 5 月,第 14 页。

作的交易模式,不存在证券金融公司,信用交易风险也主要表现为市场主体的业务风险,证券公司主导保证金交易活动,自有资金不足时,可以向银行等其他金融机构拆借。而日本、韩国和中国台湾地区的股票交易融资业务则归属于专业化集中信用模式,在证券交易中引入了证券金融公司。不同的是,在日本股票交易融资业务中证券金融公司处于垄断地位,普通投资者不能直接从证券金融公司进行融资活动,证券公司向投资者提供融资活动,证券金融公司向证券公司提供转融通业务。韩国证券机构可以向银行等其他金融机构借入资金。中国台湾的证券金融公司不处于垄断地位,证券金融公司和证券公司处于竞争关系,普通投资者可以向证券公司进行融资,也可以向证券金融公司进行融资。

2. 从证券及资金来源方面。美国由于其市场化特征,证券公司的证券及资金来源最为广泛。进行融资的渠道主要有自有资金、客户保证金以及银行借贷资金等,进行融券的渠道主要有自有证券和同业调借证券。日本由于证券金融机构处于垄断地位的特征,导致证券公司为投资者提供资金和证券的主要来源为证券金融公司,但随着融资业务的不断创新,证券公司也会通过其他方式来获得资金,普通投资者越来越多地通过其他渠道取得融资。中国台湾地区融资来源主要是券商的自有资金和证券金融公司的资金,证券的来源主要是自有的证券及证券金融公司所借贷的证券。

3. 从监管方面。由于美国证券市场发展较早,相对来说更加成熟,因此对于信用交易制度的监管较为开放,政府干预较少,监管力度比较宽松,由于信用共享程度高,融资过程的审查环节较少。日本和中国台湾地区证券市场相对来说不够成熟,因此政府干预现象明显,政府通过设立专门的中介机构,对融资活动的申请、授信、交易及清算等环节进行严格管控,在一定程度上减少了信用的风险,但同时由于政府干预,市场缺少自由化,证券市场发展受到一定的限制。

4. 从证券金融公司的作用来看。美国在前文中已经提到,不设立专门从事信用交易的证券金融公司。日本由半官方设立的证券金融公司处于垄断地位。中国台湾的证券金融公司和证券公司处于合作及竞争地位。

六、国外股票交易融资模式对我国的启示

1. 模式的选择要适应本国国情

从对比中我们可以看出,美国由于证券市场相对较发达,信用制度比较健全,因此其选择了市场化的分散信用模式,在政府对证券市场进行监管之前,美国证券市场已经形成了一套较为完整的信用交易体系,美国监管者只是在原有基础之上从维护社会公平角度出发对其进行完善。日本二战以前的融资业务也存在许多的问题,后来在借鉴美国模式基础上,从本国国情出发,选择了单轨制集中信用模式,设立了具有垄断地位的证券金融公司,专门对证券公司进行转融通业务,方便了政府对证券风险的把控。中国台湾由于受日本影响,结合自身证券市场发展情况,建立了双轨制的集中信用模式,使证券金融公司也可以向投资者进行直接融资,并建立了完善的客户保证金制度和证券借贷制度,防止市场剧烈波动在一定程度上也促进了政府对信用交易风险的把控。从以上对比我们可以看出,证券市场的成熟程度和本国国情决定了应该采用何种模式。

2. 建立科学的监督管理体制

股票交易融资业务的推进对于证券市场的发展具有一定的积极作用,但同时也会带来一些弊端,会增加证券市场的波动,成为加大股票助涨助跌的原因。由于融资业务的风险相对来说较大,因此防范证券市场因为信用过度扩张及因信用交易导致证券市场价格异常波动十分重要。美国、日韩及中国台湾对于融资业务在市场准入,操作过程及风险防范措施方面都建立了适合自己的监管体系,值得我国大陆地区借鉴。

第三节　我国大陆股票交易融资所采用的信用模式

一、我国大陆股票交易融资制度产生背景及发展历程

我国证券市场属于新兴市场,发展仅有 30 多年的历史。在证券市场

建立初期,我国证监会规定不允许进行任何信用交易,随着我国证券市场的不断发展,以及投资者自身对于证券业务交易的不断成熟,股票交易融资业务逐渐在我国证券市场发展开来,从融资业务的发展历程来看主要经历了四个阶段。

第一阶段,萌芽阶段。2005年10月,通过了《中华人民共和国证券法》,删除了对于融资交易限制性条款的规定,2006年7月证监会出台了《证券公司融资融券业务试点管理办法》和《证券公司融资融券业务试点内部控制指引》,明确了融资业务在我国启动。随后,我国上海证券交易所、深圳证券交易所、中国证券登记结算公司以及中国证券业协会分别公布了相关实施细则和自律规范文本,确定了我国融资交易的各项模式、规则及制度。① 2008年4月,通过了《证券公司监督管理条例》和《证券公司风险处置条例》,对融资业务作了细致的规定,为我国融资交易业务提供了法律依据。②

第二个阶段,启动阶段。2008年10月,证监会宣布将启动融资业务试点,11家证券公司进行了两次共计八项的融资业务测试,测试基本达成了预期的效果,标志着我国融资业务的系统和技术工作基本成熟,融资业务获得了实质性的进展。

第三个阶段,试点阶段。2010年1月,国务院通过了融资融券和股指期货业务,先进行试点运行再逐步扩大。中国证监会发布了《关于开展证券公司融资融券业务试点工作的指导意见》,明确了试点工作程序,部署了试点工作方案,提出了防范风险的要求。

第四个阶段,扩大阶段。2010年,证监会公布了国泰君安、国信证券、中信证券、光大证券、海通证券和广发证券6家券商作为融资业务试点的机构。目前,我国的融资业务发展迅速,业务量逐步增长。

第五个阶段,全面实施与法制保障阶段,2020年新《证券法》的生效标志着我国的股票融资融券交易正式进入法制保障阶段。

---

① 金妍:《融资融券模式的国际比较及对中国的启示》,硕士学位论文,东北师范大学金融学院,2011年5月,第15页。
② 徐婕:《我国融资融券交易模式的制度现状分析》,《上海金融》2008年3期,第6—7页。

二、我国大陆集中信用模式及特点

我国大陆股票交易融资制度采取的是集中信用模式。采取此种模式归因于我国大陆股票市场发展不完善以及资本市场不够成熟。证券金融公司可以借助集中交易平台及时获得和掌握市场交易的相关信息,必要时可以对信用交易的规模、额度及分配方向进行整体调控,有利于对融资业务风险的控制。[①] 我国大陆在保证金制度上制定了严格的标准,使得融资杠杆水平相对于其他金融工具较低。在风险控制规章制度中,借鉴了日本及我国台湾地区的有益经验,对交易风险进行严格控制。[②] 采取集中信用模式,一方面有利于对我国大陆的融资交易进行集中监管和风险防控,另一方面,有利于提高转融通业务的效率。

三、我国大陆股票交易融资制度

1. 主体资格。(1)投资者资格。我国大陆《证券公司融资融券业务管理办法》第十一条规定:证券公司对客户征信情况应当有充分调查并保存相关资料;对于未按要求提供相关资料和情况说明的可不予办理其开户请求;并且,对于不符合证券公司有关资金存管、投资经验、信用记录等条件的或是该证券公司的股东、关联人均应列入禁止准入条件中。同时证监会要求投资者条件满足:开户满 18 个月,资产值 50 万以上、金融总资产在 100 万以上。(2)证券公司资格。根据《证券公司融资融券业务管理办法》第五条规定:证券公司开展融资融券规定应当符合经纪业务年限、财务和管理人员合规、信息系统安全稳定等方面的原则要求。证监会在《关于开展证券公司融资融券业务试点工作的指导意见》中补充细化规定了首批申请试点的证券公司应当符合的条件:最近 6 个月的净资本应

---

① 沈永兵:《融资融券在我国的发展及交易监管现状》,硕士学位论文,华东政法大学经济法学院,2014 年 4 月,第 28 页。

② 封尚杰:《浅析全球主要融资融券制度模式及对我国资本市场的启示》,《河北企业》2017 年第 8 期,第 189 页。

当保持在 50 亿元以上的最新评价为 A 级的证券公司。

2. 标的证券范围。根据我国法律法规规定：除交易所认可的证券外，不得对其他证券进行融资融券，交易所上市交易的股票、证券投资基金、债券、其他证券等证券可以作为融资买入或融券卖出的标的证券。其中，标的证券为股票的，应当符合所规定的交易时间、流通市值或股本、股东人数、换手率等指标条件；交易型开放式指数基金应当上市交易超过 3 个月、日平均资产规模不低于 20 亿元、持有户数不少于 4000 户。

3. 保证金比率。根据我国大陆《证券公司融资融券业务管理办法》第二十六条规定，由证券交易所规定保证金比率和可冲抵保证金的证券之种类及折算率。证券公司可以在符合证券交易所规定的前提下作出具体规定。第三十三条规定了可充抵保证金的证券计算保证金金额时的折算方法和折算率。同时根据沪深交易所融资融券交易试点实施细则的相关规定，融资融券初始保证金比例和维持担保比例分别不能低于 50％和 130％，沪深交易所还规定了 150％的预警线及 300％的安全线，只有当维持担保比例在 300％以上时客户可提取保证金，但不得使提后的维持担保比例低于 300％。[①]

4. 账户管理制度。根据《证券公司融资融券业务管理办法》规定，我国大陆采用的二级信用账户体系与国外主要市场采用的账户管理制度不同，券商与投资者之间的财产关系被认定为信托关系，证券公司信用担保证券账户中的证券和客户信用交易担保资金账户内的资金被认定为客户为担保其对证券公司因融资融券交易产生负债的信托财产。[②]

5. 交易主体法律责任。我国大陆《证券法》第 202 条第 2 款规定：证券公司违反本法第 120 条第 5 款规定提供证券融资融券服务的，没收违法所得，并处以融资融券等值以下的罚款；情节严重的，禁止其在一定期限内从事证券融资融券业务；对直接负责的主管人员和其他直接责任人员给予警告，并处以二十万元以上二百万元以下的罚款。我国对证券交易主体的责任规定主要在行政责任方面。

---

① 沈永兵：《融资融券在我国的发展及交易监管现状》，硕士学位论文，华东政法大学经济法学院，2014 年 4 月，第 23 页。
② 同①，第 24 页。

四、我国股票交易融资的监管

1. 监管主体。我国大陆对于股票交易融资制度的监管主要有以下几个机构。证监会。审批证券公司的业务开展资格,查处违法行为,制定融资业务的相关准则。证监会派出机构。对所在辖区的证券公司的融资业务进行检查。证券业协会。证券业协会为自律组织,负责对各证券公司业务实施的方案进行评价,并制定合同必备条款和风险揭示书的标准格式。证券交易所。对融资业务进行前端控制,对融资交易活动中的异常行为进行动态监管。证券金融公司。对证券公司转融通业务运行情况进行监控,分析融资交易情况,防范业务风险。

2. 监管法律法规。《证券公司监督管理条例》,对证券公司融资融券业务作出了原则性规定;《证券公司融资融券业务管理办法》《转融通业务监督管理试行办法》和《证券公司融资融券业务内部控制指引》等对证券公司融资业务中涉及的业务许可、风险管理、担保物和监督管理等方面进行了规定;证券业协会、沪深证券交易所、证券登记结算公司、证券金融公司的《融资融券合同必备条款》《融资融券交易风险揭示书必备条款》《融资融券交易实施细则》《融资融券登记结算业务实施细则》《融资融券业务统计与监控规则(试行)》等业务规则,对融资业务交易的具体流程、标的证券与担保物的管理、登记结算和风险监测监控、转融通操作办法等方面作出了具体规定。[①]

---

① 沈永兵:《融资融券在我国的发展及交易监管现状》,硕士学位论文,华东政法大学经济法学院,2014 年 4 月,第 19 页。

第四章
我国证券市场股票交易融资监管的现状

第一节　场外配资监管的经验与不足

一、场外配资概述

所谓证券市场场外配资，是指没有得到有关行政许可的公司企业或个人，在法律规定的监管范围之外从事资金借贷方面的业务活动。[1] 场外配资的本质是在证券交易所之外为投资者提供股票质押杠杆融资。

（一）场外配资的产生和发展

我国证券市场场外配资业务最初是以传统线下的投资公司、投资咨询公司、投资管理公司形式运作，当时配资业务的资金来源主要是民间资金，配资额度根据投资者资本金数额，杠杆率达到 5 倍甚至 10 倍之高。随后由于信息网络技术的发展，配资从线下转移到线上，在线配资平台按每日或每月配资，杠杆倍数高，资金来源主要是借道信托的银行理财和股票质押资金等。[2]

---

[1] 马君慧：《场外配资业务的法律监管问题研究》，《财务与金融》2018 年第 5 期，第 61 页。

[2] 徐金喜：《我国场外配资的风险及其监管研究》，《金融与经济》2017 年第 2 期，第 76 页。

20 世纪 90 年代,场外配资业务最初被称为"股票透支交易",指的是在股票交易的过程中,融资方保证金账户余额不足以支付委托配资方买进的股票价款时,配资方也就是证券公司为其垫付差额的证券信用交易。2000 年后,为了保证资金的供给,一些非银行金融机构也相继参与到证券公司的融资活动中,在这一阶段,场外配资业务得以持续发展,但同时也引起了许多纠纷。2005 年,《证券法》把融资融券交易纳入了证券交易范围,随后一些非银行金融机构开始使用自有资金进行配资。[①] 直到 2010 年 3 月,中国证监会才正式开始批准并在国泰君安、国信证券、中信证券、光大证券、海通证券、广发证券 6 家证券公司进行试点。在 2015 年之前,由于场外配资活动资金规模较小,影响范围较小,没有受到监管部门的重视。但 2015 年,由于股市的牛市效应,使得银行理财资金、信托及 P2P 等资金通过恒生公司开发的 HOMS 系统、铭创系统和同花顺系统进行场外配资,未受重视的场外配资创新技术系统大量涌入证券市场,造成市场的非理性上涨,引发了股灾。

(二) 场外配资的特征

1. 高杠杆。在场外配资中,投资者仅需要向配资公司指定的银行账户缴纳少量的资金作为保证金,配资公司会按照投资者的配资要求提供 3 倍到 10 倍之间的杠杆资金交由投资者自由买卖证券,配资公司仅收取一定的管理费和利息。若股票价格上涨,则投资者将因为高杠杆获取成倍的利益,相反若股票价格下跌,投资者也会有成倍的损失,因此,场外配资在为投资者带来巨大收益的同时也伴随着巨大风险。

2. 配资公司多元化。由于互联网技术的发展,场外配资通过网络将线下配资转移到线上。因此,目前的配资公司主要分为三种。一种是传统的线下配资公司。这些公司现在往往以投资管理公司、投资咨询公司等形式存在,其在工商行政管理部门审核的经营范围为投资咨询、资产管理及财富管理等,但实际上从事的是场外配资业务。另一种是线上配资公司。主要为 P2P 平台公司的转型,互联网化的理财公司、咨询公司。

---

① 蔡奕:《伞形信托业务模式及监管对策分析》,《财经法学》2015 年第 6 期,第 6 页。

三是近年来催生的线上线下兼备的配资公司。[①]

3. 门槛较低,操作简便。场外配资的门槛相对较低,投资者仅需投资 2000 元甚至 1000 元就可以进行配资业务。同时由于互联网技术带来的便捷,网上的配资平台注册程序非常简单,资金在 10 分钟到 20 分钟就能到账。同时由于场外配资平台利用互联网信息技术,十分注重用户配资的要求和体验感,以满足用户需求为目标,优化配置流程,增加用户体验。[②]

4. 融资成本较高。在实践中,场外配资的利率一般在 7.6% 到 8.5% 之间,同时还要求以优先级信托资金的 0.8% 到 1% 收取信托报酬;以优先级信托资金的 0.2% 收取保管费;以优先级信托资金的 0.2% 到 0.8% 收取咨询费,再加上利息,总的融资成本在 8.8% 到 10.5% 之间。[③] 如若借助互联网 P2P 平台,融资成本更高。

(三) 场外配资的类型

1. 伞型信托配资。伞型信托配资是一种结构化的证券信托产品,指的是同一个信托产品中包含两种或两种以上不同类型的子信托,投资者可根据自身需要选择一种或几种组合进行投资,信托公司通过信息技术和风险平台,对每个子信托进行监管。首先由于伞型信托下设的子信托无需开设单独的账户,因此设立过程仅需要一两天就可以完成。其次伞型信托在内的结构化信托产品可以投资股票、基金、债券等多种金融产品。

2. P2P 互联网平台配资。在这种配资类型中,P2P 借贷平台起到中介作用,通过与多个配资方共同负担同一笔借款来分散风险,配资方通过银行或第三方交易平台提供保证金,将配资后股票作抵押,平台按照双方之间的约定进行风险控制,融资方预付利息,最后自负盈亏。P2P 互联网配资门槛较低、审核周期短等特征成为众多投资人选择其进行配资的原

① 李军勇:《证券交易中场外配资法律监管研究》,硕士学位论文,华东政法大学经济法学院,2016 年 4 月,第 8 页。
② 徐金喜:《我国场外配资的风险及其监管研究》,《金融与经济》2017 年第 2 期,第 77 页。
③ 同上。

因。其资金来源主要为平台自己推出的配资产品和传统配资公司搭建的配资平台或嫁接到 P2P 平台上。

3. 单账户结构化配资。所谓单账户结构化配资是指以第三方账户交易载体,认购第三方的集合资金信托计划、资产管理计划或契约型基金产品劣后级,而银行理财资金认购相关产品优先级来开展配资业务,第三方具有强制平仓权,其主要表现形式为分级基金和投资基金子公司专项资产管理计划等。

4. 民间借贷配资。民间借贷配资是指通过自然人之间或者自然人与企业之间的配资渠道进行借贷。双方签订合同,融资方获得资金和账户,并对账户进行管理,配资方可按照合同约定对账户进行风险监控。

(四) 场外配资法律属性

在场外配资活动中,各方主体签订的合同包括股票融资、借钱炒股、委托理财等多种表现形式,加上其融资性特征,因此理论界对于场外配资属于何种民事法律关系没有统一的标准,目前主要有以下几种观点。

1. 民间借贷法律关系。持此种观点的学者主要依据为:首先,在配资合同中,合同的主要内容是以资金借贷为主,本质与借贷合同相同,在场外配资的交易模式中,融资的一方可以自行决定交易内容等情况,配资方向融资方收取固定的费用,配资产生的盈亏均由融资方承担,这与民间借贷合同在法律结构上相类似;其次,依照法律体系解释分析,与传统的融资融券业务比较,场外配资只是在配资方面有所区别,在交易结构及资金运用等方面与融资融券业务一致,因此在没有上位法指引的情况下,融资融券的核心是出借资金,场外配资业务的核心亦是出借资金。[①]

2. 让与担保法律关系。配资交易的实质是信用交易,是建立在授信者对受信者未来偿付能力的预期以及受信者对拟获得资产效用的预期基础上,以协议为保障不同时间间隔下资产使用权相对转移的经济交易行为。[②] 持这种观点的学者主要从两个方面进行分析,一方面是投资者缴

---

① 马君慧:《场外配资业务的法律监管问题研究》,《财务与金融》2018 年第 5 期,第 62 页。
② 李艳:《融资融券法律机制研究》,北京:法律出版社 2011 年第 13 页。

纳保证金到配资者指定的银行账户,另一方面是在资金到账后,投资方必须在配资方提供的账户里进行交易,投资方对于通过配资方式获得的资金没有权利使用,并且投资方买入的股票是在其与配资方共同管理下运作,此外配资方还具有强制平仓权,因此账户内的资金和股票可以说是对配资公司债权的担保。

3. 委托法律关系。场外配资实际上就是配资方把资金放在交易账户中,交给客户去从事股票交易,这与委托法律关系相似。持此种观点的学者主要从以下两个方面进行分析。首先配资方交给投资者的资金并不是供其直接使用的资金,而是以配资方名义开立的股票交易账户,其次,该账户是在配资方和投资者的共同管理之下运行。

4. 非典型无名合同。还有学者把场外配资行为当作类似无名合同来处理,将场外配资行为认作是一种相对独立的民事法律行为,在处理其问题时可以参照我国《合同法》相类似的内容去处理,这样更公平。在司法实践中,深圳市中院出台了关于场外配资纠纷解决的法律指引,将场外配资归属于一个单独的纠纷解决类别。[1]

(五) 场外配资的影响

场外配资是一把"双刃剑",对证券市场的影响分为积极影响和消极影响。

1. 场外配资对证券市场的积极影响

场外配资业务从扩大股票市场资金规模以及社会资源的利用等方面都有积极的影响,首先应当肯定场外配资在我国证券市场存在是合理的。对于我国证券市场的积极影响主要表现在三个方面:首先,场外配资可以扩大股票市场的资金入市规模,场外配资在证券市场中,可以通过发挥其高杠杆、低门槛的功能,给资金较少的小投资者提供了入市的机会,促进了股市交易;其次,场外配资可以吸引更多的资金进入股票市场,能够为股票市场的发展注入源源不断的动力,促进我国资本市场的发展;最后,

---

[1] 张祚:《我国清理股市场外配资的法律研究》,硕士学位论文,海南大学法学院,2017 年 5 月,第 5 页。

对于企业来说,场外配资使企业股票价格有更大的上升空间,推动企业向更好方向发展。

2. 场外配资对证券市场的消极影响

场外配资业务由于其高风险等特征,同时也伴随着消极影响。其消极影响主要表现在三个方面。首先,场外配资可能会加剧证券市场动荡,引发危机。场外配资的投机性特征,导致其资金流向不平稳,在短时间内成交量的巨大波动,会加剧证券市场的危机。其次,滋生证券违法行为,由于当前场外配资监管制度不完善,随着科学技术的发展,场外配资的操作是在虚拟账户和非实名制账户中运行,这极易给不法分子留下可乘之机,引发证券违法行为。最后,极易引发股灾,在场外配资活动中,配资方在一定情况下具有强制平仓权,这在一定方面维护了配资方的利益,但同时会在短时间内使股票市场的流动性减弱,导致股票价格下跌,极易引发股灾,损害投资者的利益。

二、我国场外配资监管制度

所谓场外配资监管制度就是监管机构对场外配资活动按照国家法律法规的要求,对其进行监督管理的过程。

(一) 场外配资监管的理论基础

1. 市场失灵理论。现代经济学认为,市场必须要在信息公开、充分自由竞争以及市场中完全理性的人存在等前提条件下才能保证其运行效率,达到平稳运行的效果,但在实践中,由于外力对市场发展的干预,导致市场缺陷和失灵出现。[1] 场外配资中市场失灵的表现主要为负外部性、信息不对称性、投资者的非理性。由于场外配资市场中市场失灵的存在,使得对场外配资活动进行监管存在合理及必要性。

2. 政府干预理论。英国经济学家亚当·斯密主张:用不着法律干

---

[1] 应飞虎:《需要干预经济关系论——一种经济法的认知模式》,《中国法学》2001 年第 2 期,第 133 页。

预,个人的利害关系和欲望,自然会使得人们把社会的资本尽最大可能地按照最合适与全社会利害关系的比例,分配到社会一切不同的用途。[1] 其认为通过社会中理性人的作用可以达到优化社会资源配置的作用,不需要政府对市场进行干预。但之后英国经济学家凯恩斯针对当时社会中出现的经济危机情况,其认为社会的就业量取决于有效需求,而有效需求又受货币的流动偏好和流动量以及消费倾向、对资产未来收益的预期影响,由于这些因素的作用造成了有效需求的不足,所以才会发生失业,而经济危机的发生主要是由于对投资者未来收益预期缺乏信息导致的市场崩溃。[2] 根据金融市场发展实践可以看出,市场要保持平稳运行,除了市场本身的调节作用外,也需要政府对其适当干预。

(二) 场外配资法律监管的目标

从宏观方面,对场外配资活动进行监管是为了预防系统性风险、维持资本市场平稳运行状态。所谓系统性风险是金融机构在金融活动过程中因外部因素冲击或者内部因素牵连而发生剧烈波动、危机,导致单个金融机构都不能幸免,从而遭受经济损失的可能性。[3] 系统性风险又称为不可分散风险,给整个股票市场甚至证券市场带来不容忽视的普遍性风险。因此,对场外配资活动进行监管,应当建立有效的监控预防体系,对危害市场稳定的系统风险及时发现,并及时采取措施防止其蔓延。

从微观方面,对场外配资活动进行监管是为了确保市场公平、有效,维护投资者利益。我国《证券法》第 3 条规定了证券的发行、交易活动,必须实行公开、公平、公正的原则;第 4 条规定了证券发行、交易活动的当事人具有平等的法律地位,应当遵守自愿、有偿、诚实信用的原则。因此,对场外配资活动进行监管是为了达到维护公平的目标。同时,投资者作为证券市场的主力,在场外配资活动中由于其自身弱势地位,其合法利益容易受到侵害,因此,为了维护场外配资业务稳定运行,保护投资者利益应

---

[1] 亚当·斯密:《国富论》,北京:商务印书馆 1974 年,第 199 页。
[2] 樊倩倩:《我国证券市场场外配资监管法律问题研究》,硕士学位论文,华南理工大学法学院,2017 年 12 月,第 12 页。
[3] https://baike.baidu.com/item/,2019 年 9 月 13 日。

当作为监管目标。

（三）场外配资监管体制建立的原则

从场外配资监管的目标出发，场外配资监管原则的建立可以分为宏观和微观两个方面的原则。

1. 宏观方面

合理合法原则。从合理性角度，近几年场外配资业务的发展实践表明对待场外配资活动监管层不能采取一刀切的监管模式，杠杆已经成为规范我国股市发展的重要金融工具，因此，应当对场外配资活动进行合理引导，使其在我国资本市场能够平稳运行。从合法性角度，场外配资活动本身没有对错，关键是看怎么加以利用，如果场外配资活动被一些投机分子非法利用会扰乱证券市场秩序，但被投资者合理利用在给投资者带来巨大利益的同时也会促进股票市场的发展，因此，对待场外配资监管立法，应当从维护投资者利益以及证券市场平稳运行角度出发，划清场外配资活动合法边界。

公平公正公开原则。前文中已经提到证券交易应当公平、公正、公开，因此，对于场外配资监管制度，应当在满足公平公正原则的基础上实现公开原则，将监管过程结果在公众面前透明化，在公众的监督中进行监管活动。

适度原则。场外配资活动作为一种中立性的活动，其发展也要依靠市场的自由竞争，因此，对场外配资活动进行监管时，不能一味地追求合法合理而进行过度干预，监管制度应当在保证资本市场健康发展的基础上具有一定的监管弹性，给予场外配资活动自由发展的空间。

2. 微观方面

疏导优于取缔原则。场外配资活动在证券市场出现，一方面是由于证券投资者自身的需要，另一方面是市场自发配置资源的体现。因此，对场外配资活动不能完全禁止，应当在维护证券市场稳定的基础上进行合理规制。

以证监会为主体，多种机构协调的监管原则。场外配资是资金所有者、资金中介者与资金运用者、证券交易通道提供者等多种因素、多种利益主体缠绕在一起的产物，利益是其诱导，要管理好场外配资就必须从其源头管起,梳理配资的运作通道,通道的每个环节涉及不同的金融监管部门,所以要让场外配资服务证券市场就需要多个监管部门协调监管,共同促进场外配资进入法治的轨道。所谓雁无头不成行,确立以证监会为主导监管主体,其他监管部门相辅助的协调监管体制更有利于场外配资的监管。

三、我国现行场外配资监管体制及不足

(一) 我国场外配资监管现状

1. 行政监管方面。在 2015 年 2 月到 9 月期间,由于股灾的影响,场外配资监管活动逐渐被监管层重视,证监会对场外配资活动进行了一系列的监管政策。首先,禁止券商借伞形信托、P2P 平台等形式为客户与他人,以及客户之间融资融券活动提供任何便利服务。4 月 16 日再次说明:证券公司两融业务不得以任何形式参与场外股票配资、伞形信托等活动。6 月 30 日规定:进行账户实名制、禁止出借证券账户。7 月 12 日发布《关于清理整顿违法从事证券业务活动的意见》,严禁账户持有人通过证券账户下设子账户、分账户、虚拟账户等方式违规进行证券交易,同时国家互联网信息办公室也发出通知要求各互联网平台、媒体单位全面清理所有配资炒股的违法宣传广告信息。7 月 16 日,恒生电子关闭 HOMS 系统任何账户开立及现有零资产账户功能,要求客户不得再兑现账户增资,上海铭创和同花顺也对外称暂停新增有关配资系统业务。8 月 31 日,证监会证券基金机构监管部门发给各证监局一份文件,要求各证监局督促辖区内的证券公司,在 9 月底完成场外配资清理情况。9 月 11 日,证监会对证券公司、HOMS 等相关软件公司、配资公司等共计罚款 8.4 亿元。但从监管实践我们可以看出,监管层清理做法并非从根本上解决场外配资活动,不是长久之计。[①]

2. 法律监管层面。2011 年 7 月,证监会正式发布了《关于防范期货配资业务风险的通知》,要求期货公司不得参与配资业务。7 月 12 日证

---

① 马君慧:《场外配资业务的法律监管问题研究》,《财务与金融》2018 年第 5 期,第 64 页。

券会和网信办联合发布通知虚拟账户、非实名制账户被认定为非法证券业务。2014 年修订的《证券法》仍然没有明确规定证券公司可以提供融资融券交易服务,第 42 条规定"证券交易以现货和国务院规定的其他方式进行交易"第 125 条在列举证券公司的业务时没有将融资融券业务单独列出来,但也没有明文禁止信用交易。直至 2019 年修订 2020 年生效的《证券法》第 120 条才明确将融资融券作为证券公司的法定业务,并规定"除证券公司外,任何单位和个人不得从事证券承销、证券保荐、证券经纪和证券融资融券业务"。2015 年 9 月 17 日,证监会发布《关于继续做好清理整顿违法从事证券业务活动的通知》,要求违反证券账户实名制、场外配资、未经许可从事证券业务等违法从事证券业务活动进行统一清理整顿。2015 年 3 月 13 日,证券业协会修订了《证券公司网上证券信息系统技术指引》,第 54 条规定:证券公司不得向第三方运营的客户端提供网上证券服务端与证券交易相关的接口。证券交易指令必须在证券公司自主控制的系统内全程处理。2015 年 6 月 12 日,中国证券业协会根据证监会要求发布了《证券公司外部接入信息系统评估认证规范》,对证券公司外接信息系统提出了具体要求。从以上信息可以看出,监管层对于场外配资的监管为实名制和技术层面的双重监管。[①]

(二) 我国场外配资监管的不足

1. 法律法规欠缺。从上述法律监管层面可以看出,从整个监管体系中,证监会对证券公司和金融技术服务商进行了监管,但欠缺专门针对场外配资活动进行监管的法律文件,实践中也缺乏对配资公司的直接监管,由于股票市场以及投资者对场外配资业务的需求,导致场外配资活动不能被完全禁止,极大可能从地上转移至地下活动,这更加剧了监管的难度。因此,从场外配资能够优化资源配置,增强市场流动性等积极影响来看,严格禁止不如采取相应措施加以规范,应尽快制定专门规范场外配资业务、针对配资公司的监管法律,明确各监管机构的职责,规范配资公司的平稳运行。

[①] 马君慧:《场外配资业务的法律监管问题研究》,《财务与金融》2018 年第 5 期,第 64 页。

2. 监管主体及监管权限未明确。无论是 2023 年 3 月之前的"一行两会"还是此后的"一委一会一局"监管体系均未明确场外配资的监管主体。从 2015 年证券会对场外配资活动进行清理过程可以看出,证监会也仅是以违反《证券法》的账户实名制及信息系统安全为由,清理配资公司与券商的交易接口,仅监管了场外配资和证券市场相关的一部分业务。① 监管不明确暴露出许多弊端,因此必须对监管主体和监管权限进行明确,保护投资者利益。

3. 监管措施单一,手段粗暴。从对场外配资活动进行监管的过程来看,不论是对伞型信托业务还是对配资公司的直接配资都采取的是限期清理,直接禁止接入券商交易端口的做法,使得证券市场遭受巨大动荡,加剧了金融危机。

4. 监管不全面。配资业务涉及银行、券商、信托、私募基金等众多金融机构,规模非常庞大,因此,一旦发生了风险,会迅速波及其他业务。在实践中,券商,私募基金等业务属于证监会监管,信托公司、银行属于金融监管局监管,金融分业监管格局,加剧了对场外配资监管的难度,会暴露出许多监管盲区,不能有效解决配资公司混业经营带来的市场影响。

5. 执法随意。对场外配资业务进行执法过程中,没有统一的执法标准,执法力度不统一,随意性较强。在场外配资业务发展初期,未得到监管层的重视,任由其自由发展,但当股市成交量连创新高,导致股灾时,则突然加大了对场外配资活动的清理,这种没有统一标准的执法行为,降低了投资者对监管机构的信任,不利于证券市场稳定发展。

第二节　场内融资融券监管的经验与不足

一、场内融资融券概述

根据《证券公司融资融券业务管理办法》第 2 条规定:融资融券是指

---

① 樊倩倩:《我国证券市场场外配资监管法律问题研究》,硕士学位论文,华南理工大学法学院,2017 年 12 月,第 20 页。

向客户出借资金供其买入证券或出借证券供其卖出,并收取担保物的经营活动。[①]

(一)场内融资融券的产生和发展

20世纪90年代初,我国曾经试探性地开放融资融券业务,但由于当时的证券市场发展不成熟,融资融券业务不能适应我国证券市场当时的发展需求,1998年《证券法》明确将其禁止。随着经济全球化以及我国证券市场发展的成熟,2005年《证券法》又将融资融券交易纳入进来,随后,证监会发布了《证券公司融资融券业务试点管理办法》和《证券公司融资融券业务试点内部控制指引》。2008年10月,证券会正式宣布启动融资融券试点,融资融券在我国初步建立。2010年,国务院同意开设融资融券业务试点。2010年3月,证监会公布了6家试点券商,同月,上海及深圳两家证券交易所正式向6家试点券商发出通知,接受券商的融资融券交易申请。直到2012年12月,我国开展融资融券业务的证券公司74家,开立投资者信用证券账户超过了50万户。

(二)场内融资融券的影响

1. 积极影响。融资融券提高了证券市场的流动性,缓解了证券市场的波动性。融资融券交易可以自动调节股票价格波动,当股价上涨时,卖空者融入股票卖出,增加了市场供应,可以抑制股票价格非理性上涨;当股价下降时,卖空者将买入股票,可以增加市场需求,有利于股票价格恢复。融资融券可以提高投资者资金利用效率。投资者凭借融资融券的杠杆效应能够提高自有资金的利用率,可以以少博多、以小博大。[②] 增强投资者避险能力。融资融券交易使得投资者可以买空卖空,在市场行情暴涨暴跌时,利用融资融券活动对冲风险。提高资源利用效率。融资融券交易涉及货币市场及资本市场,可以让资金在各市场中自由流通,给银行相对富余的资金提供新的增值渠道。

---

① https://baike.so.com/doc/5929090-27242147.html,2019年9月13日。
② 李艳:《融资融券法律机制研究》,北京:法律出版社2011年,第25页。

2. 消极影响。诱发金融危机。由于融资融券交易的杠杆性,投资者进行交易,一旦判断错误,将要承担远高于自有资金数额的损失,对证券公司来说,在利益的诱惑之下,往往会加大业务规模,资金流动性风险、客户信用风险及自控风险将会被放大。[①] 同时由于融资融券交易连接货币市场,会将风险传递给商业银行,导致宏观经济失灵,引发金融危机。

二、我国场内融资融券的监管

融资融券监管就是政府或其他机构为了维护证券公平、效率,保证证券市场平稳运行状态,按照法律法规的规定,对参与融资融券活动各相关主体进行监督管理的过程。

(一) 融资融券监管的理论基础

1. 经济学理论依据。公共利益理论,坚持该理论的学者主张:政府管制是为了抑制市场的不完全性缺陷,以维护公众的利益,即在存在公共物品、外部性、自然垄断、不完全竞争、不确定性、信息不对称等市场失灵的行业中,为了纠正市场失灵的缺陷,保护社会公众利益,由政府对这些行业中的微观经济主体行为进行直接干预,从而达到保护社会公众利益的目的。[②] 经济监管理论,坚持该理论的学者主张:监管最有可能发生在相对竞争或垄断的产业部门,才能产生最大的影响,正是由于市场失灵的存在才使得监管成为可能,该理论所遵循的前提,一是被监管行业相信政府的强制权能够为自身提供利益;二是监管双方都会通过行为谋求自身利益最大化;三是集团内部存在阻碍集团选择的"搭便车者"。[③]

2. 法理学依据。适度干预理论,证券市场由于各种缺陷导致市场失灵,不能优化资源配置,同时由于融资融券业务本身风险性特征,监管不

① 刘缪:《析我国融资融券交易风险防范法律制度的不足与完善》,《法律科学》2010 年第 4 期,第 127 页。
② https://baike.baidu.com/item/,2019 年 9 月 15 日。
③ 陈霄:《中国创业板市场监管制度探析》,硕士学位论文,福建师范大学经济学院,2009 年 4 月,第 10 页。

力会给证券市场以及其他相关投资市场带来消极影响。[①] 因此,需要国家对证券市场进行干预,但干预活动应当限定在一定的范围内,给市场留下足够的自由发展空间,遵循适度的原则。

(二) 融资融券监管的目标

《证券公司融资融券业务试点管理办法》第一条规定了:为了规范证券公司融资融券业务活动,防范证券公司风险,保护证券投资者的合法权益和社会公共利益,促进证券交易机制的完善和证券市场平稳健康发展,制定本办法。[②] 从中可以总结出融资融券监管目标为:防范证券公司风险、保护投资者利益以及促进证券市场发展。

1. 防范证券公司风险。融资融券业务因信用交易的不确定性与财务杠杆效应,风险系数极大,若风险不能在最初产生时加以防范,将会进一步转化为系统性风险,最经典的例子就是在 20 世纪 90 年代,万国证券的"327"国债期货品种的违规交易,造成了该公司 56 亿元的损失。因此,为了保持证券市场安全,降低系统性风险发生的可能性,就要从风险发生初期即证券公司产生风险时加以防范,通过对市场主体准入,融资融券交易标的的选择,交易账户的管理及担保物的管理等方面,对融资融券的交易过程进行监管,起到风险预防的作用。

2. 保护投资者利益。投资者作为资本市场最主要的交易主体之一,对证券市场的发展起着至关重要的作用,在融资融券交易中,投资者对于上市公司信息获取的来源主要是证券公司和证券交易所,严重的信息不对称性给投资者交易带来风险。因此,对投资者方面,监管机构要对投资者进行严格评估,使投资者能够自行判断金融衍生品的复杂程度,让投资者学会自我保护,增强投资者的自我保护意识和投资水平,形成健康的市场交易秩序。[③]

---

① 闫宇辉:《我国融资融券监管法律问题研究》,硕士学位论文,海南大学法学院,2011 年 6 月,第 7 页。
② https://baike.baidu.com/item/,2019 年 9 月 16 日。
③ 梅宇:《我国融资融券监管法律制度研究》,硕士学位论文,宁波大学法学院,2012 年 6 月,第 9 页。

3. 促进证券市场发展。证券市场能够较好发展取决于证券市场的公平、高效及透明程度。公平主要表现在,交易主体之间的法律地位;禁止相关从业人员利用其掌握的信息,从事证券交易等。交易主体的高效表现在通过较少的投入获得较大的输出;证券监管的高效表现为证券发行和交易行为要受到法律调整,制定禁止性的规范来防范证券欺诈行为,出现证券违法行为时及时追究法律责任。透明表现在向投资者公开证券市场的相关信息要完善、准确、真实,主要包括资产变化信息、经营范围信息、国家政策信息、投资信息等与投资者利益相关的各类信息。[①]

(三) 融资融券监管的原则

1. 公开原则。公开原则具体内容是指场内融资融券活动的立法执法司法过程公开,以及证券市场相关信息要公开,同时,监管机关的立法活动、权力来源以及责任范围,相关程序要公开。[②] 对立法执法司法及监管机关的活动进行公开,有助于发挥社会公众对其监督功能,保证社会公正;对相关信息进行公开,有利于弥补中小投资者信息劣势地位,防止发生不法分子利用市场信息操纵市场违法行为。

2. 成本收益分析原则。融资融券活动在实现相关利益的同时,也存在着相应的成本,如在金融危机过后,美国金融服务管理局出台了扩大卖空交易信息披露的咨询报告,卖空信息披露会给市场参与者带来许多额外的成本,诸如投资者为学习和遵守信息披露制度所付出的成本,监管机构和证券交易所为执行信息披露制度所付出的成本等。正是由于融资融券交易监管本身存在成本收益比例关系,所以对其进行监管时要分析成本收益问题。通过对美国监管制度分析,监管部门在制定监管规制的过程中应进行立法绩效评估,包括立法前和立法后两个方面。在立法前,相关人员报送立法草案时必须提交关于该法案的绩效报告,系统地阐述立法所涉及的成本和收益,证明此规制具有充分的合理性和最优的预期收益。在立法后,相关人员必须详细地阐述立法实施过程中执法和司法的

---

① 梅宇:《我国融资融券监管法律制度研究》,硕士学位论文,宁波大学法学院,2012 年 6 月,第 9—10 页。

② 齐萌:《融资融券交易监管的原则探析》,《特区经济》2012 年第 2 期,第 130 页。

成本和实际产生的收益,特别是分析法律的规避效应、溢出效应所引起的社会总体福利水平的变化。[①]

3. 与我国市场相适应原则。我国资本市场起步较晚,发展不成熟,因此当前关于融资融券相关制度借鉴了许多发达国家的成熟经验,但法律移植不同于完全照搬其他国家法律制度,而是应该在我国资本市场发展的基础之上,通过国外相关制度发展的启发,制定出适应我国资本市场的融资融券监管制度。

4. 协作原则。融资融券活动连接了资本市场与货币市场,是一个十分复杂的交易过程,因此对融资融券活动进行监管,要注意与证券现货市场、商业银行及证券登记结算机构之间的合作。同时,由于经济全球化的影响,国际国内交易已经形成一个十分复杂的交易网络,本国融资融券交易的监管要与国际接轨,建立相对统一的监管制度。

5. 适度原则。证券市场运行中存在不完全竞争,监管机构对融资融券活动进行监管,应当在证券市场发生过度投机、内幕交易等扰乱证券市场自身发展、损害投资者利益的行为时,对于证券市场能够自行调节的行为,应把监管降到最低限度。

(四) 融资融券监管的必要性

1. 理论方面。一方面,证券市场同向预期性容易产生过度投机行为,投资者在股市行情好时跟风购入股票,在股市行情差时跟风抛售股票,融资融券交易在提供高杠杆收益的同时也带来交易风险,当股票市场剧烈波动时,带来的风险是不可预测的;另一方面,证券市场本身有许多局限性,导致了信息处于不透明状态,这就给一些能够事先掌握证券市场信息的人带来了可乘之机,采取非法的手段进行内幕交易获取较大利益,极大破坏了证券市场交易平衡。

2. 实践方面。从融资融券发展过程来看,融资融券交易可以创造虚假的供给与需求,从而增加证券市场的流通量,促进证券市场发展。但若不能合理操作,也会产生许多风险。证券公司面临的风险包括,流动性风

[①] 齐萌:《融资融券交易监管的原则探析》,《特区经济》2012 年第 2 期,第 130—131 页。

险、信用风险、过度竞争风险;投资者面临的风险包括,市场风险、欺诈风险;整个金融市场面临的风险包括,市场操纵风险、股价波动风险、宏观调控风险、道德风险。面对融资融券交易中所产生的多种风险,若监管不到位,会对我国资本市场带来不可估量的风险。因此,为了维护我国资本市场稳定,促进经济平稳快速增长,对融资融券活动进行监管是十分重要的。

三、我国现行场内融资融券监管体制及不足

(一) 我国融资融券监管现状

1. 监管主体。我国形成的是以证监会集中监管为核心,证券交易所和证券登记结算公司进行一线组织监管,证券业协会自律监管的监管体系。在具体职责方面,证监会负责规定融资融券业务准则、审批和设立证券公司、规定授信模式、查办违法违规行为等;证券交易所和证券登记结算公司分别负责保证金和流通股质押比例等证券公司从事融资融券业务等规则的制定和组织结算及结算监管,另外还包括融资融券券商融资账户、投资者信用账户开立和管理规则的制定;证券业协会负责制定融资融券业务合同必备条款、组织评估融资融券业务方案等。

2. 监管法律体系。关于融资融券监管法律体系,主要包括:2019 年修改的《证券法》,2008 年证监会修订的《证券公司风险控制指标管理办法》和《融资融券业务试点管理办法》,2006 年 9 月中国证券业协会发布的《融资融券合同必备条款》和《风险揭示必备条款》,2016 年国务院修订的《证券公司风险处置条例》和 2014 年修订的《证券公司监督管理条例》,2010 年证监会发布的《证券公司融资融券业务试点工作的指导意见》,同年上海和深圳证券交易所发布的《融资融券交易试点会员业务指南》,2015 年发布的《证券公司融资融券业务管理办法》。

3. 市场准入方面。(1)投资者准入监管。我国《证券公司融资融券业务管理办法》第 12 条规定:证券公司在向客户融资融券前应当办理客户征信,了解客户的身份、财产与收入状况、证券投资经验和风险偏好、诚

信合规记录等情况；对未按照要求提供有关情况、从事证券交易时间不足半年、缺乏风险承担能力、最近 20 个交易日日均证券类资产低于 50 万元或者有重大违约记录的客户，以及本公司的股东、关联人，证券公司不得为其开立信用账户。(2)券商准入监管。《证券公司融资融券业务管理办法》第 7 条规定：证券公司申请融资融券业务资格，应当具备以下条件，具有证券经纪业务资格；公司治理健全，内部控制有效，能有效识别、控制和防范业务经营风险和内部管理风险；公司最近 2 年内不存在因涉嫌违法违规正被证监会立案调查或者正处于整改期间的情形等 10 项规定。

4. 风险监管方面。(1)保证金方面。上海和深圳证券交易所规定，融资融券不得低于 50％的保证金比例，不得低于 130％的投资者维持担保比例，若低于此比例，会员应当通知投资者在两个交易日内追加担保，使维持担保比例不得低于 150％。维持担保比例超过 300％时，客户可提取保证金可用余额部分中的现金或证券，但剩余的现金或证券维持担保比例不得低于 300％，以及会员向客户融资、融券时，其客户所使用的保证金不得超过其保证金可用余额的保证金可用余额管理。(2)交易期限方面。上海和深圳证券交易所制定的《融资融券交易试点会员业务指南(2010 年修订)》规定：融资融券交易期限最长不得超过 6 个月。

5. 业务监管方面。(1)证券资格。上海和深圳证券交易所规定：股票不得低于 3 个月的上市交易；股东人数超过 4000；融资买入的流通市值超过 5 亿元或流通股本超过 1 亿股的股票，融券卖出流通市值超过 8 亿元或流通股本超过 2 亿股的股票；股票发行公司要完成股权分置改革；交易所没有对该股票交易作出特别处理等。(2)交易控制方面。证券交易所可以前端检查融资融券指令，并有权对每一证券融资买入量和融券卖出量占市场流通量的比例以及融券卖出的价格作出限制性规定，单一证券的市场融资买入量或者融券卖出量占其市场流通量的比例达到规定的最高限额的，证券交易所可以暂停接受该种证券的融资买入指令或者融券卖出指令。证券交易所有权在融资融券交易出现异常且危及市场稳定时决定暂停交易。(3)信息披露方面。证券公司应当在每日收市后向证券交易所报告当日客户融资融券交易的有关信息。证券交易所应当对证券公司报送的信息进行汇总、统计，并在次一交易日开市前予以公告。

(二) 我国融资融券监管的不足

1. 监管主体方面。(1)证监会方面。证监会在融资融券的监管中承担着重要的角色,在监管措施方面主要采取的是宏观方面的行政监管,而缺乏对证券市场安全性、流动性、公平竞争性及客观公正性等具体方面的监管。[1] 在监管理念方面存在偏差,管制思维贯穿融资融券市场的方方面面;以行政手段代替了市场对证券资源的有效配置,破坏了市场供求关系;强调国家本位,对国企及国有资本控股公司监管带着政治性任务。[2] 监管目的偏离维护证券市场平稳运行轨道,更加重视实现自身利益。(2)监管职责规定模糊。融资融券业务涉及证券业和银行业,是一项十分复杂的交易过程,对其进行监管,应当加强与中国人民银行、证监会及国务院其他行政部门的合作,但我国法律关于这些机构的监管职责缺乏明确规定。

2. 监管法律法规不健全。随着融资融券业务在我国证券市场的发展,已经基本形成了包括法律、行政法规、部门规章、规范性文件及自律性规章在内的融资融券监管法律体系,但规定过于笼统,缺乏原则性的规定,并且立法层级不高。《证券公司监督管理条例》对融资融券活动进行了相关规定,但这些规定均从证券公司业务角度出发,缺乏从监管角度的具体性规定。《证券公司融资融券业务管理办法》《证券公司融资融券业务试点内部控制指引》及《关于开展证券公司融资融券业务试点工作的指导意见》,制定主体等级较低,无法适应如今融资融券业务的发展。

3. 市场准入方面。(1)投资者准入条件不明确。《证券公司融资融券业务管理办法》规定了证券公司与客户进行融资融券时应当了解的相关情况以及不能为投资者开立信用账户的情况,而对于客户的身份、收入、财产及信用情况没有作具体的规定,实践中往往由券商决定是否接受

---

[1] 陈婉玲:《独立监管组织法律研究——以金融业分业监管为视角》,上海:上海人民出版社,2011年,第94页。

[2] 张春凤:《融资融券监管法律问题研究》,硕士学位论文,中南大学法学院,2012年,第10—11页。

投资者的标准和条件,导致各券商标准不统一,引发证券市场动荡。(2)券商门槛较高。美国证券市场较成熟,对证券公司仅提出了持有客户有价证券及净资本规模两项要求,主要由市场去决定优胜劣汰,日本仅要求券商自有资本比例大于120%以上且获得监管部门颁发的营业执照。而上述提到,我国对券商准入有10条规定的限制。

4. 风险监管方面。(1)保证金比例。对于将融资融券保证金比例的规定权交予证券交易所,有学者持否定的态度,这主要是由于在资本市场比较发达的国家往往将融资融券保证金比例的决定权交予中央银行监管职能的相关部门,由该部门根据宏观经济形势来决定保证金比例。持肯定意见的学者认为保证金比例的调整与股票价格的波动性之间不存在一致关系,无法通过调整保证金比例达到提高或者降低市场波动性的目的。[①] (2)政策风险难以管控。融资融券业务连接货币市场及资本市场,证券市场建立的最初目的是为国有企业提供一种筹资途径,将原有信贷市场实现的货币性金融支持转化为股市实现的政策金融支持,因此将民营经济排除在融资之外。[②] 融资融券作为两个市场连接的桥梁,在促进市场交易的同时,加大了经济结构性失衡,从而容易引发系统性风险。

5. 业务风险方面。(1)证券资格设定标准过高。从证券资格标准可以看出,我国选择证券资格比较严格,将风险较大的股票排除在外,但这种规定在降低融资融券交易风险的同时,容易受行政干预的影响,偏离了市场化目标。(2)信息披露面临巨大挑战。融资融券业务对我国证券市场信息披露制度提出了更高的要求,信息披露不及时、不准确、不全面,会损害投资者的利益,造成证券市场混乱,引发金融危机。融资融券业务给内幕交易提供更隐蔽的方法,使得内幕信息更加难以监控,因此,在融资融券交易中,加剧了信息披露的难度。

---

① 张春凤:《融资融券监管法律问题研究》,硕士学位论文,中南大学法学院,2012年,第20—21页。

② 董兰:《从金融体制变迁看民间金融的发展》,《中国财经信息资料》2004年第20期,第8页。

第三节　杠杆收购监管的经验与不足

一、杠杆收购概述

杠杆收购又称融资并购,是收购方举债收购目标企业的一种金融手段。收购方只需出一部分资金,其余资金来自银行抵押借款、机构借款和以重组企业未来利润及现金流作担保进行收购活动。

(一)杠杆收购的产生和发展

杠杆收购最初产生于 20 世纪 70 年代的美国,在 20 世纪 80 年代开始盛行,在市场上发展迅速。在 1980 年,美国四大并购项目,累计交易额达到了 17 亿美金。1988 年是杠杆收购发展的巅峰时期,累计交易额已高达 1880 亿美金,从数据可以看出在这 8 年之中杠杆收购发展之迅速。但随后由于出现了大量垃圾债券被违约和延期支付的情况,杠杆收购逐渐落后,1996 年才有所恢复。①

杠杆收购被正式引入我国是在 20 世纪 90 年代末国有企业产权改革中,规模较小,杠杆收购作为融资工具,主要采用了管理层收购的模式。在 2012 年之后,随着全球经济的趋势,我国为了产业结构升级鼓励企业进行并购重组,2014 年,提出了"去产能"政策,杠杆收购在我国得到了迅速的发展。2015 年股灾之后,国家对并购产业加强了监管,在一定程度上影响了杠杆收购。

(二)杠杆收购的基本理论

1. 信息不对称理论

在股票交易市场中,卖方等信息的掌控者处于优势地位,而买方等信息缺乏者处于劣势地位,卖方可以从自己利益角度出发,掌握商品的价值

---

① https://baike.baidu.com/item/,2019 年 9 月 19 日。

和信息。在杠杆收购交易中，对于获取信息的要求更加严格，信息的不对称性会使得买方投资者成本增高，交易风险增大，影响其进行交易的积极性。

2. 价值低估理论

该理论指出，只有在被收购方的市场价值因为某种原因无法真实显现时，收购方才有机会进行收购活动，价值低估理论又包括短视理论、托宾 Q 理论。一般企业的市场价值不能判断有几种原因：第一，机构投资者追求短期效益而忽视长远发展，导致企业价值被低估；第二，托宾 Q 值比率降低，托宾 Q 值，具体指企业股票市值与股票象征资产重置资本的比值，当企业市价小于企业重置成本时，经营者倾向于通过收购来进行企业扩张，从而容易低估企业价值。

3. 自由现金流量假说

自由现金流量是指公司以全部资本扣除所有净现值大于零的投资而余下的现金流量。自由现金流量假说在代理成本理论基础之上发展起来，在代理成本降低理论中，代理成本的承担者是全体股东，债务过高会导致股东利益受损。美国经济学家迈克尔·詹森认为将现金流支付交给股东掌握可以实现股票价值，股东与企业利益最大化，一方面，规避了代理问题，弱化了公司管理层的权利，另一方面减少了自由现金流量，降低了代理成本，总体上提高了企业的运行效率，降低了企业的运行成本。

（三）杠杆收购的特点

1. 高负债

在杠杆收购交易中，收购方出资较少，其余资金往往来自大量的负债，收购者仅以 10％的资金，就可以取得 100％的资产。一方面，收购成功企业经营状况良好可以实现小公司收购大公司的"蛇吞象"现象；另一方面，可能会导致企业资产负债率增高，利息不断增加，影响公司正常经营。

2. 高收益

杠杆收购一旦成功，高杠杆率特征会给企业带来较高的杠杆收益，收购方享有收购企业的资产增值，获得收购企业的相关人力物力资源，给收购方带来的潜在价值是不可估量的,可能带来几倍甚至十几倍的收益。

3. 高风险

高负债性特征导致了杠杆收购风险极高,由于债务资本占比相对较大,导致利息负担较重,在财务方面,利息支出将占较大比重,在运营方面,高额的利息偿还使得收购方承担了较大的偿债压力,一旦经营出现现金流断裂等问题,将影响公司的正常经营,甚至会陷入破产危机。

4. 高难度

杠杆收购的运作程序涉及收购目标的讯息了解,资产评估,收购价格确定,组织融资等活动,由于它的复杂程度,需要具备专业知识,熟悉证券市场的专业人员来介入。

(四) 杠杆收购的操作流程

杠杆收购具体操作遵循以下步骤:第一,准备阶段,由发起人制定收购方案并与被收购方进行谈判,进行并购一系列准备;第二,集资阶段,收购方先准备10%的资金,然后以被收购公司股权作抵押,向银行进行贷款,并向投资者推销债券;第三,收购者以筹集到的资金买入被收购公司的股份;第四,对收购企业进行整顿,获得现金流量,降低债务风险。①

(五) 杠杆收购的优点和缺点

通过杠杆收购方式进行公司并购,对并购公司资产要求相对较低,一方面,将生产经营活动延伸到企业之外,提高了企业的运行效率,另一方面,通过消除过度多元化造成的价值破坏的影响,便于管理,使收购方只需要付出交易成本的1/3,甚至1/5的价格就可以完成收购活动。同时由于有企业经营管理者参股,可以充分调动参股者的积极性,提高交易能力。

高收益性同时伴随着一些弊端。并购公司容易通过盗用第三方的财富榨取目标公司的额外现金流。另外由于金融危机等不可预见事件的影

---

① https://baike.baidu.com/item/,2019年9月19日。

响,容易导致定期利息支付困难等违约现象发生。[1]

二、杠杆收购融资体系

(一) 杠杆收购融资结构

杠杆收购的融资结构主要包括四部分:担保借贷、无担保借贷、垃圾债券和股权融资。

担保借贷包括应收账款担保、存货担保及固定资产担保。由于担保借款期限一般较短,因此对担保资产的流动性要求较高。担保借贷一方面可以解决发行股票债券等存在的发行成本损失问题,另一方面担保借款会增加资产的管理成本,进而增加贷款成本。

无担保借贷主要是指收购方以未来的现金流入作为担保,在无担保贷款中,贷款方要承担的风险较大,因此往往会要求更高的利率。无担保债务融资包括多级债务,每级债务在流动性方面均附属于次级债务,随着风险的提高,利率也会增高,因此,级别最低的债务往往匹配最高利率。[2]

垃圾债券就是指信用评级低的企业发行的债券,最早发源于美国,垃圾债券在初始发行时比国库债券收益率要高,但是 1987 年股灾后,由于发行公司无法偿还高额利息的情况时有发生,垃圾债券逐渐走向衰退。股权融资分为优先股和普通股,在杠杆收购交易中通常发行优先股,一方面能保证投资者得到固定收益,另一方面使投资者在资产索取时具有优先权。

(二) 融资体系的特征

杠杆收购的融资体系主要有四个特征:融资渠道多,主要的融资工具有银行借款、夹层债务、股权资本等;债务资本占比较大,债务资本在杠杆收购中占比 85％甚至 90％之多;财务风险大,由于融资体系中的债务资

---

[1] 深圳证券交易所创业企业培训中心:《上市公司并购重组问答》第 2 版,北京:中国财政经济出版社,2017 年 2 月,第 12 页。

[2] 李志学,戴娟萍:《高级财务管理》,浙江大学出版社,2015 年 6 月,第 231 页。

本较大,因此伴随着债务还款压力较大;创新工具使用多,如垃圾债务,桥式借款、零息债务等。[1]

(三) 融资体系形成的因素

杠杆收购融资体系的形成是金融经济等多种因素共同作用产生的结果,以美国为例,杠杆收购融资体系的形成主要受三个方面因素的影响。第一,通货膨胀的影响。通货膨胀一定程度上减少了公司实际债务量,降低了偿债成本,公司通过通货膨胀获取部分收购,减轻债务负担。第二,税务制度变动。20 世纪 80 年代,由于"经济复兴税法"的税制改革计划,所得税税率降低,利得税税率升高,在一定程度上刺激了债券市场的发展。第三,放松金融管制。由于金融管制的放松,银行等金融机构会寻找放款的资源,为杠杆收购融资体系提供了运作条件。

三、杠杆收购在我国发展的可行性分析

目前,杠杆收购在美国、欧洲等多个国家得到了较好的发展,是转变经济发展方式,优化资源配置的有效收购方式。我国以可持续发展为经济经营目标,杠杆收购作为一种市场调节手段,与我国现代金融服务业发展政策相符合。

1. 国有企业改革,新兴企业发展为杠杆收购提供条件。我国正处于经济结构调整阶段,随着国有企业改革的深入,国有经济布局和结构调整力度加大,大多数的国有企业进行了公司制的改革,产品和企业分化加快,涌现出一批新兴企业,给予了杠杆投资者更大的投资机会。

2. 国外资金入市,刺激了杠杆收购的发展。在经济全球化的背景下,许多跨国公司和海外私募股权基金进入我国资本市场,这些公司资金雄厚,拥有先进的金融工具和专业的技术人员,进入我国金融市场会刺激我国杠杆收购的发展,促进我国杠杆收购制度的进一步完善。

3. 政策调整为杠杆收购提供发展环境。《公司法》修订后保证了市

---

[1] 朱叶:《公司金融》第 3 版,上海:复旦大学出版社,2015 年 9 月,第 303 页。

场化并购交易的法理基础,《证券法》取消了有关强制性全面要约收购的要求,促进了资本市场集中竞价收购的进行,加快了证券市场化进度,使更多的上市公司成为收购者的目标。[①] 资本市场基础性制度的建立为杠杆收购的发展提供了市场运行环境,有利于杠杆收购机制在我国的平稳运行。

4. 专业化人才的培养为杠杆收购提供了人才基础。管理层收购活动与一般的企业买卖和资产重组相比较,除了强调收益权之外,还强调控制、共享和剩余价值索偿权,因此需要更加专业的技术人员参与,这在无形中就培养了一大批资本市场专业技术人员,进一步促进杠杆收购模式发展。

四、杠杆收购在我国发展现状

(一) 我国杠杆收购的特点

1. 收购方式以协议收购为主

上市公司的收购方式分为要约收购和协议收购,所谓协议收购是收购者在证券交易所之外以协商的方式与被收购公司的股东签订收购股份的协议。协议收购一方面可以应对我国股票市场国家股、法人股占控股地位,这类公司难以收购的问题;另一方面由于协议收购的特点,在交易之前收购方要与目标公司管理层接触达成股票转让协议,中小股东的利益难以保障。

2. 忽略企业长远发展

在我国证券市场上,收购动机往往是通过融资追求短期利益,追逐流通股和非流通股之间的价格差异,这成为推动我国企业收购的一个重要因素。这就容易导致在短期利益的诱惑下公司急于融资,没有综合考虑市场、杠杆收购后的利息负债等情况,导致收购后公司无法偿还负债,甚至走向破产境地。

[①] 李晗:《杠杆收购模式在我国的应用分析》,《时代金融》2017年第1期,第26页。

3. 交易规模较小

现今我国杠杆收购处于高速发展阶段,但与西方发达国家相比,其规模占 GDP 的比重相对较低,收购金额相对较小。

4. 投资主体单一

国外杠杆收购的投资主体呈现多元化的趋势,包括:投资银行、基金公司、公司管理层等多方投资主体。而我国目前的杠杆收购主要以管理层为主,外资投资者参与较少,并且管理层收购基本采用了壳公司的形式进行收购。

5. 定价方式不合理,暗箱操作

我国杠杆收购定价方式根据股权性质的不同,基本参考净资产指标。管理层收购中对于国有资产的转让一般都按照最低的标准进行,但转让非国有资产时,由于结合了一部分补偿性质的股权转让,转让价格一般都低于账面净资产。[①]

6. 以政府政策为导向

我国政府以税收优惠政策鼓励并购,由于政府的不当干预,限制了企业并购市场的规模,在一定程度上影响了企业并购的效果,不利于社会资源的自由流动和产业结构的调整,限制了市场的自我调节作用,容易导致国有资产私有化,致使国有资产流失。[②]

(二) 我国杠杆收购的主要问题

1. 政策限制

为了推动杠杆收购的发展,我国相关的法律法规政策已经出台,但相对于西方发达国家,我国杠杆收购法律法规制度还不够完善,对杠杆收购融资途径和手段有诸多限制,在一定程度上制约了杠杆收购的发展。如:在《公司法》中,债券的发行主体仅限于股份公司,另外存在发行债券、盈利能力、投资方向等诸多方面的限制,垃圾债券在我国证券市场难以实施。[③]

---

① 苏洲著:《企业杠杆收购与银行金融创新》,北京:中国财政经济出版社,2006 年 3 月,第 233 页。
② 同①,第 234 页。
③ 中国并购公会:《产业整合的中国动力》,北京:首都经济贸易大学出版社,2017 年,第 146 页。

2. 资本市场不完善

目前我国资本市场不发达,存在一些结构性障碍。上市公司的股权结构不合理,国有股和法人股比例相对较高,使得股东之间缺少约束机制,导致并购目标由实现股东利益最大化向提高管理者控制权收益转变。① 另外,资本市场融资金融工具限制了杠杆活动的开展,我国的杠杆收购资金以股东出资、银行贷款、信托资金为主,相较于其他国家创新型的金融衍生工具还有很大差距。

3. 中介机构不完善

证券中介机构就是在证券市场上为证券活动的参与各方提供服务的机构。目前我国的中介机构主要包括证券公司、信托投资公司、会计师事务所、律师事务所等,虽然业务已涉足于证券承销、包销、发行等内容,但与国外相比还存在较大差距。在杠杆收购中,投资银行的作用非常重要,而我国的投资银行业务还存在较大的功能缺陷,投资银行核心人物的并购业务在我国中介机构中几乎未涉及。

4. 收购企业自身问题

收购企业进行杠杆收购活动的目的是短期盈利,具有较强的投机性,而没有考虑到企业的长远发展,一些自身融资能力不足,负债率较高,缺乏稳定现金流量的企业也参与到杠杆收购中,以至于在收购后不能对被收购企业经营管理和股权分配等问题进行更好的管理。

5. 退出机制不完善

我国关于投资基金设立、运作、监管等相关的法律法规政策还未出台,参与到我国产业投资风险资本大多是以外资的形式存在。退出的最佳途径是通过对投资主体进行公开上市之后再通过二级市场套现的方式实现,对于外资投资企业的管理存在着空白之处。②

五、规范我国杠杆收购的主要法律与法规

杠杆收购是公司或个体利用收购目标的资产作为债务抵押,收购此

---

① 李晗:《杠杆收购模式在我国的应用分析》,《时代金融》2017年第1期,第26页。
② 中国并购公会:《产业整合的中国动力》,北京:首都经济贸易大学出版社,2017年,第146页。

公司的一种策略。随着我国证券市场的发展,证券市场中的并购行为逐渐增多,其中不乏杠杆收购行为。如宝安并购延中实业、明天系购爱使股份、宝能购并万科等,在法律层面也相继制定了以《证券法》为首的系列法律法规。目前,规范杠杆收购活动的相关性法律文件包括:《上市公司收购管理办法》(2019年12月28日修订),《证券法》(2020年3月1日施行),2022年修订的《上市公司重大资产重组管理办法》,2020年修订的《上市公司非公开发行股票实施细则》,《上市公司股东、董监高减持股份的若干规定》(证监会公告〔2017〕9号)。下面对上述法律文件进行介绍与分析。

(一)《证券法》

投资者可以采取要约收购、协议收购及其他合法方式收购上市公司。采取协议收购方式的,收购人收购或者通过协议、其他安排与他人共同收购一个上市公司已发行的股份达到30%时,继续进行收购的,应当向该上市公司所有股东发出收购上市公司全部或者部分股份的要约。但是,经国务院证券监督管理机构免除发出要约的除外。收购期限届满,被收购公司股权分布不符合上市条件的,该上市公司的股票应当由证券交易所依法终止上市交易;其余仍持有被收购公司股票的股东,有权向收购人以收购要约的同等条件出售其股票,收购人应当收购。收购行为完成后,收购人应当在15日内将收购情况报告国务院证券监督管理机构和证券交易所,并予公告。

(二)《上市公司收购管理办法》

1. 收购原则及信息披露

上市公司的收购及相关股份权益变动活动,必须遵循公开、公平、公正的原则。上市公司的收购及相关股份权益变动活动中的信息披露义务人,应当充分披露其在上市公司中的权益及变动情况,依法严格履行报告、公告和其他法定义务。在相关信息披露前,负有保密义务。信息披露义务人报告、公告的信息必须真实、准确、完整,不得有虚假记载、误导性陈述或者重大遗漏。

2. 不得进行收购活动的情况

收购人负有数额较大债务,到期未清偿,且处于持续状态;收购人最近3年有重大违法行为或者涉嫌有重大违法行为;收购人最近3年有严重的证券市场失信行为;收购人为自然人的,存在《公司法》第一百四十六条规定情形;法律、行政法规规定以及中国证监会认定的不得收购上市公司的其他情形。

3. 股东权益保护方面

被收购公司的控股股东或者实际控制人不得滥用股东权利损害被收购公司或者其他股东的合法权益。被收购公司的董事、监事、高级管理人员对公司负有忠实义务和勤勉义务,应当公平对待收购本公司的所有收购人。

4. 权益披露方面

投资者在一个上市公司中拥有的权益,包括登记在其名下的股份和虽未登记在其名下但该投资者可以实际支配表决权的股份。投资者及其一致行动人在一个上市公司中拥有的权益应当合并计算。通过协议转让方式,投资者及其一致行动人在一个上市公司中拥有权益的股份拟达到或者超过一个上市公司已发行股份的5%时,应当在该事实发生之日起3日内编制权益变动报告书,向中国证监会、证券交易所提交书面报告,通知该上市公司,并予公告。投资者及其一致行动人不是上市公司的第一大股东或者实际控制人,其拥有权益的股份达到或者超过该公司已发行股份的5%,但未达到20%的,应当编制包括下列内容的简式权益变动报告书:投资者及其一致行动人的姓名、住所;投资者及其一致行动人为法人的,其名称、注册地及法定代表人;持股目的,是否有意在未来12个月内继续增加其在上市公司中拥有的权益等。投资者及其一致行动人拥有权益的股份达到或者超过一个上市公司已发行股份的20%但未超过30%的,应当编制详式权益变动报告书,还应当披露以下内容:投资者及其一致行动人的控股股东、实际控制人及其股权控制关系结构图;取得相关股份的价格、所需资金额、资金来源,或者其他支付安排等。

5. 协议收购方面

收购人公告上市公司收购报告书时,应当提交以下备查文件:中国公民的身份证明,或者在中国境内登记注册的法人、其他组织的证明文件;基于收购人的实力和从业经验对上市公司后续发展计划可行性的说明,收购人拟修改公司章程、改选公司董事会、改变或者调整公司主营业务的,还应当补充其具备规范运作上市公司的管理能力的说明等。境外法人或者境外其他组织进行上市公司收购的,还应当提交财务顾问出具的收购人符合对上市公司进行战略投资的条件、具有收购上市公司的能力的核查意见;收购人接受中国司法、仲裁管辖的声明。

(三)《上市公司重大资产重组管理办法》

1. 原则和标准

上市公司实施重大资产重组,应当就本次交易符合下列要求作出充分说明,并予以披露:符合国家产业政策和有关环境保护、土地管理、反垄断等法律和行政法规的规定;不会导致上市公司不符合股票上市条件;重大资产重组所涉及的资产定价公允,不存在损害上市公司和股东合法权益的情形;重大资产重组所涉及的资产权属清晰,资产过户或者转移不存在法律障碍,相关债权债务处理合法等情况。

购买的资产为股权的,其资产总额以被投资企业的资产总额与该项投资所占股权比例的乘积和成交金额二者中的较高者为准,营业收入以被投资企业的营业收入与该项投资所占股权比例的乘积为准,资产净额以被投资企业的净资产额与该项投资所占股权比例的乘积和成交金额二者中的较高者为准;出售的资产为股权的,其资产总额、营业收入以及资产净额分别以被投资企业的资产总额、营业收入以及净资产额与该项投资所占股权比例的乘积为准。购买股权导致上市公司取得被投资企业控股权的,其资产总额以被投资企业的资产总额和成交金额二者中的较高者为准,营业收入以被投资企业的营业收入为准,净利润以被投资企业扣除非经常性损益前后的净利润的较高者为准,资产净额以被投资企业的净资产额和成交金额二者中的较高者为准;出售股权导致上市公司丧失被投资企业控股权的,其资产总额、营业收入以及资产净额分别以被投资企业的资产总额、营业收入以及净资产额为准。

2. 程序方面

上市公司应当聘请独立财务顾问、律师事务所以及具有相关证券业务资格的会计师事务所等证券服务机构就重大资产重组出具意见。上市公司及交易对方与证券服务机构签订聘用合同后,非因正当事由不得更换证券服务机构。确有正当事由需要更换证券服务机构的,应当披露更换的具体原因以及证券服务机构的陈述意见。上市公司进行重大资产重组,应当由董事会依法作出决议,并提交股东大会批准。上市公司全体董事、监事、高级管理人员应当公开承诺,保证重大资产重组的信息披露和申请文件不存在虚假记载、误导性陈述或者重大遗漏。股东大会作出重大资产重组的决议后,上市公司拟对交易对象、交易标的、交易价格等作出变更,构成对原交易方案重大调整的,应当在董事会表决通过后重新提交股东大会审议,并及时公告相关文件。

3. 信息披露方面

公司筹划、实施重大资产重组,相关信息披露义务人应当公平地向所有投资者披露可能对上市公司股票交易价格产生较大影响的相关信息(以下简称股价敏感信息),不得有选择性地向特定对象提前泄露。上市公司的股东、实际控制人以及参与重大资产重组筹划、论证、决策等环节的其他相关机构和人员,应当及时、准确地向上市公司通报有关信息,并配合上市公司及时、准确、完整地进行披露。上市公司获悉股价敏感信息的,应当及时向证券交易所申请停牌并披露。禁止内幕交易:上市公司及其董事、监事、高级管理人员,重大资产重组的交易对方及其关联方,交易对方及其关联方的董事、监事、高级管理人员或者主要负责人,交易各方聘请的证券服务机构及其从业人员,参与重大资产重组筹划、论证、决策、审批等环节的相关机构和人员,以及因直系亲属关系、提供服务和业务往来等知悉或者可能知悉股价敏感信息的其他相关机构和人员,在重大资产重组的股价敏感信息依法披露前负有保密义务,禁止利用该信息进行内幕交易。

(四)《上市公司非公开发行股票实施细则》

股份转让方面的限制。发行对象属于上市公司的控股股东、实际控制人或其控制的关联人;通过认购本次发行的股份取得上市公司实际控制权的投资者;董事会拟引入的境内外战略投资者,具体发行对象及其定价原则应当由上市公司董事会的非公开发行股票决议确定,并经股东大会批准,认购的股份自发行结束之日起 36 个月内不得转让。发行对象属于上述之外的情形的,上市公司应当在取得发行核准批文后,按照本细则的规定以竞价方式确定发行价格和发行对象。发行对象认购的股份自发行结束之日起 12 个月内不得转让。

(五)《上市公司股东、董监高减持股份的若干规定》

1. 减持股份方面的限制

具有下列情形之一的,上市公司大股东不得减持股份:(1)上市公司或者大股东因涉嫌证券期货违法犯罪,在被中国证监会立案调查或者被司法机关立案侦查期间,以及在行政处罚决定、刑事判决作出之后未满 6 个月的;(2)大股东因违反证券交易所规则,被证券交易所公开谴责未满 3 个月的;(3)中国证监会规定的其他情形。

具有下列情形之一的,上市公司董监高不得减持股份:(1)董监高因涉嫌证券期货违法犯罪,在被中国证监会立案调查或者被司法机关立案侦查期间,以及在行政处罚决定、刑事判决作出之后未满 6 个月的;(2)董监高因违反证券交易所规则,被证券交易所公开谴责未满 3 个月的;(3)中国证监会规定的其他情形。

上市公司大股东在 3 个月内通过证券交易所集中竞价交易减持股份的总数,不得超过公司股份总数的 1%。股东通过证券交易所集中竞价交易减持其持有的公司首次公开发行前发行的股份、上市公司非公开发行的股份,应当符合上述规定的比例限制。股东持有上市公司非公开发行的股份,在股份限售期届满后 12 个月内通过集中竞价交易减持的数量,还应当符合证券交易所规定的比例限制。

通过协议转让方式减持股份并导致股份出让方不再具有上市公司大股东身份的,股份出让方、受让方应当在减持后 6 个月内继续遵守关于大股东持股比例的限制。同时,股东通过协议转让方式减持其持有的公司首次公开发行前发行的股份、上市公司非公开发行的股份,股份出让方、受让方应当在减持后 6 个月内继续遵守关于大股东持股比例的限制。

2. 违规惩罚措施

上市公司股东、董监高未按照本规定和证券交易所规则减持股份的，证券交易所应当视情节采取书面警示等监管措施和通报批评、公开谴责等纪律处分措施；情节严重的，证券交易所应当通过限制交易的处置措施禁止相关证券账户 6 个月内或 12 个月内减持股份。证券交易所为防止市场发生重大波动，影响市场交易秩序或者损害投资者利益，防范市场风险，有序引导减持，可以根据市场情况，依照法律和交易规则，对构成异常交易的行为采取限制交易等措施。

上市公司股东、董监高未按照本规定和证券交易所规则减持股份的，中国证监会依照有关规定采取责令改正等监管措施。上市公司股东、董监高减持股份超过法律、法规、中国证监会规章和规范性文件、证券交易所规则设定的比例的，依法予以查处。上市公司股东、董监高未按照本规定和证券交易所规则减持股份，构成欺诈、内幕交易和操纵市场的，依法予以查处。上市公司股东、董监高违反本规定和证券交易所规则减持股份，情节严重的，中国证监会可以依法采取证券市场禁入措施。

从以上规制上市公司购并的法律法规来看，我国目前尚未就杠杆购并进行专门立法，也未就杠杆收购的融资行为进行立法，规范杠杆收购融资的法律规范主要散见于《担保法》《中国人民银行贷款通则》等相关的法律文件中。

六、我国现行杠杆收购的监管体制及不足

（一）我国杠杆收购监管现状

1. 相关制度颁布

2014 年 3 月国务院印发的《关于进一步优化企业兼并重组市场环境的意见》为并购市场提供了原则性指引。新《证券法》2020 年 3 月生效后，证监会第五次修订的《上市公司收购管理办法》明确了杠杆收购应该

遵循收购程序与收购中信息披露的基本要求。2023年2月对《上市公司重大资产重组管理办法》作了全面修订,着力强化事中事后监管,补齐市场约束的"短板",激发并购重组市场活力。明确"借壳上市"的审核标准和首次公开募股相同,对于监管审核方面,上市公司拟实施涉及发行股份的重组,应当在股东大会决议后3个工作日内向证券交易所提出申请;证券交易所受理后在规定期限内基于并购重组委员会审议意见形成审核意见,决定报中国证监会注册或者终止审核。不涉及借壳上市的现金收购无需交易所的审核。2017年颁行的《上市公司非公开发行股票实施细则》(2021年3月修改)和《股东、董监高减持股份若干规定》进一步压缩了定增定价的空间,限制了非公开发行股份行为和减持行为,压缩了定增套利和操作空间。[1]

2. 监管主体

在我国,杠杆收购的监管主体主要有三类。第一,行政机关。中国证券业监督管理委员会(证监会)为国务院的直属事业单位,依照法律监督管理全国的证券交易市场,维护证券交易市场秩序,保障其平稳运行。第二,金融自律机构。证券业协会是依法设立的证券业自律性组织,接受中国证监会和民政部门的业务指导和监督管理,其主要职能是,在国家对证券业进行统一监督管理的基础之上进行证券业的自律管理。第三,司法机关。法院对于收购行为的监管往往是事后审查,主要针对的是收购活动是否合法的审查,通过诉讼的方式保护弱者的利益。

3. 监管内容

一是对杠杆收购交易过程的监管,包括交易磋商过程、决策过程、信息披露、收购和反收购措施的监管。如:2008年4月颁布的《关于规范上市公司重大资产重组若干问题的规定》,提出了上市公司股东必须严格履行诚信义务,做好信息保密工作,进一步规范了上市公司重大资产重组行为,提高了信息披露制度的准确性和完整性。[2]

---

[1] 叶圣:《杠杆收购的法律监管路径研究》,硕士学位论文,华东政法大学经济法学院,2018年4月,第38—39页。

[2] 叶圣:《杠杆收购的法律监管路径研究》,硕士学位论文,华东政法大学经济法学院,2018年4月,第42页。

二是对杠杆收购交易结果的监管,最主要的是对收购和反收购措施的监管,也包括对各种交易保护措施的监管。如:2016 年 9 月修订的《上市公司重大资产重组管理办法》规定借壳上市不能进行配套融资,杠杆收购后主要业务若发生了根本性的变化,受处罚的上市公司不能进行借壳。

三是对杠杆收购交易资金的监管。如央行等五部委发布的《关于规范金融机构资产管理业务的指导意见》规定:对公募、私募总资产设定为 140％和 200％,禁止对四类产品进行分级,固定收益类的产品分级不得超过 3:1,权益类产品不得超过 1:1,商品及金融衍生品类产品、混合类产品不得超过 2:1,目的是统一杠杆,防止杠杆率过高带来的系统性风险。

(二) 我国杠杆收购监管的不足

1. 分业监管局限性

我国金融监管体系是垂直领导、分业监管的格局,2023 年 3 月之前是"一行两会"的监管模式,中国人民银行负责制定和执行货币政策,证监会、银保监会分别监管证券业、银行业与保险业,这种监管模式在一定程度上维护了我国金融体系的稳定。但随着资本市场的发展,这种监管体系的局限性逐渐暴露出来。如各类公司在"一行两会"监管的范围内属于合法运行,但在上一环节的信息不对称部分难以认定属于谁的管辖范畴,导致杠杆收购资金进入资本市场缺乏有效监管。[①] "一行两会"的监管模式容易造成重复监管,资源浪费情况,并且不能防范系统性风险,不利于金融体系稳定。

2. 收购方界限不明确

在我国证券市场,持有上市公司股票的主体属于公司投资者和股东,能够行使股东权利,但在杠杆收购中,收购人扮演着重要的角色,往往持有目标公司较高的股份,可以影响公司的内部决策,因此收购人的责任和义务往往比普通股东更重要。在实践中,收购人是由收购方自己披露的,

---

① 孙艳新:《从万科股权之争——探究上市公司杠杆收购的监管》,硕士学位论文,电子科技大学工商管理学院,2018 年 6 月,第 30 页。

所有有关联的股东均可以成为收购人,这就使得一些本身不具有较大影响力却有关联的股东加入收购人的行列,一旦出现责任追究问题,不利于保护股东利益。上市公司收购人的界限在我国杠杆收购监管中不明确。

3. 被收购方权利缺乏

在杠杆收购活动中,对于收购方的权利义务已有明确的规定,收购方可以根据《证券法》和《公司法》的规定行使股东权利。被收购方仅有反收购的权利,在实践中,收购方和被收购方存在信息不对称情况,被收购方作为上市公司,其信息都要依照法律公开,并且具有信息披露以及保证股东权利不受损害的义务,而收购方的信息却不能完全掌握。

4. 中小投资者的利益得不到保障

对中小股东权利的保护一直是金融市场永恒的话题,中小投资者在信息获取、风险承受能力等方面都处于弱势地位,在杠杆收购活动中,收购后公司股价不稳定,暴涨暴跌的情况时有发生,中小投资者参与其中利益更容易受损,在现行杠杆收购监管体系中,对于中小投资者保护没有专门的法律依据,实践中其利益难以保障。

第五章

各类资金进入股市的准入问题

第一节　银行信贷资金和理财资金准入股市的问题

一、银行资金入市理论分析

1. 混业经营理论

20 世纪末期,美国正式通过了《金融服务现代化法案》,该法案确立了银行、证券与保险之间的参股和业务渗透的合法性,从而结束了银行、证券及保险分业经营的局面,金融业走向了混业经营的状态。我国现今实行的是分业经营的原则,这主要是由于我国资本市场发展不成熟,分业经营更适宜我国国情。但随着加入世界贸易组织之后,我国金融市场逐步实现对外开放,全球混业经营趋势对我国产生了较大影响,加上我国资本市场逐渐走向成熟,银行、证券与保险之间的业务往来越来越频繁,因此,混业经营将是我国金融业未来发展的趋势。

2. 货币市场与资本市场关联理论

货币市场是指运行时间在 1 年以内的短期资本市场,其主要任务是满足经济系统正常运转的流动性需求。资本市场是指运行时间在 1 年以上的资金融通市场,其主要任务是满足经济体系中长期资本的要求,为经济发展提供增长的动力。我国货币市场主要由同业拆借市场、短期债券市场、债券回购市场及票据市场组成,资本市场主要由股票市场和债券市场组成。虽然两个市场在特征等方面有所区别,但区别是相对的,两者之间存在着紧密的联系,如两者有大量相同的金融工具,相同的市场参与者,资金互相流动,随着全球经济融合发展特征,资金在货币市场及资本市场的流动性将更加频繁。

二、银行资金入市的沿革

我国股票市场建立之初,银行业和证券业是处于混业经营状态,但当时国有银行商业化程度低,内部管理混乱,大量银行资金非法进入股票市场,造成了投机风气和股市泡沫。为了制止这种局面,1993 年国务院颁布了《关于金融体制改革的决定》,对银行及证券业进行分离整顿。1995 年 7 月实施的《中华人民共和国商业银行法》再一次强调,商业银行在我国境内不得从事信托投资和股票业务,至此银行与股市之间的资金联系被割断。1997 年 6 月,中国人民银行发布了《关于禁止银行资金违规流入股票市场的通知》和《关于各商业银行停止在证券交易所证券回购及现券交易的通知》,国务院也批转了证券委、中国人民银行、国家经贸委《(关于严禁国有企业和上市公司炒作股票的规定)的通知》,我国银证分离格局正式形成。

随着证券市场的需要,中国人民银行在 1999 年 8 月发布了《证券公司进入银行间同业市场管理规定》,10 月发布了《基金管理公司进入银行间同业务市场管理规定》,为银行信贷资金通过证券公司和基金管理公司间接入市提供了合法途径。2001 年 6 月中国人民银行发布了《商业银行中间业务管理暂行规定》,商业银行经人行批准后,可以开办金融衍生业务、代理证券业务以及投资基金信托、信息咨询、财务顾问等投资银行业务。2004 年 2 月发布的《国务院关于推进资本市场改革开放和稳定发展的若干意见》中规定:完善证券公司质押贷款及进入银行间同业市场管理办法,制定证券公司收购兼并和证券承销业务贷款的审核标准,在健全风险控制机制的前提下,为证券公司使用贷款融通资金创造有利条件。2014 年修订的《证券法》取消了禁止银行资金入市的规定,依法拓宽资金入市渠道,禁止资金违规流入股市。

三、银行资金入市的原因

目前我国证券市场还处于不断完善进步阶段,充满着投机和非理性投资等现象。由于信息来源、处理能力等方面的不同,机构投资者利用自己的优势地位通过内幕交易等违法行为来操纵市场价格,损害股民的利益,同时,股市缺少完善的退出机制,做空机制面临无券可融状态,使我国股市表现出较强的投机性。资金具有逐利性特征,我国银行资金入市的根本原因是由于股票市场的高利性,随着股票交易融资业务的开展,杠杆率高的融资业务发展壮大,使得资金通过各种形式进入股市,在一定程度上促进了我国证券市场的发展。

四、银行信贷资金入市标准

(一) 银行信贷资金入市的必要性

1. 从银行方面

(1) 增加银行收入来源。随着我国经济环境的变化,银行的资产负债关系相较于过去有较大变化。在实践中,我国银行业的主要收益来源是存贷利差,渠道较为单一,股市具有较高收益性,收益途径主要通过买卖差价收益、送股配股转增股的填权收益及现金的分红收益,银行信贷资金入市可以扩宽其收益渠道,提高经济收入。[1]

(2) 减少银行资金风险。一方面,股票市场具有较高的流动性,银行资金进入股市,以股票为对象发放的贷款也具有较高的流动性。银行对股市主体贷款的风险低于一般工商企业贷款,从银行可以要求借款人提供股票作为质押品,而股票的流动性又高于其他抵押物角度来看,银行资

---

[1] 王铁宝,李国义:《银行资金进入股市的必要性和可行性研究》,《商业经济》2008 年第 6 期,第 58 页。

金入市增强了银行资产的流动性,降低了银行风险。[①] 另一方面,允许银行信贷资金入市增加了股市融资的直接融资,减少了以银行贷款为主的间接融资,降低了金融系统内部信用和流动性风险产生的可能性。

2. 从证券市场方面

(1)提高资源配置效率。在市场经济前提下,证券市场是进行资源配置的重要场所,允许银行信贷资金入股可以为证券市场提供增量资金来源,增加证券市场资金存量及流量,尤其是在我国股市融资功能弱,而货币市场资金过剩的情况下,银行资金入市可以平衡两个市场的资金状况,保持市场交易活跃,扩大市场规模。

(2)促进我国股票市场平稳运行。前文中提到,我国有一段时间禁止银行资金进入股票市场,虽然法律上将其禁止,但由于证券市场的需要,大量银行贷款暗中无序流入股票市场,一方面不利于监管部门的监管,另一方面加剧了股市动荡。允许银行资金入市,将银行贷款流入股市的程序过程掌握在监管者手中,从而可以避免银行信贷资金盲目入市引发的股市过度波动,有利于维护股票市场稳定。

(二)我国银行信贷资金入市的方式

银行信贷资金入市对我国银行及证券市场的发展具有重要意义,我们应该寻求信贷资金进入股票市场的安全途径,减少信贷资金入市带来的负面影响。在我国分业经营的金融体制下,银行资金只能通过间接途径进入股市,主要有以下几种方式。

1. 银行间同业拆借市场

从1986年国务院颁布《银行管理暂行规定》明确了专业银行之间的资金可以相互拆借,我国银行同业拆借市场开始兴起。1990年股票市场出现后,各地的融资中心、非银行金融机构就开始利用同业拆借市场来融通资金,使银行信贷资金间接进入股市,一方面提高了银行的资金利用效率,另一方面也增强了券商及基金管理公司的资金实力。由于同业拆借

---

① 马海霞、高峰、谢太峰:《关于银行信贷资金入市的思考》,《北京机械工业学院学报》2003年第2期,第50页。

期限短的弊端,只能解决证券公司和基金管理公司的短期融资需求。

2. 对券商实施股票质押贷款

2000 年中国人民银行和中国证监会联合发布了《证券公司股票质押贷款管理办法》,允许符合条件的证券公司以自营股票和证券投资基金券作抵押向商业银行贷款。银行信贷资金通过股票交易融资入市,从券商方面,股票质押融资贷款能够适应券商资产结构调整,满足券商长期的资金需求,增强了券商的经营灵活性和资产流动性,增强了券商的竞争、经营及抵御风险的能力。从银行方面,股票质押贷款可以推动银行资产负债结构调整,创新金融产品服务,银行资金有了新的运用渠道,提高了银行资金运用效率,同时由于证券公司的信誉高于普通工商企业,将银行信贷资金通过股票质押贷款进入股市,降低了贷款风险。[1]

3. 对个人及企业实施股票质押贷款

个人和企业通过股票质押获得资金,一方面可以增加证券市场的资金供给量,推动证券市场的发展,为城乡居民储蓄存款流入市场开辟了新的途径;另一方面因为质押的股票一般业绩优良、成长性较好,因此,全面开放股票质押贷款可以在一定程度上引导市场的理性投资。券商可以通过为个人股票质押贷款提供中介服务获得新的利润来源,银行可以通过为个人和企业开办股票质押贷款业务扩宽其资金运用途径。[2] 我国目前禁止个人与企业将银行贷款资金直接投入股市购买股票,只允许金融企业通过银行贷款发展融资租赁、融资融券、汽车金融等符合企业经营范围的业务,而且贷款的用途要符合贷款协议的用途,如果将信贷资金直接投入股市购买证券将承担违约责任,银行可以提前收回贷款。个人与企业只能利用银行贷款置换原用于消费或生产经营的资金,被置换出来的资金可以用于证券投资。

4. 股票信用交易

股票信用交易又叫保证金交易,是指股票交易者按一定比例,将一部

---

① 马海霞,高峰,谢太峰:《关于银行信贷资金入市的思考》,《北京机械工业学院学报》2003 年第 2 期,第 51—52 页。

② 马海霞,高峰,谢太峰:《关于银行信贷资金入市的思考》,《北京机械工业学院学报》2003 年第 2 期,第 52 页。

分资金或一定数量的股票交付给证券经纪商,不足部分由该经纪商向银行贷款垫付进行的一种股票交易方式。股票信用交易有以下几个特征:一是借钱买股票和借股票卖股票;二是存在经纪商与股票交易者以及经纪商与银行之间的双重信用;三是存在投资人对经纪商的垫付款项支付利益及经济商对银行贷款支付利息双重利息支付;四是交割方式以现货交易为原则;五是保证金比例由央行制定,央行可根据股市运行情况加以调整。① 银行信贷资金通过股票信用交易方式进入股市,对投资者、证券公司、银行及整个证券市场都具有积极影响。

五、银行理财资金入市标准

随着银行理财品种转向净值型产品、刚性兑付被打破、实现风险自担,银监会解除了对直接投资股票市场的禁令,逐渐放松了对投资范围的限制,允许理财资金投资股票市场。

2013 年,银监会下发了《关于商业银行理财业务投资运作有关问题的通知》(银监发〔2013〕8 号,以下简称 8 号文),首次对非标准化债权投资(以下简称非标投资)进行了定义,并规定了商业银行理财业务投资非标的限额和其他审慎性要求。8 号文规定,商业银行"理财资金投资非标准化债权资产的余额在任何时点均以理财产品余额的 35% 与商业银行上一年度审计报告披露总资产的 4% 之间孰低者为上限"。②

2015 年证监会对券商开展伞型信托业务发出禁令,银行理财资金通过伞型信托方式进入股市将逐渐被禁止。目前,银行理财资金入市的方式主要包括以下几种:第一,通过信托或券商通道,对证券投资的结构化产品进行配资,理财资金作为优先级或夹层享受固定收益;第二,通过投资两融收益权等与股市挂钩的收益凭证间接进入二级市场;第三,通过为股票质押式回购融资;第四,通过新股 PE、衍生品等其他方式。其中最主

---

① 谢太峰,马海霞:《银行信贷资金入市探讨》,《金融理论与实践》2003 年第 4 期,第 20 页。
② http://www.cbrc.gov.cn/govView_2566CB6BF29D458B85CBE4E3327A481D.html,2019 年 9 月 20 日。

要的方式是结构化配资和两融收益权。[①] 所谓两融收益权是指券商将融资融券余额的收益权做成资产包,在资产管理部成立一个定向资产管理计划,指定投资该资产包,银行用理财资金购买定向资产管理计划,获得两融收益。实质就是银行以券商的两融收益权作抵押,向券商发放贷款。[②]

2018 年 9 月,银保监会正式颁布了《商业银行理财业务监督管理办法》,允许银行公募理财通过公募基金投资股市,为银行理财资金入市开辟了一种新的渠道。从以前实践经验来看,部分银行理财资金入市局限于私募理财产品,公募理财资金入市对股票市场主要有三个方面的影响。首先打破了以往私募理财产品直接投资股票的规制,使公募理财产品能够合法进入股票市场,扩宽新增流动性的准入渠道,增加资金进入股市的来源。其次,吸引更多长期资金进入股市,增强了股票市场的结构化比例,改变股票市场长期以散户为主体的格局,增强了股票市场抵御风险的能力,加强了股市稳定。最后,允许公募理财通过公募基金投资股市,目的在于简化操作流程,达到去通道去嵌套的目的,引导部分长期资金参与股票投资,有利于化解上市公司股权质押等市场不稳定因素,提升股票市场的稳定性。[③]

第二节　信托资金准入股市的问题

一、信托资金概述

信托资金又称金钱信托,是指委托人基于对受托人也即信托机构的信任,将自己合法拥有的资金委托给受托人,受托人以自己的名义,按委托人的要求为受益人的利益或特定目的管理、运用和处分的行为。[④]

---

① 周轩千:《银行理财资金入市是大势》,《上海金融报》2015 年 4 月 28 日,第 B05 版。
② 周轩千:《银行理财资金入市是大趋势》,《上海金融报》2015 年 3 月 3 日,第 B03 版。
③ 郭施亮:《银行理财资金加快入市预期对 A 股市场的影响》,《国际金融报》2018 年 10 月 29 日,第 003 版。
④ https://baike.baidu.com/item/,2019 年 9 月 20 日。

根据委托人的数量,信托资金可以分为两类:单独管理资金信托,即信托机构在办理资金信托业务时,按照委托人的要求,为其单独管理信托资金;集合资金信托,即为了使受托资金达到一定的数额,采取将不同委托人的资金集合在一起管理的做法。

单独管理资金信托又可以分为特定单独管理资金信托和指定单独管理资金信托。所谓特定单独管理资金信托是指委托人制定资金的运用方法及标的,如投资标的的类别、名称、数量及交易价格等信息,信托机构没有自由裁量权。单独管理资金信托的运用范围包括:存放金融机构的存款或信托资金;投资国债或企业债券;投资短期票券;国内上市股票;国内证券投资信托基金以及其他经主管机关核定的业务。

集合资金信托按照接受委托的方式可以分为两种:一种是社会公众或社会不特定人权作为委托人,以购买标准的、可流通的、证券化合同为委托方式,由受托人统一集合管理信托资金的业务;另一种是以有风险识别能力、能自我保护并有一定的风险承受能力的特定人群或机构为委托人,以签订信托合同的方式作为委托方式,由受托人集合管理信托资金的业务。[1]　具体包括:证券投资信托、组合投资信托、房地产投资信托、基础建设投资信托、贷款信托及风险投资信托。

二、信托资金准入股市类型

2019 年第一季度随着基础市场的发展,证券类信托产品的发行及募集活动也逐渐活跃,据最新统计数据显示,2019 年 1 月到 3 月,集合信托市场共成立 403 款证券类信托产品,总规模达 353.41 亿元,比 2018 年第四季度成立的 423 款同类产品 257.82 亿元的规模,入市资金明显增加。

目前资金通过信托进入股市的模式主要有三种:"阳光私募"模式、单一账户的结构化信托模式、伞形信托。

---

[1]　https://baike.baidu.com/item/,2019 年 9 月 21 日。

（一）"阳光私募"模式

"阳光私募"模式主要是指阳光私募基金投资证券市场。阳光私募基金是借助信托公司发行的，在监管机构备案，资金实现第三方银行托管，有定期业绩报告的投资于股票市场的基金，比一般私募基金更规范化、透明化，主要投资于证券市场，定期公开披露净值，具有合法性、规范性。

信托私募证券基金一般存在"结构式"及"开放式"两种形式。阳光私募基金一般指以"开放式"发行的私募基金。所谓开放式，即基金认购者需要承担所有投资风险及享受大部分的投资收益，私募基金公司不承诺收益。私募基金管理公司的盈利模式一般是收取总资金 2％左右的管理费和投资盈利部分 20％作为佣金收入。"结构式"的阳光私募基金是指将受益人分为不同种类，进行结构划分。①

阳光私募基金具有以下特点。第一，风险较大。根据《信托公司集合资金信托计划管理办法》规定：信托公司不得承诺保本及最低收益，由此可以看出，阳光私募基金在收益较高的同时伴随着较大风险。第二，基金管理人收益与基金业绩挂钩。阳光私募基金固定管理费低于 1.5％，基金管理人主要收益来源于超额业绩提成，而超额业绩提成只有在私募基金净值每次创出新高之后才能提取，因此，私募基金需要追求绝对的正收益，对下行风险的控制相对来说比较严格，只有投资者有收益，基金管理人才有可能赚取超额业绩提成。基金管理人与投资者目的的一致性，极大地保护了投资者的利益。第三，认购门槛高，收费高。认购阳光私募基金，一般要在 100 万元以上，甚至高达 400 万元，投资顾问公司对于上亿元的资金会推出大客户专项管理服务，阳光私募基金的认购费用为认购信托计划金额的 1％。第四，投资比例较灵活。阳光私募基金没有最低仓位的限制，投资比例可以在 0％到 100％之间，可以通过灵活的仓位选择规避市场系统风险，规模通常在几千万到一个亿，相较于公募基金总金额较小，操作更灵活，在特定情况下，可以集中持仓一两个行业和五六只股票。第五，流动性限制。阳光私募基金一般会有 6 到 12 个月左右的封闭期，在成立之后的 6

---

① https://baike.baidu.com/item/，2019 年 9 月 21 日。

个月内,不能赎回,6个月之后赎回需要缴纳一定的手续费,12个月之后赎回不需要手续费,封闭期满,每个月公布一次净值并开放申赎。

(二) 单一账户结构化信托模式

所谓结构化信托,是指信托公司根据投资者不同的风险偏好对信托收益权进行分层配置,使具有不同风险承受能力和意愿的投资者通过投资不同层级的受益权来获取不同的收益,并承担相应风险的集合资金信托业务。单一账户结构化信托,就是找单个机构客户配比资金,只需要一个劣后投资者,具有最简单的交易结构。针对单一账户的结构化产品,银行资金对劣后资金方的要求较为严格,并不是所有的机构都能满足其条件,杠杆比例一般在1∶2或1∶2.5。对于条件较为优秀的企业,将杠杆比例放大至1∶3。

结构化信托具有以下特点。第一,在信托计划的委托人上采用"一般/优先"模式,社会投资者是优先受益权委托人,一般受益权委托人则为机构投资者,委托人的收益与风险成正比,初始信托资金由优先受益权资金和一般受益权资金按一定比例配比。第二,一般受益权委托人以其初始信托资金承担优先风险在先,优先受益权委托人承担相对较低的风险在后。当该信托计划出现较大风险可能造成亏损时,机构投资者的资金在前保障社会投资者的资金安全,当投资获得较大收益时,机构投资者收益也高于个人投资者。第三,在投资模式上,结构化证券投资信托产品就是投资的多元组合,此类产品可以投资股票、基金、债券、货币市场工具等多种有价证券,具体比例由该信托投资团队控制。[①]

(三) 伞形信托模式

1. 伞形信托的运作模式及特点

伞形信托是一种新的金融工具,是指在一个主账户下,通过分组交易系统设置若干独立的子信托账户,为投资者提供结构化的证券投资的融资服务,每一个子信托账户单独投资操作清算,是一个完全独立的结构化

———————

[①] https://baike.baidu.com/item/,2019年9月22日。

信托产品,信托公司通过信息技术和风控平台,对每个子信托进行管理和监控。在伞形信托中,信托公司作为受托人,发行集合资金信托计划,由资金融出方发行理财产品或由理财资金池认购信托计划优先级受益权获取有限固定收益,由经过证券公司筛选的资金融入方认购劣后受益权,根据证券投资信托计划的表现,剔除各项开支后获取剩余收益。[①]

伞形信托具有以下几个特点。第一,高杠杆性。普通融资融券的杠杆率为1∶1,而伞形信托杠杆比率为1∶2甚至1∶3,伞形信托的优先级资金是银行理财资金,劣后级资金一般由普通投资者完成,配资成本在8.1%到8.2%之间,低于融资融券的平均水平。第二,身份信息隐蔽性强。对于伞形信托来说,呈现在监管机构面前的仅是主信托账户名称和代码,交易记录也是各子账户记录的总和,对于后面子账户信息,要通过信托公司加以了解。第三,门槛低。伞形信托通常为500万元起步,有的甚至可以降到100万元,相较于传统结构化产品劣后级资金3000万元的门槛,伞形信托为中小投资者提供了融资渠道。第四,投资限制少。伞形信托的范围包括除 ST 股票之外的所有股票,持仓限制方面,只要同一主题信托账户下所有子账户持有单只股票占比总和不超过20%,单个子账户持单只股票比例不受限。第五,设立便捷。伞形信托开立时间短,一两个工作日即可完成子账户开立程序,存续期灵活,约定3个月、6个月、一年均可。

2. 伞形信托的积极作用

首先,增加了资金入市渠道。通过伞形信托资金入市,推动了股票价格的上涨,IPO、再融资、重组并购等活动开始活跃起来,许多上市公司通过资本运作,寻求转型发展、投资新兴产业;其次,成为银行资金投放的重要补充,伞形信托通过产品结构设计,使得优先级资金承担有限的风险,同时可以获得不错的收益,因此受到银行资金的欢迎,对于实体经济发展起到间接促进作用。[②]

3. 伞形信托的消极作用

首先,伞形信托的高杠杆性加剧了市场动荡。高杠杆性在给投资者

---

① 念延辉:《伞形信托资金入市问题探析》,《时代金融》2015 年第 3 期,第 139 页。
② 刘士祥,赵倩倩:《浅析伞形信托的是与非》,《现代商业》2015 年第 30 期,第 130 页。

带来巨大收益的同时,也伴随着巨大风险,信托公司会根据杠杆比例设置预警平仓线,市场行情波动较大触及预警平仓线时,客户不追加保证金,信托公司会强制平仓,若市场上流动性充足,可以及时平仓止损,保证优先级资金的安全,但股市出现暴跌情况时,信托公司为了止损可能会直接挂跌停价,加剧了下跌趋势,导致市场流动性丧失,加剧了股票市场波动。其次,产品过度创新加大了市场风险。一方面,当市场行情较好时,伞形信托高杠杆特征激发了投资者的赚钱心理,为了满足投资者这种心理,一些信托公司设计出带夹层的伞形信托,夹层方愿意承担高于优先级的风险,以获得较高的收益率,进一步扩大了其对股市的助涨助跌作用。另一方面,规避法律限制。银监会规定:对于结构化证券投资信托业务,单个信托产品持有一家公司发行的股票最高不能超过该信托产品净值的20%。伞形信托因为其独特的结构特征,只要主账户没有超过上述规定,子账户的投资仓位不受限制,更有一些信托公司设计出具有两层结构的伞形信托,完全规避上述限制。

4. 伞形信托现状

为了规避高杠杆融资方式造成市场风险,抑制股票价格过快上涨,整顿股票市场秩序,查清违规场外配资,证监会频繁打压伞形信托。2015年4月16日,证券业协会召开了融资融券业务通报会,要求不得以任何形式开展场外股票配资和伞形信托。2015年7月,监管层发布了《关于清理整顿违法从事证券业务活动的意见》,要求券商彻底清除违法违规的配资账户。伞形信托正式退出证券市场。

第三节 养老金、社保资金等特定资金准入股市的问题

一、我国养老金入市现状

(一) 养老金投资相关规定

养老金入市本质就是将基本养老保险基金中的个人账户基金进行投

资,交由社保基金统一管理运作,投资于存款、债券、股票等多种渠道,对股票类和混合基金类投资比例合计不得超过养老基金资产净值的 30%,并通过资产配置和组合式投资管理实现保值增值的作用。[①]《基本养老保险基金投资管理办法》第三十四条规定:养老基金限于境内投资;投资范围包括银行存款,中央银行票据,同业存单;国债,政策性、开发性银行债券,信用等级在投资级以上的金融债、企业(公司)债、地方政府债券、可转换债(含分离交易可转换债)、短期融资券、中期票据、资产支持证券,债券回购;养老金产品,上市流通的证券投资基金,股票,股权,股指期货,国债期货。第三十五条规定:国家重大工程和重大项目建设,养老基金可以通过适当方式参与投资。第三十六条规定:国有重点企业改制、上市,养老基金可以进行股权投资,范围限定为中央企业及其一级子公司,以及地方具有核心竞争力的行业龙头企业,包括省级财政部门、国有资产管理部门出资的国有或国有控股企业。[②] 同时,此办法还对投资比例以及报告办法等多方面进行规定,在此不作过多阐述。2018 年 7 月,银保监会有关部门负责人就《个人税收递延型商业养老保险资金运用管理暂行办法》答记者问中提到:《办法》一方面明确了税延养老保险资金运用在投资范围和比例、投资能力、投资管理、风险管理等方面,应当符合有关保险资金运用的法律、法规和监管要求;另一方面从业务条件、大类资产配置、运作规范、风险管理和监督管理等方面,对税延养老保险的资金运用提出了专门要求。[③]

(二) 养老金投资运营现状

我国人口老龄化问题日益严重,养老金制度运营承担的压力不断增大,虽然我国养老金制度正在不断发展完善,但由于我国养老金制度发展较晚且存在许多历史遗留问题,所以出现了财政兜底养老金缺口,个人账户空账运行等问题。

---

① 姜蕊:《养老金入市的可持续性分析》,《经济论坛》2018 年第 2 期,第 187 页。

② https://baike.baidu.com/item/,2019 年 9 月 25 日。

③ http://www.cbrc.gov.cn/chinese/home/docView/873F2C5BE19E4D988EB4CD9699D3C-D47.html,2019 年 9 月 25 日。

1. 财政兜底养老金缺口

据有关数据显示,从 2013 年开始,我国基本养老保险基金收支开始出现缺口,并在之后不断扩大。2015 年,我国基本养老保险基金收入 2.94 万亿元,财政补贴收入 5937 亿元,其中养老保险费收入 2.18 万亿元,支出 2.52 万亿元,除去财政补贴,实际缺口 3400 亿元。2018 年,财政对基本养老保险基金补助支出 6416 亿元,比 2017 年增长了 11.3%。从 1998 年开始,为了解决养老金严重缺口问题,我国政府采取财政补贴方式兜底缺口,随着老龄化问题的加剧,财政补贴逐渐增大,加剧了我国的财政负担,财政过多用于社会保障支出,减少了在其他项目上的财政支付能力,造成社会经济发展不平衡。促进养老金保值增值运营,才是缓解养老金缺口的有效方式。

2. 个人账户空账运行

从 1993 年开始,对养老金一直实行统账结合的管理方式,由于养老金政策的不完善,以及人口老龄化现象逐渐加重,隐性债务逐渐显现出来,为了确保养老金制度的正常运行,政府运用个人账户资金来弥补头筹基金的不足,其本质为"空账"运行。2015 年,我国基本养老金个人账户记账规模高达 47114 亿元,实际坐实 3274 亿元,空账规模达到 43840 亿元,我国养老金个人账户空账规模正在不断增长。为了坐实个人账户,要对个人账户养老金进行多元化投资,提高投资收益。

3. 投资收益率偏低

据有关数据显示,从 2012 年到 2016 年我国企业养老金实际收益率分别为 3.2%、3%、3%、2.1%、1.7%,我国消费物价指数年增长率平均为 2.5%,从以上数据可以看出我国养老金收益率较低,甚至出现了亏损的现象,而作为养老保险的另一体系企业年金 2006 年入市,并于 2011 年修订了《企业年金基金管理办法》规定了企业年金具体投资运作细则,至此我国企业年金市场化运营模式逐渐规范化,并取得了较高的投资收益。企业年金收益率的不断提高,对基本养老金入市起到了重要的参考作用。

(三) 养老金投资策略现状分析

我国养老基金主要投资于具有稳定收益的银行存款和国有债券,虽然相较其他金融工具投资这两类金融工具风险较低,但同时收益率也很低。收益率低主要归因于以下三点:第一,保险行业投资倾向于风险较小的业务,各资产的投资比例远远低于国家规定的 30% 到 40% 上限;第二,养老金考核期限较短,社保基金一般为 3—5 年,企业年金采取年度考核,这决定了投资人只能投资于短期业务;第三,企业年金和基本养老金还不能进行海外投资,不利于分散风险。

在《基本养老保险基金投资管理办法》出台之前,受法律规制的限制,养老金的投资手段较为单一,过度强调投资安全而忽视了投资收益问题,出台之后,法律层面的限制解除,应选择在保证投资风险可控范围内,使投资收益最大化的投资渠道。

(一) 养老金委托投资现状

我国关于社会保障基金、基本养老保险以及企业年金都已出台了相关投资法律规定。由于三类基金投资运营的市场化程度不同,因此投资渠道也有所差别,社会保障基金市场化程度较高,投资渠道较广,基本覆盖了国际上养老基金投资的主要产品。企业年金基金投资渠道主要是现金、债券及股票。在我国当前环境下,要想实现养老金多渠道投资发展,委托投资方式是不错的选择。国务院委托全国社会保障基金理事会管理全国社会保障基金,全国社保基金理事会主要职责为:制定全国社保基金的投资经营策略并组织实施;选择并委托投资管理人、托管人对全国社保基金资产进行投资运作和托管;对投资运作和托管情况进行检查并定期向社会公布。全国社保基金可以采取委托投资的办法,选择合适的投资管理人并对委托投资的运营情况进行监督,在实践中,社保基金理事会采取直接投资与委托投资相结合的方式,在境内债券市场积极策略和境内股票市场的积极策略中均选择了委托投资方式。

2015 年《基本养老保险基金投资管理办法》中指出基本养老基金包括企业职工、机关事业单位和城乡居民养老基金,明确规定了投资管理机构是受托机构委托,具有社保基金管理经验或企业年金管理经验的投资管理机构,另外如果具有良好的经营业绩、财务状况和社会信誉也可以成为投资管理机构,投资管理机构应按照与受托机构签订的投资管理合同,管理养老金投资组合和项目。在委托投资方式下,养老基金受托管理机构可以将部分投资组合委托给外部投资管理人运营,但其风险仍由养老基金承担。由于我国当前受托机构管理基金规模较大,且委托投资能够在受托机构自身投资能力不足的情况下利用外部投资机构多元化投资渠道,同时外部投资机构对于专业性投资把握更高,可以采取更为积极的投资策略,提高投资收益,弥补养老金缺口。

二、养老金入市概述

养老金是社会保障基金的一种,对于保障职工退休后的基本生活需要和造福社会具有重要意义,我国养老金制度包括三个部分:中央政府管理的全国社会保障基金;劳动保障部门管理的企业补充养老金;职工个人办理的储蓄性养老保险。

(二) 养老金入市的背景

20 世纪 80 年代,我国开始对养老保险制度进行改革,由现收现付制的养老保险体系向实行社会统筹与个人账户相结合的部分积累制转变。对于改革前没有个人账户而已经退休的职工和改革前参加工作改革后才退休职工的个人账户建立时间短均未累积足够的养老金,因此政府挪用个人账户金额以填补养老金发放所需,导致个人账户空账运行,之后,个人空账额度越来越大。为了保障养老金制度设置的初衷,对养老金的投资渠道作了严格限制,主要为低收益率银行存款和国债类安全性高的投资方式。随着我国人口老龄化逐渐加重,养老金需求量日益增加,同时通货膨胀等经济发展状况对养老金也会产生相应影响,为了缓解养老金给国民经济带来的负担,养老金入市是实现资产保值增值的必然选择。[①]

(三) 养老金入市的发展历程

1. 2011—2014 年准备阶段

2011 年证监会研究中心提出了建设中国版的"401K"计划,初步实现

---

① 姜蕊:《养老金入市的可持续性分析》,《经济论坛》2018 年第 2 期,第 187 页。

了养老金制度与资本市场的联系;2011年12月15日,当时的证监会主席郭树清表示将养老金实行统一管理,对全国社保基金投资股市获取收益具有重要意义;2011年12月22日,中国社科院发布的《2011年中国养老金发展报告》中指出,国务院有关部门对地方政府管理的养老金和中央财政集中的全国社保基金投资管理体制进行统一研究决策。

2. 2012—2015年试点阶段

2012年3月,广东省将1000亿元养老资金委托社保基金会投资运作,截至2015年累计投资收益达314.27亿元,年均收益率超过6%,高于同期存款和国债利率;2015年7月山东省也将1000亿元养老金交由全国社会保障基金理事会管理,截至2015年底,累计收益达36.95亿元。

3. 2015—2016年立法阶段

2015年8月17日,国务院出台《基本养老保险基金投资管理办法》,规定养老金投资股票类权益产品,包括股票、股票型基金和股票型养老金产品的比例不得高于养老金资产净值的30%,为养老金入市提供法律制度基础;2016年3月28日出台《全国社会保障基金条例》,规定社保基金会可接受省级政府委托运营管理社会保险金,为养老金委托社保基金会投资运营提供了制度安排。

4. 2016至今实施阶段

2016年11月29日,社保基金会公布中国工商银行、中国银行、招商银行及交通银行等4家银行入选基本养老金托管机构;12月6日,社保基金会又公布21家基本养老金投资管理机构;12月29日,社保基金会针对养老金委托管理制定了《基本养老保险基金战略资产配置计划》;2017年1月7日,广西壮族自治区将400亿元养老金交由社保基金会委托管理;截至2018年底,共有17个省区市委托资金基本养老保险基金8580亿元,在这17个省区市中,有9个启动了城乡居民基本养老保险基金委托投资,合同金额高达773亿元。

(四) 养老金入市的必要性

1. 从养老金价值运用方面。养老金入市是实现养老金保值增值的必由之路,使养老金的价值得到充分合理运用。首先,传统养老金投资模式考虑到通货膨胀等经济因素的影响,缩水贬值现象严重,无法实现养老金的多元化投资,进而实现基金的保值增值作用,养老金入市可以扩宽投资渠道,既能保证大部分资金的安全,又能够得到较高的投资回报。其次,我国人口结构快速变化,老龄化挑战来临,老龄化使养老金缺口问题加剧,将养老金投资运营,推进养老金保值增值,一定程度上缓解了养老金缺口问题,为实现养老保险基金的保值增值提供了新的路径选择。

2. 从资本市场方面。养老金入市促进资本市场的发展。目前我国资本市场发展中存在着资金供求失衡等问题,给企业融资带来了挑战,银行压力也日益增加,将养老金注入股票市场,一方面能够带来更多的流动性资金,为资本市场注入更多的新鲜资金血液,一定程度上缓解资金紧张问题,另一方面养老金入市具有长期性、稳定性等特点,是一种长期投资,有利于资本市场的稳定。同时养老金入市能够带动国内资本市场的体制改革进程,产生一定的协同效应,促进市场机制的完善。

3. 从政府方面。养老金入市是减轻政府财政的迫切需要。我国在2010 年正式启动了养老保险财政补贴工作,极大程度上减轻了投保人的负担,2015 年基本养老保险基金各级财政补贴高达 4716 亿元,预计到2050 年,养老金缺口占当年财政支出比重将达到 20% 以上,从长远角度来看,由政府进行财政补贴加重了政府的财政负担,补贴金额逐渐升高。养老金入市能够弥补通货膨胀带来的损失,缓解地区养老金收支失衡的状态,实现养老金保值增值,降低政府财政补贴的压力,促进社会公平,实现养老保险基金的可持续发展。[①]

4. 从投资者方面。养老金是投资者投资股票市场的新鲜动力。一方面,能够增加资本市场中机构投资者的比例。我国目前资本市场投资者以散户居多,纵观发达国家资本市场,机构投资者追求长期投资,更有利于市场稳定,养老金作为可以用于金融中介机构的稳定资金,为资本市场融资提供新的渠道,吸引更多的保险公司、证券公司等机构投资者参与资本市场活动,提高资本市场的运行效率,实现资源的公平配置。另一方

---

① 尹良建:《我国基本养老金入市问题研究》,硕士学位论文,山东师范大学经济学院,2017 年 6 月,第 23 页。

面,增强个人投资者长期投资理念。传统个人投资者投机现象严重,追求短期利益,养老金作为长期稳定收益,具有低风险的特征,养老金入市为投资者选择投资方向起到了引导作用,有利于投资者理性投资,改善传统投资理念,逐步形成长期投资理念,促进资本市场稳定。

(四) 养老金入市的可行性

1. 我国相对成熟的资本市场为养老金入市提供良好平台

经过近 30 年的发展,我国资本市场逐渐走向完善,经济发展进入新常态,由飞跃式发展向中高速发展转变。同时产业结构不断优化,第三产业逐渐发展成为经济发展的主力。资本市场已经进入规范化阶段,股权分置改革、财税金融体制改革以及放开市场准入等政策进一步推动了资本市场的稳定发展,对于养老金入市已经具备了良好的市场条件。

2. 投资形式多元化,为养老金入市提供多种选择

养老金入市投资渠道包括,收益稳定的各类债券和特定国债等、投资预期回报率及投资前景较为看好的浮动收益类产品、投资效率良好的海外资本项目等,多元化的投资渠道为养老金入市提供更多的交易机会,提高了养老金投资的收益率。

3. 各类资金入市为养老金入市提供经验借鉴

2003 年,全国社保基金开始进入股市,2004 年我国颁布了《企业年金试行办法》和《企业年金基金管理试行办法》等法律,企业年金也开始投资股票市场。社保基金和企业年金的入市取得了不错的投资收益。另外,部分省份已经开启了将地方养老保险基金委托给全国社保基金理事会进行保值增值的试点,为养老金入市提供了范本,根据《全国社会保障基金理事会基金年度报告(2015 年度)》公布的数据,广东省于 2012 年 3 月委托资金 1000 亿元,累计投资收益 314.27 亿元,山东省 2015 年 7 月委托资金 1000 亿元,投资收益 36.95 亿元,广东省和山东省委托投资的可观收益也充分说明了养老金入市的可行性。

4. 政府相关政策的支持

政府关于养老金政策的颁布,为养老金入市提供了相关政策指引。十八大报告中强调扩大基金筹资渠道、推进社会保险基金投资运营制度的基本思想,保证资金得以保值增值;《社会保障"十三五"规划纲要》指出拓宽社会保险基金投资渠道,加强风险管理,提高投资回报率;2010年10月《中国人民共和国社会保险法》指出当下我国要逐步实行全国统筹,优化城镇职工基本养老保险,为养老金全面入市夯实基础,同时也规定了养老金入市的权限与制度,指出社会保险基金应该具体强调资金安全性;国务院2015年颁布了《关于机关事业单位工作人员养老保险制度改革的决定》,正式废除养老保险双轨制,针对事业单位工作人员应该一视同仁,构建了统一的养老保险制度;同年国务院发布了《基本养老保险基金投资管理办法》,指出可拿出30%养老金用于养老金投资股票、股票基金、混合基金、股票型养老金,为养老金入市提供了法律支持。

三、我国社保资金入市现状

社保资金包括社会保险资金、社会福利资金、社会救济资金等社会保障性资金,而社会保险资金又包括养老、医疗、失业、工伤和生育保险资金。社保资金入市的优势在于,实现社保资金保值增值;改善股市投资者结构,催熟价值型投资理念;加强证券市场创新;为证券市场带来持续增量资金,促进证券市场繁荣发展;提高基金运作水平,改善上市公司治理结构。[1]

(一) 社保基金投资风格

从市值分布方面,社保基金更倾向于投资市值较大的公司。据调查显示,配置100亿元规模以下公司的比例低于市场均值,500亿元以上市值的公司基本与市场持平,大多是对100亿元到500亿元之间中等规模公司的股票投资;从行业偏好方面,社保基金倾向于投资医药生物、化工、电子、TMT、机械设备、公用事业和房地产;从行业总市值配置占比方面,社保基金更倾向于配置休闲服务、农林牧渔、TMT、医药生物、食品饮料和轻工纺服等行业;从公司基本面维度方面,社保基金更倾向于投资估值

---

[1] 刘伟美:《社保资金入市须审慎》,《中国审计报》2012年7月9日,第006版。

水平低和盈利能力强的股票;从稳健性方面,社保基金更偏爱投资相对保守和偏防御型的行业。总体来说,社保基金投资偏向于低估值、优业绩和高分红的中等市值公司股票。[①]

(二) 社保基金入市运作模式

社保基金入市投资主要采取直接投资与委托投资相结合的模式。直接投资是由全国社保基金理事会负责,投资范围主要包括银行存款、国债及股权等方面;委托投资由全国社保基金理事会委托投资管理人进行运作,投资范围包括股票、证券、基金等方面。全国社保基金理事会是国务院直属的正部级的事业单位,负责管理运营全国社会保障基金的独立法人机构,全国社保基金的投资管理人是全国社保基金理事会的代理人,受全国社保基金理事会的委托,执行理财职能的机构。

(三) 社保基金的收益状况与风险评估

全国社保基金由全国社会保障基金理事会负责统一管理运用,为应对人口老龄化由中央政府建立的储蓄资金,截至 2015 年底,全国社保基金理事会管理的基金资产总额已由最初基金成立之时财政拨入的 200 亿元增长为将近 2 万亿元,投资收益率为 15%,取得了较好的成绩。从社保基金投资项目来看,股票投资具有高风险、高收益特征,银行存款和国债具有低风险、低收益特征,全国社保基金在投资组合中注重投资工具的比例及风险和收益的匹配程度,从而实现保值增值的目的,极大发挥社保基金的价值。

(四) 社保基金的资产配置与比例控制

社保基金形成了较为完善的资产配置体系,包括战略资产配置、年度战术资产配置和季度资产配置执行。战略资产配置确定各类资产目标配置的整体比例和大致比例范围;年度战术资产配置在战略资产配置规定的各类资产比例范围内,确定各类资产年度内的具体配置比例;季度资产

---

① 王君:《养老金入市的节奏、影响及投资风格分析》,《上海证券报》2017 年 2 月 9 日,第 009 版。

配置执行通过对形势分析和年度计划审视,确定季度具体执行计划,进行动态调整。[1] 另外,严格控制风险性资产的投资比例。《全国社会保障基金投资管理暂行办法》中明确规定社保基金投资银行存款和国债投资比例不得低于 50%;企业债、金融债投资比例不得高于 10%;证券投资基金、股票投资比例不得高于 40%。

社保基金成功运营的经验为我国养老金入市提供了许多可供借鉴的经验,只要养老金入市操作合理,就可以在克服风险的基础上取得不错的成绩。养老金、企业年金等特殊资金可以直接入市,但不得加杠杆,并把握投资股票与债券的比例,把握入市时机,从严控制风险。

第四节　保险资金准入股市的问题

一、保险资金入市概述

(一) 保险资金入市背景

随着我国改革开放进程不断加快,在 1984 年,保险公司通过了《关于加快发展我国保险事业的报告》,开始了我国保险资金的运用历程。随着经济体制改革的推进,保险资金渠道逐渐全面开放,在 1992 年左右,由于保险资金运用不当,造成了 100 多亿的不良资产。1995 年为了防止再次出现这种不良后果,《中华人民共和国保险法》对保险资金的投资渠道作了严格的规定,保险资金运用必须遵循稳健性、安全性原则,并保证资产的保值增值;其资金运用,仅限于在银行存款,买卖政府债券、金融债券和国务院规定的其他资金运用模式,保险公司的资金不得用于设立证券经营机构和向企业投资。此规定在一定程度上制止了保险资金的粗放型投资,但也阻碍了保险资金的优化配置。2004 年 10 月,证监会和保监会联合发布了《保险机构投资者股票投资管理暂行办法》,为我国保险资金直

---

① 尹良建:《我国基本养老金入市问题研究》,硕士学位论文,山东师范大学经济学院,2017 年 6 月,第 37 页。

接入市提供法律依据。2005 年，我国保险资金以直接入市的方式进入证券市场，拓宽了保险资金渠道，提高了投资收益。我国加入 WTO 后，保险行业逐渐与国际市场接轨，保险资金入市是保险业不断发展的必然选择。

（二）保险资金入市的发展历程

1. 禁止入市阶段

前文中提到，1995 年，为了防止保险资金的粗放型投资，《保险法》对保险资金投资渠道作了限制性规定，保险资金逐渐退出证券市场。1996 年 9 月，央行发布了《保险管理暂行规定》，指出保险资金运用仅限于银行存款、买卖政府债券、买卖金融债券以及国务院规定的其他资金运用方式。

2. 间接入市阶段

1999 年 10 月，保监会批准了保险资金间接入市，规定根据证券投资基金市场的规模，确定保险资金间接入市的规模为保险公司资产的 5％。2000 年，保监会先后批复了泰康人寿、华泰财产保险等保险公司投资于证券投资基金的比例提高至不超过上年末总资产的 10％。2001 年 3 月，保监会将平安、新华、中宏等保险公司的投资在证券投资基金上的投资比例从 30％放宽到 100％。2002 年 12 月，保监会取消了包括"保险公司投资基金比例核定"在内的 58 项行政审批项目。2003 年新《保险法》将"保险公司的资金不得用于设立证券经营机构和向企业投资"修改为"保险公司的资金不得用于设立证券经营机构，不得用于设立保险公司以外的企业"，明确了保险资金可用于设立与保险有关的企业，扩宽了保险资金投资渠道。同年 6 月《保险公司投资企业债券管理暂行办法》，将保险公司可购买的债券品种由四种中央企业债券扩展到经国家主管部门批准发行且经监管部门认可的信用评级机构评级在 AA 级以上的企业债券。[1]

3. 直接入市阶段

2004 年 2 月，国务院发布了《国务院关于推进资金市场改革开放和稳定发展的若干意见》，提出鼓励合规资金入市，支持保险金以多种方式

---

[1] 贾丽博：《保险资金入市风险防范与监管》，《保险职业学院学报》2007 年第 4 期，第 40—41 页。

直接投资资本市场,逐步提高社会保障基金、企业补充养老基金、商业保险资金等投入资本市场的资金比例,标志着我国保险资金直接入市阶段的开启。5月,保监会发布了《保险资金运用风险控制指引(试行)》,对保险公司和保险资产管理公司建立运营规范、管理高效的保险资金运用风险控制体系,制定完善的保险资金运用风险控制制度提出了具体要求。10月,保监会和证监会联合发布了《保险机构投资者股票投资管理暂行办法》,保险资金直接入市正式施行。2005年2月16日,保监会和证监会发布的《关于保险机构投资者股票投资交易有关问题的通知》和《保险机构投资者股票投资登记结算业务指南》,保险机构投资者股票交易可获独立席位,直接入市进入操作阶段。17日,又发布了《保险公司股票资产托管指引(试行)》和《关于保险资金股票投资有关问题的通知》,保险资金直接入市的配套细则已经全部发布。

(三) 保险资金入市的原则

1. 安全性原则

保险资金入市首要原则就是安全性原则,安全性原则要求所有资产可实现价值不得少于其总负债,保证保险公司具有足够的偿付能力。只有保证保险资金的安全性,才能为保险公司的存在和发展建立稳固的基础,建立良好的信誉,增强被保险人的信任。这就要求保险公司在进行资金投资时要制定科学的投资策略,使风险系数降到最低,保证保险资金得到合理运用,在交易过程中免受损失。

2. 流动性原则

所谓流动性原则就是指在不损失价值的前提下,在任何时间能够获得现金保证保单责任的支付以及其他责任的支付能力,使资产具有较强的变现能力。流动性以机会成本为代价,流动性越强机会成本越高,资本的收益就越低。[1] 由于风险本身具有较强的不确定性,因此为了保证保险资金能够得到及时承保,就要根据资金来源的性质和特点保证资金在

---

[1] 傅娟娟:《论我国保险公司资金入市与股票市场发展的互动关系》,硕士学位论文,厦门大学经济学院,2007年4月,第11页。

运用时具有相应的流动性。

3. 收益性原则

收益性原则要求保险资金入市要获取一定的投资利润,至少和预定利润持平,否则会影响保险业保障性功能。以寿险企业的担保责任业务为例,资金运用的收益性要求直接反映在保单的预定利率上,这一资金来源所预定的收益率就是寿险资金运用的最低收益标准,若寿险资金运用不能达到此收益率标准,将会导致负债现值增加,经营亏损并导致保险企业偿付能力的降低。[①]

4. 匹配性原则

匹配性原则要求对于不同类别的保险资金要投资适宜的项目。保险投资资金大多数来源于保险准备金,而保险准备金的不同类别会影响保险投资结构。如人寿保险公司资金来源具有长期性和稳定性,适应投资长期债券、抵押贷款、不动产等中长期项目;财产保险公司资金具有短期性和相对流动性特点,适宜投资股票、中短期国债、企业债券等短期投资项目。针对不同性质的保险资金,采取适宜其特点的投资渠道,实现保险资金与投资项目的相互协调。

(四) 保险资金入市的必要性

1. 保险资金入市是保险业自身发展的必然选择。保险资金入市后,首先增加了保险资金的投资渠道,使得保险公司可以根据市场及资金情况选择更适宜的投资项目,保证投资收益率。其次,保险业务特点较为鲜明,保险公司在进行资产负债匹配和投资组合时能够更快速地选择适宜自己的项目,提高交易效率。再次,保险资金入市不用支付相应的管理费用,降低了投资成本。最后,保险资金入市增加了保险业的收益,可以一定程度上在保证同等水平保单的情况下降低保费的数额,从而吸引更多的消费者购买保险,促进保险业的发展。

2. 保险资金入市能够实现保险市场与资本市场的良性互动。对于

---

① 傅娟:《论我国保险公司资金入市与股票市场发展的互动关系》,硕士学位论文,厦门大学经济学院,2007 年 4 月,第 11—12 页。

资本市场来说,由于保险资金的长期稳定性特征,在经过合理配置下进入资金市场,在增加资本市场资金供给的同时,又满足了资本市场主体的投资需求,为资本市场提供了雄厚的资金支持。同时由于保险资金入市的安全性原则,能够改善资本市场结构,提高资本流动性,促进资本市场的发展。同样,资本市场也为保险资金的合理配置奠定了基础,保险资金入市增加了保险资金的盈利渠道,有利于保险基金的积累,提高偿付能力,同时依靠资本市场的发展,保险资金可以开发出更多具有竞争力的创新型保险产品,推动保险业的金融创新,与国际社会接轨。

(五) 保险资金入市的可行性

1. 政策条件。国务院在早期就提出要鼓励合规资金入市,支持保险公司以多种方式直接投资资本市场,使基金管理公司和保险公司为主的机构投资者成为资本市场的主导力量,为保险资金入市提供了政策基础。

2. 保险资金的支持。保险资金主要由两部分组成,一是资本金,主要是由股东认缴的股金或国有保险公司的资本金,资本金除了上缴部分保证金外,其余部分可供保险公司进行长期投资;二是准备金,是保险公司未来保障被保险人的利益,从收取的保费中按期和按一定比例提留的资金,准备金虽然属于保险公司的负债部分,但由于保险公司的赔偿和给付活动是在未来时间完成的,因此这部分资金也可以供保险公司进行投资。

3. 国外保险资金入市的经验借鉴。在西方发达国家,保险资金可以用作股票、国债、金融债、基金、外汇买卖等,基本上对其投资没有过多限制,并且都取得了不错的成绩,通过对比国外发达国家保险资金入市的规定,可以得到很多启示,如在保险公司进行资金运用时,其业绩不仅取决于保险公司自身的资金运用和管理水平,也会很大程度上受国家经济状况和股票市场状况的影响;保险公司作为机构投资者应逐渐参与改进上市公司治理等。这些经验为我国开展保险资金入市奠定了基础。

二、我国保险资金入市现状

(一) 相关法律法规

为了规范保险资金投资股权行为,保监会制定了《保险资金投资股权暂行办法》,对保险资金投资股权行为进行了具体规定。2018 年 1 月保监会发布了《保险资金运用管理办法》,其中第六条规定了保险资金运用限于下列形式:银行存款;买卖债券、股票、证券投资基金份额等有价证券、不动产、股权以及国务院规定的其他资金运用形式,进一步奠定了保险资金入市的基础。

(二) 保险资金入市具体规定

1. 对于保险资金投资项目标准。对于债券标准,《保险资金运用管理办法》第八条规定:保险资金投资的债券,应当达到中国保监会认可的信用评级机构评定的且符合规定要求的信用级别,主要包括政府债券、金融债券、企业(公司)债券、非金融企业债务融资工具以及符合规定的其他债券。对于股票标准,第九条规定:保险资金投资的股票,主要包括公开发行并上市交易的股票和上市公司向特定对象非公开发行的股票。对于股权标准,第十二条规定:保险资金投资的股权,应当为境内依法设立和注册登记,且未在证券交易所公开上市的股份有限公司和有限责任公司的股权。第十八条规定除中国保监会另有规定以外,保险集团(控股)公司、保险公司从事保险资金运用,不得有下列行为:存款于非银行金融机构;买入被交易所实行"特别处理""警示存在终止上市风险的特别处理"的股票;投资不符合国家产业政策的企业股权和不动产;直接从事房地产开发建设;将保险资金运用形成的投资资产用于向他人提供担保或者发放贷款,个人保单质押贷款除外;中国保监会禁止的其他投资行为。[1]

---

[1] https://baike. baidu. com/item/,2019 年 9 月 27 日。

2. 对于投资模式,目前我国主要有直接和间接两种保险资金入市模式。间接入市是指保险公司通过投资证券投资基金的方式使保险资金投资于股市。主要分为两个步骤。首先保险公司利用保险资金购买证券投资基金管理公司的基金份额,然后基金公司利用基金财产进行证券投资,从事股票、可转换公司债券等股票市场产品交易。直接入市是指保险机构投资者直接利用保险资金从事股票、可转换公司债券等股票市场产品的交易行为,不需要经过第三方,保险资金直接投入股票市场。直接入市又包括两种方式,第一种是保险公司直接投资,第二种是保险公司委托保险资产管理机构进行投资或通过购买保险资产管理产品投资。

3. 对于保险资金投资股权。《保险资金投资股权暂行办法》对投资股权作了如下规定。对于保险资金投资股权的原则,第六条规定:保险资金投资企业股权,必须遵循稳健、安全原则,坚持资产负债匹配管理,审慎投资运作,有效防范风险。对于保险公司直接投资股权条件,第九条规定:具有完善的公司治理、管理制度、决策流程和内控机制;上一会计年度末偿付能力充足率不低于150%,且投资时上季度末偿付能力充足率不低于150%;上一会计年度盈利,净资产不低于10亿元人民币等。对于保险公司投资股权投资基金,发起设立并管理该基金的投资机构应当具备的条件,第十条规定:具有完善的公司治理、管理制度、决策流程和内控机制;注册资本不低于1亿元,已建立风险准备金制度。对于投资标的,第十二条规定:保险资金不得投资不符合国家产业政策、不具有稳定现金流回报预期或者资产增值价值,高污染、高耗能、未达到国家节能和环保标准、技术附加值较低等的企业股权;不得投资创业、风险投资基金;不得投资设立或者参股投资机构。对于投资基金应当具备的条件,第十三条规定:具有确定的投资目标、投资方案、投资策略、投资标准、投资流程、后续管理、收益分配和基金清算安排;已经实行投资基金托管机制,募集或者认缴资金规模不低于5亿元,具有预期可行的退出安排和健全有效的风控措施,且在监管机构规定的市场交易等。①

---

① https://baike.baidu.com/item/,2019年9月27日。

第五节　证券场内融资融券资金的准入问题

一、场内融资融券综述

前文已经对场内融资融券的发展历程及影响部分作了简要介绍,在此就不再重复阐述。下面主要针对前文中没有叙述过的内容进行介绍。

(一) 场内融资融券的交易类型

场内融资融券交易属于一种证券信用交易方式,主要交易类型包括融资和融券两种。

融资交易又叫买空交易,指客户向证券公司等中介机构借入资金购买证券,并在约定的期限内偿还本金及一定利息的交易活动。在融资交易中,投资者需要先向证券公司缴纳一定的保证金,再在授信额度范围内买入由证券交易所和证券公司公布的融资标的名单内的证券。若投资者预期股票价格会上涨,可以在市场中进行融资交易,从证券公司借入资金购入该股票,到期后卖出股票并偿还本金及利益。若股票价值上升了,则投资者会获得投资收益,若股票价格下跌,投资者也应当承受相应的损失。

融券交易也叫卖空交易,指投资者以资金或证券作为质押,向证券公司借入证券卖出,在约定的期限内,买入相同数量和品种的证券归还券商并支付相应的融券费用。在融券交易中,投资者需要预先向证券公司交纳一定金额的保证金,作为其对证券公司所负担债务的担保。若投资者预期股票价格会下跌,可以预先从证券公司融入股票并在市场上卖出,到期后再以更低的价格买入股票归还证券公司,从而获取投资利润。此外,投资者还可以通过融券卖出来对冲自己持有证券的价格波动风险,实现套期保值。在卖空限制较为宽松时,股票价格由于各种原因偏离其实际价值时,逐利的投资者会通过从证券公司借入标的股票并卖出来进行融券交易,从而增加了市场上该股票的供给量,缓解市场对该股票供不应求的局面,防止股票价格泡沫出现。这些股票价格随后下跌时,融券交易者再买入这些股票归还证券公司,从而获取一定的收益。[1]

(二) 融资融券交易的特征

第一,具有做空机制。普通股票交易必须先买后卖,当股票价格上涨时很容易获利,但当股票价格下跌时只能等待股票价格回转或卖出止损。而引入融资融券制度后,投资通过融券卖出交易,向证券公司借入股票,标的证券在二级市场价格下跌时,通过买券还款方式偿还债券负债,从而通过做空交易获取利益。第二,双重信用。第一重信用关系是指投资者进行融资融券时,要先向证券公司缴纳保证金,然后才能向证券公司融资融券,第二重信用关系是指证券公司与银行、保险、基金公司的关系,主要是由于证券公司借给投资者的资金和证券来源于银行、保险及基金公司。第三,杠杆性。融资融券交易本质是借钱买证券或借证券买卖证券,投资者通过向证券公司交纳一定比例的保证金获取相应额度的信用额度,从而放大可供交易的资金,实现杠杆交易。第四,资金融通性。融资融券交易,一方面连接着银行等金融机构,另一方面连接着证券市场的投资者,使资金在证券市场和货币市场之间有序流动,从而提高证券市场的整体运行效率。

(三) 融资融券的作用

融资融券作为证券市场最普遍的交易方式,作用主要体现在以下四个方面。首先,融资融券有助于形成市场内在价格稳定机制。通过融资融券交易将更多信息融入证券价格,为市场提供方向相反的交易活动,当投资者认为股价过高或过低时,通过融资的买入或融券的卖出促使股价恢复正常。其次,增加证券市场资金的流动性。融资融券交易在一定程度上放大了资金和证券供求,增加了市场的交易量,从而活跃证券市场。再次,为投资者提供新的交易渠道。融资融券交易为投资者提供了新的

---

[1] 王敏,黄新莹,黄超:《融资融券业务研究:一个文献综述》,《山东财经大学学报》2017年第1期,第2页。

交易方式,改变了证券市场单边式的方面,成为投资者规避市场风险的工具。最后,扩宽了证券公司业务范围。投资者通过融资融券方式与证券公司进行业务往来,在一定程度上增加了证券公司自有资金和自有证券的运用渠道,在实施转流通后可以增加其他资金和证券融通配置方式,提高金融资产的运用效率。[①]

二、我国现行场内融资融券交易的相关规定

对于场内融资融券交易,我国主要有以下法律文件进行了规定:《证券公司融资融券业务管理办法》,上海和深圳证券交易所《融资融券交易实施细则》《证券公司融资融券业务内部控制指引》《融资融券登记结算业务实施细则》《融资融券合同必备条款》《融资融券交易风险揭示书必备条款》等。下面将通过整理这些条款,对融资融券相关活动细则进行总结。

(一) 证券公司业务规则

《证券公司融资融券业务管理办法》对业务规则主要作了如下规定:证券公司经营融资融券业务,应当以自己的名义,在证券登记结算机构分别开立融券专用证券账户、客户信用交易担保证券账户、信用交易证券交收账户和信用交易资金交收账户;证券公司经营融资融券业务,应当以自己的名义,在商业银行分别开立融资专用资金账户和客户信用交易担保资金账户;证券公司在向客户融资、融券前,应当办理客户征信,了解客户的身份、财产与收入状况、证券投资经验和风险偏好、诚信合规记录等情况,做好客户适当性管理工作,并以书面或者电子方式予以记载、保存;证券公司在向客户融资、融券前,应当与其签订载有中国证券业协会规定的必备条款的融资融券合同,明确约定融资融券的额度、期限、利率等事项;证券公司融资融券的金额不得超过其净资本的 4 倍等。

---

① https://baike.baidu.com/item/,2019 年 9 月 28 日。

（二）债权担保方面

《证券公司融资融券业务管理办法》在债权担保方面主要作了如下规定：证券公司向客户融资、融券，应当向客户收取一定比例的保证金；保证金可以证券充抵；证券公司应当将收取的保证金以及客户融资买入的全部证券和融券卖出所得全部价款，分别存放在客户信用交易担保证券账户和客户信用交易担保资金账户，作为对该客户融资融券所生债权的担保物；除为客户进行融资融券交易的结算，收取客户应当归还的资金、证券，收取客户应当支付的利息、费用等情况外，任何人不得动用证券公司客户信用交易担保证券账户内的证券和客户信用交易担保资金账户内的资金。

（三）标的证券方面

对比上海及深圳证券交易所《融资融券管交易实施细则》，双方在标的证券方面有些相同和不同之处。

1. 相同之处

股票、证券投资基金、债券和其他证券经交易所认可，可以进行融资买入或融券卖出活动。股票要满足的条件为：在本所上市交易满 3 个月；融资买入标的股票的流通股本不少于 1 亿股或流通市值不低于 5 亿元，融券卖出标的股票的流通股本不少于 2 亿股或流通市值不低于 8 亿元；股东人数不少于 4000 人；在过去 3 个月内没有出现日均涨跌幅平均值与基准指数涨跌幅平均值的偏离值超过 4% 和波动幅度达到基准指数波动幅度的 5 倍以上的情况；股票发行公司已完成股权分置改革、股票交易未被本所实行特别处理。

2. 不同之处

（1）对于股票条件，深圳交易所要求股票在 3 个月没有出现日均换手率低于基准指数日均换手率的 20% 的情况；上海交易所要求股票在 3 个月内没有出现日均换手率低于基准指数日均换手率的 15%，且日均成交金额小于 5000 万元的情况。

（2）对于标的证券为交易所交易型开放式指数基金的，深圳交易所没作具体规定,上海交易所规定的条件为:上市交易超过 3 个月;近 3 个月内的日平均资产规模不低于 20 亿元;基金持有户数不少于 4000 户。

(四) 保证金方面

根据上海和深圳证券交易所《融资融券业务实施细则》的规定:

1. 保证金比例方面。投资者融资买入证券时,融资保证金比例不得低于 50%。融资保证金比例是指投资者融资买入证券时交付的保证金与融资交易金额的比例。其计算公式为:融资保证金比例=保证金/(融资买入证券数量×买入价格)×100%。投资者融券卖出时,融券保证金比例不得低于 50%。融券保证金比例是指投资者融券卖出时交付的保证金与融券交易金额的比例。其计算公式为:融券保证金比例=保证金/(融券卖出证券数量×卖出价格)×100%。

2. 保证金可用余额方面。投资者融资买入或融券卖出时所使用的保证金不得超过其保证金可用余额。保证金可用余额是指投资者用于充抵保证金的现金、证券市值及融资融券交易产生的浮盈经折算后形成的保证金总额,减去投资者未了结融资融券交易已用保证金及相关利息、费用的余额。其计算公式为:保证金可用余额=现金+∑(充抵保证金的证券市值×折算率)+∑[(融资买入证券市值−融资买入金额)×折算率]+∑[(融券卖出金额−融券卖出证券市值)×折算率]−∑融券卖出金额−∑融资买入证券金额×融资保证金比例−∑融券卖出证券市值×融券保证金比例−利息及费用。

3. 维持担保比例方面。会员应当对客户提交的担保物进行整体监控,并计算其维持担保比例。维持担保比例是指客户担保物价值与其融资融券债务之间的比例。其计算公式为:维持担保比例=(现金+信用证券账户内证券市值总和)/(融资买入金额+融券卖出证券数量×当前市价+利息及费用总和)。客户维持担保比例不得低于 130%。当客户维持担保比例低于 130% 时,会员应当通知客户在约定的期限内追加担保物。前述期限不得超过 2 个交易日。客户追加担保物后的维持担保比例不得低于 150%。维持担保比例超过 300% 时,客户可以提取保证金可用余额中的现金或充抵保证金的证券,但提取后维持担保比例不得低于

300％。本所另有规定的除外。

4. 保证金额计算方面。充抵保证金的证券,在计算保证金金额时应当以证券市值或净值按下列折算率进行折算:交易所交易型开放式指数基金折算率最高不超过 90％;国债折算率最高不超过 95％;其他上市证券投资基金和债券折算率最高不超过 80％。不同的是,深圳证券交易所规定:深证 100 指数成份股股票的折算率最高不超过 70％,非深证 100 指数成份股股票的折算率最高不超过 65％。上海证券交易所规定:上证 180 指数成份股股票折算率最高不超过 70％,其他 A 股股票折算率最高不超过 65％,被实行特别处理和被暂停上市的 A 股股票的折算率为 0％;权证折算率为 0％。

(五) 强制平仓制度

《证券公司融资融券业务内部控制指引》2011 年修订版第十六条规定:证券公司应当制定强制平仓的业务规则和程序,当客户未按规定补足担保物或到期未偿还债务时,立即强制平仓。平仓所得资金优先用于清偿客户所欠债务,剩余资金记入客户信用资金账户。强制平仓指令应当由证券公司总部发出,发出平仓指令的岗位和执行平仓指令的岗位不得由同一人兼任,强制平仓的操作应当留痕。

(六) 证券公司监管制度方面

《证券公司融资融券业务内部控制指引》2011 年修订版第二十条规定证券公司应当建立以净资本为核心的融资融券业务规模监控和调整机制:(1)根据监管要求和自身财务状况,合理确定向全体客户、单一客户和单一证券的融资、融券的金额占净资本的比例等风险控制指标;(2)对净资本、流动性、资产负债等主要财务指标进行监测,并根据指标变化情况,及时调整融资融券业务规模;(3)通过集中风险监控系统实时监控客户融资融券未补仓规模,并通过调整融资融券业务规模使公司净资本等主要财务指标符合监管要求。

（七）融资融券合同必备条款

《融资融券合同必备条款》规定：证券公司开展融资融券业务，应当与投资者签订融资融券合同；合同应载明订立合同的目的和依据；合同应对融资融券交易所涉及的信用账户、融资与融券交易、担保物、保证金比例、维持担保比例、强制平仓等专业术语进行解释或定义；合同应载明开立信用账户的有关内容；合同应约定融资融券特定的财产信托关系；合同应约定甲方从事融资融券交易的保证金比例及计算公式、保证金可用余额计算公式、可充抵保证金的证券范围和折算率、标的证券范围等。

（八）融资融券交易风险揭示书必备条款

《融资融券交易风险揭示书必备条款》应当包括：提示投资者注意融资融券交易具有普通证券交易所具有的政策风险、市场风险、违约风险、系统风险等各种风险，以及其特有的投资风险放大等风险；提示投资者在开户从事融资融券交易前，必须了解所在的证券公司是否具有开展融资融券业务的资格；提示投资者在从事融资融券交易期间，如果不能按照约定的期限清偿债务，或上市证券价格波动导致担保物价值与其融资融券债务之间的比例低于维持担保比例，且不能按照约定的时间、数量追加担保物时，将面临担保物被证券公司强制平仓的风险等九项风险。[①]

第六节　国外资金准入股市的问题

一、国外资金入市的传统方式

在 21 世纪初期，由于全球流动性过剩的背景，以国外资金为主导的市场投机力量，通过多种渠道进入我国股市，对我国股市繁荣发展起到推波助澜的作用。国外资金入市方式主要包括以下八种方式。

---

① https://baike.baidu.com/item/,2019 年 9 月 28 日。

　　第一,"地下钱庄"。其具体操作是在国内寻找愿意配合其做"假贸易"的公司;寻求对"外资"进账可以"宽以相待"的银行分行、支行;寻找对外商投资者审查不严,甚至能够包庇"假投资"的经济开发区。"地下钱庄"是最主要、最复杂的一条渠道,但也是国外资金最专业、最快捷入市方式。第二,利用外商直接投资入市。投机资本打着外商投资的幌子,通过提前注资、增资或虚假投资等方式,进入境内关联企业或转化为人民币存款,直接入市。第三,利用短期外债入市。跨国公司境外关联企业以垫款、内部往来、预收货款等形式,为境内关联企业提供融资支持,由于当时对外债结汇人民币资金的流动缺乏监管措施,一些外债结汇后改变用途入市。第四,利用预收、延付货款入市。由于资金流和物资流不匹配,而现行外汇管理预收、延付货款的规定较松,因此,许多境外投机资金通过虚假贸易,以预收货款形式分批汇入我国境内股市。第五,利用非贸易渠道入市。即以个人外汇名义流入股市。第六,非法携带外币现钞入境进入股市。第七,通过银行离岸业务头寸与在岸业务头寸混用进入股市。第八,利用关联交易入市。跨国公司境外关联企业以垫付形式向境内企业提供诸如培训费、研发费等资金支持。[①]

二、目前国外资金入市的方式

　　在我国资本账户尚未完全开放的背景下,目前境外长期资金流入 A股的渠道主要有 QFII、RQFII、沪港通及深港通,下面对这三种方式进行简要介绍。

(一) QFII

　　QFII 是合格的境外机构投资者的简称,是指外国专业投资机构到境内投资的资格认定制度,是一国在货币没有实现可自由兑换、资本项目尚未完全开放的情况之下,有限度地引进外资,开放资本市场的一项过渡性制度,这种制度要求外国投资者入市,必须符合一定的条件,得到该国有

---

① 霍明杰:《境外投资资金进入中国股市蕴藏极大风险》,《中国金融》2007 年第 23 期,第 66 页。

关部门的审批通过后汇入一定额度的外汇资金,并转换为当地货币,通过严格监管的专门账户投资当地证券市场。作为一种过渡性制度安排,QFII制度是在资本项目尚未完全开放的国家和地区,实现有序、稳妥开放证券市场的特殊通道,韩国、中国台湾及印度等资本市场经验表明,在货币未自由兑换时,QFII是一种通过资本市场稳健引进外资的方式。①

1. 制度原理

QFII的核心是具有中长期投资的性质,本质是一种资本管制。在这一制度之下,国外投资者必须通过合格机构进行证券买卖,方便政府对外汇进行监管和调控,减少资金流动对国内经济和股市的冲击。管理层可以对外资进行必要的限制和引导,使其与本国的经济发展和证券市场发展趋势相吻合,控制外资对本国经济独立性的影响,抑制境外投机性游资对本国经济的冲击,推动资本市场国际化,促进资本市场的发展。

2. 我国QFII制度特点

第一,我国引入QFII制度跨越式发展,一步到位。按照国际社会一般经验,资本市场的开放一般要经历两个阶段,例如韩国在第一阶段用了11年时间设立了"开放型国际信托基金",中国台湾地区在第一阶段用了7年时间设立了"海外基金"。而我国没有经过第一阶段,直接进入第二阶段一步到位。

第二,我国QFII的主体范围更大,要求更高。纵观其他国家资本市场,为了方便监管和控制,往往采取列举的方式规定了哪种境外机构投资者可以进入本国或本地区,并且对QFII的注册资金数额、财务状况、经营期限等条件都作了严格的规定。而我国对于QFII主体范围的认定较为宽泛,给予境外投资者更多的经营自主权,但同时为了保障我国证券市场的平稳发展,对于QFII主体的注册资金数额、财务状况、经营期限等都提出了更高的要求。

(二) RQFII

RQFII是指人民币合规境外机构投资者,RQFII境外机构投资者可

---

① https://baike.baidu.com/item/QFII/470610?fr=aladdin#6_1,2019年9月28日。

将批准额度内的外汇结汇投资于境内证券市场,对 RQFII 放开股市投资,侧面加速了人民币的国际化。2011 年,我国正式允许以人民币境外合格机构投资者方式投资境内证券市场,初期参与机构仅限于境内基金管理公司、证券公司的香港子公司。2012 年 12 月,证监会、央行和外汇管理局决定增加 2000 亿元 RQFII 投资额度,使试点总额达到了 2700 亿元。2013 年 3 月,中国证监会、央行和外汇局联合发布修订后的《人民币合格境外机构投资者境内证券投资试点办法》,允许更多境外金融机构将离岸筹集的人民币资金投资境内资本市场,并放宽了 RQFII 投资范围的限制。[①]

中国人民银行 2013 年 5 月明确了 RQFII 在境内开立银行账户、投资银行间市场等内容,为 RQFII 扩围扫除了技术层面的障碍,使 RQFII 扩容进入实质性阶段。RQFII 应该根据规定,开立一个境外机构人民币基本存款账户,在基本存款账户开立后,应当选择具有合格境外机构投资者托管人资格的境内商业银行,开立交易所市场交易资金结算专用存款账户和银行间债券市场交易资金结算专用存款账户,分别用于投资交易所证券市场和银行间债券市场。参与股指期货交易的,可以在期货保证金存管银行开立专门用于股指期货保证金结算的专用存款账户。RQFII 在开立上述三类专用存款账户时,应当区分自有资金和由其提供资产管理服务的客户资金分别开户;设立开放式基金的,每只开放式基金应当单独开户。央行规定,RQFII 的专用存款账户与其他账户之间不得划转资金,自有资金账户、客户资金账户和开放式基金账户之间不得划转资金,不同开放式基金账户之间也不得划转资金,专用存款账户不得支取现金。[②] 2020 年 11 月 1 日施行的《合格境外机构投资者和人民币合格境外机构投资者境内证券期货投资管理办法》重申上述规定。

(三) QFII 和 RQFII 的区别

首先,从制度方面。QFII 是合格的境外机构投资者,在经过证监会

① https://baike. baidu. com/item/RQFII/1467997? fr=aladdin,2019 年 9 月 29 日。
② 同①。

审核之后,境外机构投资者可以在外管局允许的额度内将外汇换成人民币进行境内投资;RQFII 是人民币境外机构投资者,额度比 QFII 少,是境外机构用人民币进行境内投资的制度。其次,货币方面。RQFII 使用人民币;QFII 使用美元。最后,投资股票方面。RQFII 是境外人民币通过香港中资金融机构投资 A 股;QFII 是境外外币先换成人民币再投资 A 股。

(四) 沪港通与深港通

深港通与沪港通类似,此处以沪港通为例。

沪港通是指上海证券交易所和香港联合交易所允许两地投资者通过当地证券公司买卖规定范围内的对方交易所上市的股票,是沪港股票市场交易互联互通机制。沪港通下的股票交易于 2014 年 11 月 17 日正式开始。沪港通包括沪股通及港股通。沪股通是指投资者委托香港经纪商,经过香港联合交易所设立的证券交易服务公司,向上海证券交易所进行申报,买卖规定范围内的上海证券交易所上市的股票。港股通是指投资者委托内地证券公司,经由上海证券交易所设立的证券交易服务公司,向香港联合交易所进行申报,买卖规定范围内的香港联合交易所上市的股票。[1]

沪港通是我国资本市场对外开放的一项重要内容,加强了上海和香港两地的资本市场联系,推动资本市场双向开放。首先,有利于增强我国资本市场的综合实力。沪港通作为一项全新的合作机制,能够深化交流合作,扩大两地投资者的投资渠道,提升市场竞争力。其次,有利于巩固上海和香港两个金融中心的地位。沪港通提高了上海和香港两地市场对国际投资者的吸引力,改善了上海市场的投资者结构,推进了上海国际金融中心的建设;同时巩固了香港国际金融中心的地位,有利于香港发展成为内地投资者重要的境外市场。最后,推动人民币国际化。一方面方便内地投资者直接使用人民币投资香港市场,同时也增加了境外人民币资金的投资渠道,方便人民币在两地有序流动。[2]

---

[1] https://baike. baidu. com/item/％E6％B2％AA％E6％B8％AF％E9％80％9A/13613585? fr=aladdin,2019 年 8 月 30 日。

[2] 同[1]。

三、相关规章制度规定

对于上述国外资金入市的途径，我国主要有《合格境外机构投资者境内证券投资管理办法》《人民币合格境外机构投资者境内证券投资试点办法》以及《关于沪港股票市场交易互联互通机制试点有关税收政策的通知》对其进行规定。

（一）关于《合格境外机构投资者境内证券投资管理办法》

1. 资格条件和审批程序

申请合格投资者资格应当具备以下条件：财务稳健，资信良好，达到我国证监会规定的资产规模条件；符合所在国家及地区有关从业资格的要求；有健全的治理结构和完善的内控制度，经营行为规范，近3年未受到监管机构的重大处罚；申请人所在国家或者地区有完善的法律和监管制度，其证券监管机构已与中国证监会签订监管合作谅解备忘录，并保持着有效的监管合作关系等。

申请合格投资者资格和投资额度，申请人可以通过托管人分别向中国证监会和国家外汇局报送文件；申请人应当在取得证券投资业务许可证之日起1年内，通过托管人向国家外汇局提出投资额度申请；为了鼓励中长期投资，对于符合办法规定的养老基金、保险基金、共同基金、慈善基金等长期资金管理机构，予以优先考虑。

2. 托管方面

取得托管人资格，必须经中国证监会和国家外汇局审批。托管人应当满足设有专门的资产托管部，实收资本不少于80亿元人民币；最近3年没有重大违反外汇管理规定的记录等条件。托管人应当履行保管合格投资者托管的全部资产；办理合格投资者的有关结汇、售汇、收汇、付汇和人民币资金结算业务；监督合格投资者的投资运作，发现其投资指令违法、违规的，及时向中国证监会和国家外汇局报告等职责。托管人必须将其自有资产和受托管理的资产严格分开，对受托管理的资产实行分账托管。每个合格投资者只能委托1个托管人，并可以更换托管人。

3.投资运作方面

合格投资者在经批准的投资额度内,可以投资于中国证监会批准的人民币金融工具。合格投资者可以委托在境内设立的证券公司等投资管理机构,进行境内证券投资管理。合格投资者的境内股票投资,应当遵守中国证监会规定的持股比例限制和国家其他有关规定。境外投资者履行信息披露义务时,应当合并计算其持有的同一上市公司的境内上市股和境外上市股,并遵守信息披露的有关法律法规。证券公司等机构保存合格投资者的委托记录、交易记录等资料的时间应当不少于 20 年。合格投资者的境内证券投资活动,应当遵守证券交易所、证券登记结算机构的有关规定。

4.资金管理方面

合格投资者经国家外汇局批准,应当在托管人处开立外汇账户和人民币特殊账户。合格投资者外汇账户和人民币特殊账户的收支范围应当符合国家外汇局的有关规定。合格投资者应当在国家外汇局规定的时间内汇入本金,汇入的本金应当是国家外汇局批准的可兑换货币,金额以批准额度为限。未在国家外汇局规定的时间内汇满本金的,应当向中国证监会和国家外汇局作出书面解释,并以实际汇入金额为批准额度;已批准额度和已实际汇入金额的差额,在未经国家外汇局批准之前不得汇入。

(二) 关于《人民币合格境外机构投资者境内证券投资试点办法》

1.人民币合格投资者资格

合格投资者条件包括:财务稳健,资信良好,注册地、业务资格等符合中国证监会的规定;公司治理和内部控制有效,从业人员符合所在国家或地区的有关从业资格要求;经营行为规范,最近 3 年或者自成立起未受到所在地监管部门的重大处罚;中国证监会根据审慎监管原则规定的其他条件。

2.投资金融工具和持股比例限制

人民币合格投资者在经批准的投资额度内,可以投资下列人民币金融工具:在证券交易所交易或转让的股票、债券和权证;在银行间债券市场交易的固定收益产品;证券投资基金;股指期货;中国证监会允许的其他金融工具。

境外投资者的境内证券投资,应当遵循下列持股比例限制:单个境外投资者对单个上市公司的持股比例,不得超过该上市公司股份总数的10%;所有境外投资者对单个上市公司 A 股的持股比例总和,不得超过该上市公司股份总数的30%。

3. 其他方面的规定

国家外汇管理局对人民币合格境外机构投资者发起设立开放式基金投资额度实行余额管理,开放式基金累计净值汇入的人民币资金不得超过经批准的投资额度。除开放式基金外,人民币合格投资者其他产品或资金的投资额度按发生额管理,即累计汇入资金不得超过经国家外汇管理局批准的投资额度。前款产品和资金应在每次投资额度获批之日起 6个月内汇入投资本金,未经批准逾期不得汇入。投资本金锁定期为 1 年。该锁定期是指自人民币合格投资者足额汇入本金之日起计算,禁止其将投资本金汇出境外的期限。未在规定时间内汇足本金的,自投资额度获批之日起 6 个月后开始计算。人民币合格投资者不得转让、转卖投资额度给其他机构或个人使用。

(三)《关于沪港股票市场交易互联互通机制试点有关税收政策的通知》

通知中规定,2014 年 11 月 17 日起至 2017 年 11 月 16 日止,对内地个人投资者通过沪港通投资香港联交所上市股票取得的转让差价所得,三年内暂免征收个人所得税。自 2014 年 11 月 17 日起,对香港市场投资者(包括企业和个人)投资上交所上市 A 股取得的转让差价所得,暂免征收所得税;对香港市场投资者(包括单位和个人)通过沪港通买卖上交所上市 A 股取得的差价收入,暂免征收营业税;香港市场投资者通过沪港通买卖、继承、赠与上交所上市 A 股,按内地现行税制规定缴纳证券交易印花税;内地投资者通过沪港通买卖、继承、赠与联交所上市股票,按照香港特别行政区现行税法规定缴纳印花税。①

———————————

① https://baike. baidu. com/item/%E6%B2%AA%E6%B8%AF%E9%80%9A/13613585? fr=aladdin,2019 年 10 月 1 日。

(四)、新《规章》对旧《规章》的整合

2020 年 9 月 25 日,证监会、人民银行、外汇局联合发布《合格境外机构投资者及人民币合格境外机构投资者境内证券期货投资管理办法》(2020 年 11 月 1 日生效,以下简称《投资管理办法》),整合了《合格境外机构投资者境内证券投资管理办法》《人民币合格境外机构投资者境内证券投资试点办法》这两个部门规章,目的在于实施资本市场高水平对外开放,引进更多境外长期资金。

本次修订的关键点主要在于以下几个方面。

第一,将 QFII、RQFII 两项制度合二为一,以 QFII 规则为基础,吸收合并 RQFII 规则的内容,并整合 QFII 制度两个专项规定,形成统一的《管理办法》和《合格境外机构投资者及人民币合格境外机构投资者境内证券期货投资管理办法》。境外机构投资者只需申请一次资格,尚未获得 RQFII 额度的国家和地区的机构,仍以外币募集资金投资,解决了困扰市场多年的准入条件不统一的问题。第二,统一 QFII、RQFII 的准入条件,取消数量型指标要求,保留财务稳健、资信良好、具备证券期货投资经验,治理结构、内部控制和合规管理制度健全有效,近 3 年或者自成立起未受到监管机构的重大处罚等合规性条件。同时,简化申请文件要求,缩短审批时限。第三,增加了投资类型。除原有类型外,合格投资者可投资于在全国中小企业股份转让系统(新三板)挂牌的股票;债券回购;私募投资基金;金融期货;商品期货;期权等。此外,允许参与证券交易所融资融券交易。可参与的债券回购、金融期货、商品期货、期权的具体类型,由有关交易场所提出建议报监管部门同意后公布。第四,优化了托管人管理,明确 QFII 托管人资格审批事项改为备案管理后的衔接要求,不再限制 QFII 聘用托管人的数量。第五,加强了监管制度。完善了账户管理;健全监测分析机制;增加提供相关跨境交易信息的要求;强化穿透式监管要求;加大违规惩处力度。第六,增加了对境外长线机构资金的吸引力。①

---

① https://baijiahao. baidu. com/s? id＝16241991613294236968.wfr＝spider8.for＝pc,2019 年 10 月 1 日。

第六章

股票交易融资合规性监管的经典案例分析

第一节　场外配资监管经典案例分析

一、宋同杭与鞠红梅、上海赏利投资有限公司场外配资合同纠纷案

（一）案情简介

2015 年 3 月 25 日，乙方宋同杭与甲方鞠红梅、上海赏利投资有限公司（以下简称赏利公司）签订了《证券配资合作协议》和《风险管理协议》。同年 5 月 20 日，宋同杭通过银行转账向鞠红梅账户转了 162 万元。鞠红梅配资了 600 万元，并在 HOMS 系统中开设了账号供宋同杭进行场外配资炒股活动。6 月 3 日，鞠红梅在宋同杭没有亏损的情形下强行平仓。7 月 2 日，鞠红梅还了宋同杭 69 万元，还有 93 万元没有归还。

《证券配资合作协议》主要内容包括如下。（1）合作事项。甲方使用自有闲置资金与乙方合作进行证券投资，收取稳定回报；乙方拥有证券投资的经验和技能，自愿与甲方合作，并承担投资风险和获取投资收益。（2）合作账户及金额。甲方出资 6,000,000 元，乙方出资 1,500,000 元，上述两笔资金共同注入甲方所开设的本协议指定的证券账户，其中乙方将其出资先转账入甲方的银行账户，再由甲方转入协议指定的共同账户

由乙方在中国证券市场按协议约定进行证券交易；甲方将定期收取利益回报，乙方承担投资风险并获取投资收益。第三方担保银行开户行及网点为建行浦东支行。（3）操作规则。甲方有权授权指定的第三方立即强制交割、清仓，由此造成的损失全部由乙方承担。因甲方行使上述强制平仓权等造成乙方所购买的股票市值增减，相关损失均由乙方全部承担，甲方不承担任何责任，甲方依约所拥有的操作权不作为乙方免责的理由。在操作期间，当证券账户资金超过双方出资总额时，乙方可从证券账户上以万元为单位随时提取盈利部分的资金。当合作期满后，如遇所购买的具体股票出现停牌、摘牌等不可预见情况，合同结束时，乙方须归还甲方出资总额，乙方将承担合作投资的全部损失。

《风险管理协议》主要内容如下。（1）总则。根据乙方提供的信息以及相应的投资咨询服务，乙方经审慎决策后于 2015 年 3 月 25 日与赏利公司签订《证券配资合作协议》，乙方从甲方取得融资金额 6,000,000 元，融资期限自 2015 年 3 月 25 日起至 2015 年 4 月 24 日止，并约定相关风险承担和利润分配之原则；甲方根据乙方之指示，已经为乙方的融资行为向乙方提供了担保，鉴于乙方的投资咨询、投资管理以及代为担保行为，乙方同意向甲方按月支付咨询管理费……（2）为保证资金运用的安全性，同时控制甲方的担保和代付风险，甲方有权随时监控《证券配资合作协议》所约定的证券账户的情况，乙方需随时配合甲方的监管；当乙方出资的风险保证金亏损达到 40% 时，即保证金亏损 600,000 元时视为警戒线，此时乙方必须半仓操作，同时需在第二个交易日开盘前补足保证金到 70% 以上，否则甲方有权修改密码，限制乙方操作；当乙方出资的风险保证金亏损达到 50% 时，即保证金亏损达到 750,000 元时，甲方有权依协议出资方的授权以及本协议的约定，强制进行平仓，停止乙方交易，并从乙方的保证金内扣除本协议合同期内所有的管理费；甲方所拥有的上述操作权（包括但不限于强制平仓权）不作为乙方免责的理由。

（二）案件分析

从上述案件可以分析出，双方当事人签订的《证券配资合作协议》和《风险管理协议》为场外配资协议。该案的争议焦点之一为协议的性质为委托理财还是民间借贷。法院对该争议焦点的判断为,两份协议符合民间借贷的法律规定,性质属于民间借贷协议。关于场外配资协议民间借贷性质,相关分析如下:

委托理财合同是指委托人以自己的名义开设账户,委托受托人从事投资管理活动,或者委托人直接将相关资金交给受托人,由委托人以自己的名义从事投资管理活动的协议。在司法实践中,对于受托人为自然人的,法院一般判定其为有效,对于受托人为法人主体,不同法院对其判定不同,有的认为有效,而有的则认为无效。

在场外配资活动中,配资方往往不会选择与配入方共同承担风险,其往往借助虚拟账户设定相应的平仓线,从而对配出资金进行锁定,防止无法收回配出资金,并根据双方之间的约定进行收益,相较于委托理财合同中委托方和受托方按照双方之间的约定进行收益分配来说,一般的场外配资协议更符合民间借贷的性质,多属于借贷关系。

场外配资活动一方面借助互联网等平台,使得民间借贷活动有了新的发展渠道,由于资金配出方能够通过控制虚拟账户实现其担保债权,在一定程度上降低了借贷关系的风险。另一方面,将借贷关系用于证券市场投资,增加了借贷资金的用途,促进了我国资本市场的发展。

二、证监会对恒生公司、铭创公司、同花顺公司场外配资活动监管

(一) 案情简介

2015 年 9 月,证监会对杭州恒生网络技术服务有限公司(以下简称恒生公司)、上海铭创软件技术有限公司(以下简称铭创公司)、浙江核心同花顺网络信息有限股份有限公司(以下简称同花顺公司)进行调查,三家公司开发具有开立证券交易子账户、接受证券交易委托、查询证券交易信息、进行证券和资金的交易结算清算等多种证券业务属性功能的系统。通过该系统,投资者不履行实名开户程序即可进行证券交易。这三家公司在明知客户不具有经营证券业务资质的情况下,仍然提供相关服务,并获取非法收益,严重扰乱了证券市场秩序。恒生公司、铭创公司、同花顺

公司的行为属于非法经营证券业务的行为,证监会对这三家公司及相关责任主体进行了处罚。

(二) 案件分析

恒生公司、铭创公司、同花顺公司在明知一些经营者不具有经营证券资格时,仍向其提供具有证券业务属性的软件,破坏了金融管理秩序,提升了资本市场资金预期收益率水平,导致实体经济融资成本提高,同时由于场外配资活动长期在监管外,层层嵌套的杠杆率远远高于规定的比率,易导致证券市场的波动,尤其是在市场下跌的情况下,配资机构为了维护自己的利益规避风险往往会采取强制平仓措施,造成股票价格波动,引发连锁效应波及其他相关市场,不利于金融市场的稳定。

近年来,特别是在 2015 年股灾以来,监管层越来越重视对场外配资活动的监管,打击任何未经国务院证券监督管理机构批准的非法证券从业行为。2019 年 4 月 18 日,证监会通过官方网站,针对"场外配资平台海南贝格富科技有限公司疑似跑路行为"发布公告,证监会高度关注资本市场场外配资情况,坚定不移打击违法违规的场外牌子行为,坚持维护投资者合法权益和资本市场正常秩序,所谓的场外配资平台均不具有经营证券业务资质。

三、上海阜兴集团、李卫卫场外配资案

(一) 案情简介

1. 参与主体

上海阜兴金融控股有限公司(以下简称阜兴集团);

朱一栋:阜兴集团董事长;

李卫卫:北京宝袋财富资产管理有限公司实际控制人;

郑卫星:阜兴集团并购重组事业部总经理;

宋骏捷:阜兴集团证券投资部总经理。

2. 案件相关情况

阜兴集团、李卫卫先后控制使用广东粤财信托有限公司—粤财信

托—民生世杰柒号集合资金信托计划—广东粤财信托有限公司—粤财信托—民生越大柒号集合资金信托计划等 25 个机构账户和万某、蔡某升等 436 个个人账户(以下简称账户组)交易大连电瓷股票。

(1) 阜兴集团与李卫卫合谋操纵"大连电瓷"股价并签订理财协议

2016 年 6 月,经郑卫星引荐,朱一栋开始与李卫卫合作,双方签订理财协议。合作模式是阜兴集团向李卫卫提供配资保证金,李卫卫负责从场外配资并操作账户交易"大连电瓷"。前期阜兴集团证券投资部负责操作的配资账户也一并交给李卫卫操作。阜兴集团给予郑卫星在财务中心一定的额度授权,由郑卫星直接给集团财务中心副总监朱某伟下达汇款指令,2016 年 7 月开始,朱某伟通过"王某生"等个人银行账户向李卫卫及其配资方支付配资保证金。公司证券投资部宋骏捷等人负责配资账户的监控和对账。

(2) 阜兴集团和李卫卫联合交易"大连电瓷"的有关配合及分工情况

双方合作之初,李卫卫私自提高配资杠杆比例,使用阜兴集团的保证金和配资资金交易其他股票,因李卫卫私自提高配资杠杆交易股票,导致 2016 年底到 11 月初"大连电瓷"的盘面表现不稳,股价在多个交易日因资方强行平仓大幅下挫。2016 年 12 月至 2017 年 4 月期间,李卫卫仍然通过高杠杆配资私自交易其他股票,2017 年 2 月底,因相关股票连续跌停,致使李卫卫配资账户全面爆仓,配资方将相关账户中持有的"大连电瓷"强行平仓,"大连电瓷"在 2 月 28 日和 3 月 1 日两个交易日连续跌停。"大连电瓷"于 3 月 2 日紧急停牌,并公告宣布实施重大资产重组。

(3) 阜兴集团向李卫卫等人提供交易资金的情况

阜兴集团在同李卫卫的配资业务合作过程中,朱一栋对郑卫星资金划拨有额度授权,郑卫星在授权额度内可以将保证金划转到李卫卫指定的配资方银行账户,这些收款银行账户大多由李卫卫和配资方联系后提供给郑卫星。

(4) 李卫卫要求上市公司配合发布利好信息

2016 年 11 月中旬,郑卫星与李卫卫到阜兴集团与朱一栋对账,期间李卫卫要求上市公司发布利好消息配合其操作。2016 年 12 月上旬,朱一栋相继决策发布 2016 年度利润分配"高送转"公告和大股东意隆磁材二级市场增持公告。2017 年 2 月底 3 月初,因配资账户爆仓,朱一栋在"大连电瓷"股价连续跌停的情况下决策紧急停牌启动重大资产重组以防止股价继续下跌。

3. 账户组操纵行为

(1) 利用资金优势连续买卖,拉抬股价

2016 年 6 月 28 日至 2017 年 3 月 1 日期间共有 159 个交易日,账户组在其中 155 个交易日交易"大连电瓷",在此期间,账户组多次在盘中连续交易,拉抬股价,同时多次在收盘前 15 分钟连续交易,拉抬股价。2016 年 10 月 28 日、10 月 31 日、11 月 1 日"大连电瓷"股价走势三连阴,且 11 月 2 日、11 月 4 日两个交易日"大连电瓷"的股价振幅较大,走势不平稳,股价一度大幅下挫,为维持并拉抬股价,阜兴集团控制"煦沁聚合 1 号资管计划"从 11 月 2 日至 11 月 9 日连续 6 天买入"大连电瓷"9,757,500 股,成交金额 3.5351 亿元,将股价走势从三连阴扭转为六连阳。

(2) 虚假申报操纵开盘价

以"股票开盘涨幅大于 2%,且账户组开盘集合竞价可撤单期间撤单数量占账户组买入委托数量比例大于 30%"为标准,账户组在 2016 年 12 月 5 日开盘集合竞价期间,以涨停价买入申报 15 笔 1,859,700 股,占期间委托价位以上买入量的 57.74%,在开盘集合竞价可撤单期间撤回 699,900 股买入委托,买撤单数量占买入申报比例的 37.64%,当天股价以涨停价开盘且当日反向卖出 1,456,706 股。

(3) 在自己控制的账户之间交易,影响交易量

2016 年 6 月 28 日至 2017 年 3 月 1 日,其中存在对倒的交易日有 125 个,平均对倒比例为 6.01%,对倒比例超过 10% 的交易日有 36 个,超过 20% 的交易日有 7 个,最高对倒比例为 2017 年 1 月 11 日的 49.10%,此外账户组在 4 个交易日还存在通过大宗交易方式进行对倒的情形。

(4) 阜兴集团、李卫卫利用信息优势操纵股价情况

阜兴集团实际控制"大连电瓷"的信息披露。2016 年 3 月,朱一栋与大连电瓷原实际控制人刘某雪达成口头协议,刘某雪承诺向其转让大连电瓷控股权。9 月,大连电瓷控股权转让完成,阜兴集团在朱一栋主导下实际管理大连电瓷的信息披露事务和相关资本运作,阜兴集团相关职能

部门分别负责管理大连电瓷大股东意隆磁材的银行账户、证券账户及证照公章，负责办理意隆磁材的股票增持、股票质押及相关的信息披露事务。大连电瓷重大事项的信息披露均由朱一栋发起或决策，阜兴集团及朱一栋实际控制大连电瓷重大信息披露的发布内容和发布节奏。上市公司配合发布利好信息，在公告发布前均呈现明显净买入特征，发布公告后呈现净卖出特征。

综上所述，阜兴集团、李卫卫在交易大连电瓷过程中多次利用资金优势，拉抬股价，在自己控制的账户之间交易，虚假申报，以及利用信息优势操纵股价。2016年6月28日至2017年3月1日，大连电瓷累计上涨114.32%，偏离同期中小板综指112.46%。2017年3月2日，大连电瓷停牌并发布公告启动重大资产重组。2017年12月6日，上市公司复牌后，账户组陆续卖出涉案股票，截至2018年3月28日，合计亏损5.51亿元。

（二）监管层参与情况

2018年1月25日和3月16日，证监会召开了两次听证会，听取了当事人的陈述意见。2018年7月31日，中国证监会对朱一栋作出3年证券市场禁入措施，对李卫卫采取终身证券市场禁入措施，并对阜兴集团、李卫卫、朱一栋、郑卫星等人作出罚款决定，对宋骏捷给予警告。

（三）案件分析

1. 案件发生原因

上海阜兴集团、李卫卫场外配资案件的发生包括内部原因和外部原因。内部原因在于，场外配资具有高杠杆性优势，能够用较小的收益获取较大利润，对于阜兴集团而言，这无疑具有较大诱惑。外部原因在于，目前对于场外配资活动的监管，我国存在法律法规不全面、监管措施单一、监管主体及监管权限不明确等问题，间接地纵容了不规范的场外配资活动。

2. 本案评价

本案证监会对上海阜兴集团、李卫卫场外配资操纵证券市场的违法行为作出了行政处罚，说明我国监管层正逐渐对场外配资行为进行规范化监管。同时,证监会在本案中举办了听证程序,有利于查明案件的真实情况,保障当事人陈述申辩的权利,保证裁决中立性、行政结果的正当性,有利于提高案件处理的公正性。

第二节　场内融资融券监管的经典案例分析

一、中信建投公司与杨某融资融券交易纠纷案

(一) 案情简介

2011 年 3 月 10 日,中信建投公司与杨某签署了《融资融券业务合同书》,约定中信建投公司为杨某提供证券交易的融资融券服务,后杨某开始融资融券交易。2013 年 3 月 7 日,杨某从中信建投公司融资 506,094.2元。截至同年 9 月 6 日,合约期限届满,杨某未返还融资本金及利息共计525,370.91 元。9 月 9 日,中信建投公司依照约定对杨某账户进行强制平仓扣除直接划款与担保物后,杨某仍欠融资债务 90,025.71 元及该款按每日万分之五计算的罚息。①

《融资融券业务合同书》中列有交易风险揭示书,杨某签字确认自己愿意承担因进行融资融券交易而可能引发的各种风险和损失,并对融资融券交易、保证金和担保物、强制平仓权、费用及罚息等具体交易内容作了规定。

(二) 案件分析

对于融资融券交易客户担保财产的定性,由于缺乏上位法的支持,中国证监会《证券公司融资融券业务管理办法》对客户账户中的担保财产定性为信托财产有争议,本案裁判要旨倾向于其为类似让与担保的性质。

---

① http://210.35.251.121:8080/ermsras/ffghf6d4a53492f2485185a68d7e7d034a97/cwhttps/pfnl/a25051f3312b07f36afc5ec05add31bee1bee4db4f3d0760bdfb.html? keyword =％ E8％9E％8D％E8％B5％84％E8％9E％8D％E5％88％B8,2019 年 10 月 1 日。

同时,融资融券合同是按照中国证券业协会发布的必备条款制定的,其属于格式合同,因此合同中关于风险承担、保证金担保物等条款的规定,是双方真实意思的体现,当属有效。

二、刘冬成、方正证券股份有限公司融资融券交易纠纷案

(一) 案情简介

2018 年 12 月,湖南省高级人民法院审理了刘冬成诉方正证券股份有限公司再审案件。2013 年 4 月 13 日、2014 年 5 月 3 日、2015 年 1 月 5 日,刘冬成作为甲方、方正证券作为乙方,先后签订了三份《融资融券合同书》,合同的主要内容有:甲方享有通过融资融券从乙方处获得相应资金或证券并用于相应证券交易等权利,并应承担按时、足额向乙方偿还融资本金、融入证券、融资利息及相关费用的义务;乙方承担按照合同约定为甲方提供融资融券所需资金和证券等义务……以电子邮件方式发出通知的,以电子邮件发出即视为已通知送达……乙方向甲方送达的追加担保物通知和强制平仓通知,应采用电子邮件方式;乙方有权按照相关规定及本合同约定适时修改、调整涉及本合同的相关文件、指标、比例等,如该修改或调整是根据国家法律法规、乙方业务规则的规定作出的,则修改或调整的内容乙方通过乙方公司网站(××)、网上交易系统或营业部营业场所进行公告,甲方对上述修改、调整事项有异议的,有权在上述公告发布之日起 3 个交易日内解除合同,否则视为接受上述修改、调整事项等。双方在《方正证券融资融券合同签署页》附表中明确了追加担保物期限为 2 个交易日。

2015 年 7 月 7 日,方正证券通过公司网站(××)发布了《关于追加担保物流程调整及受理融资融券合约展期的公告》,注明:从 2015 年 7 月 8 日起,投资者 T 日清算后维持担保比例低于 130％的,公司将向其发送《追加担保物通知》,要求投资者于 T＋1 日追加担保物,使得日终清算后的维持担保比例达到 140％(原为 150％)及以上;否则,T＋2 日公司有权对投资者信用账户进行强制平仓处置,强制平仓后客户维持担保比例须达到 140％(原为 150％)及以上;在追加担保物期间,若投资者信用账户

实时维持担保比例低于 115% 的,公司有权立即对其进行强制平仓操作,使其维持担保比例达到 140% 及以上。

2015 年 8 月 25 日,刘冬成在方正证券开设的融资融券账户担保比例以达追加担保物的条件,方正证券于 2018 年 8 月 26 日向刘冬成发送了《追加担保物通知》,通知刘冬成应于 2015 年 8 月 26 日 15 时前足额追加担保物,以确保信用账户在该日日终清算后维持担保比例大于或等于 140%,同时告知其可采取转入资金、转入可冲抵保证金证券或者自行平仓的方式进行追加,否则方正证券有权于该期限届满的下一交易日起对刘冬成信用账户内的担保物进行强制平仓,强制平仓后方正证券将不再对刘冬成另行通知,在追加担保物期间内,如果刘冬成的信用账户维持担保比例低于 150%,方正证券将对信用证券账户交易予以限制。接到该通知后,刘冬成没有以有效方式向方正证券提出要求延长追加担保物时间的申请。刘冬成也未能在 2015 年 8 月 26 日追加担保物。在 2015 年 8 月 26 日终了,刘冬成的担保比例已为 102.5%,达到强行平仓条件,方正证券遂于 2015 年 8 月 27 日 0 时 8 分通过前述邮箱向刘冬成发出《融资融券强制平仓通知书》,告知刘冬成信用账户在《追加担保物通知》规定期限到期日日终清算后的维持担保比例低于 140%,方正证券有权对刘冬成的账户强制平仓。

本案争议焦点为方正证券通知刘冬成 T＋1 日追加担保物及 T＋2 日执行强制平仓操作是否符合双方约定。再审法院认为,《融资融券合同》追加担保物期限为 2 个交易日,虽然合同中约定方正证券有权按照相关规定对本合同进行修改,但约定有权修改的情况必须满足有国家法律法规、方正证券业务规则作为依据,方正证券提出的调整依据为证监会 2015 年 7 月 1 日发布的《证券公司融资融券管理办法》及同日深圳证券交易所公布的《融资融券交易实施细则》,与案涉《融资融券合同》签订时所依据的《证券公司融资融券业务管理办法》及当时深圳证券交易所公布的《融资融券交易实施细则》相比,仅是将"追加担保物的期限不得超过 2 个交易日"及"追加后的维持担保比例不得低于 150%"的规定,改由双方自由约定,并未规定将追加担保物的期限调整为 T＋1 日,因此,方正证券在未与刘冬成另行协商变更追加担保物的期限为 T＋1 日的情况下,单方发布《关于追加担保物流程调整及受理融资融券合约展期的公告》，对刘冬成没有约束力，双方仍应按照《融资融券合同书》的约定履行。方正证券 2015 年 8 月 26 日向刘冬成发出《追加担保物通知》，通知刘冬成于当日 15 时前足额追加担保物，违反了案涉《融资融券合同书》追加担保物期限为 2 个交易日的约定。同理，方正证券在 T＋2 日即 2015 年 8 月 27 日对刘冬成的信用账户进行平仓操作，因未按照《融资融券合同书》给足刘冬成 2 个交易日的追加担保物时间，亦属违约。因此，再审法院判决方正证券应承担赔偿责任。

（二）案件分析

从上述案例中可以看出，在达到一定条件时，证券公司具有强制平仓权。强制平仓权的设置目的最初对于投资者和证券公司是互惠互利的，一方面使得证券公司转移风险，保障交易安全，另一方面减少投资者遭受损失的可能性。但在实践中，基于合同的不对等性，证券公司往往只顾及自己的利益强制平仓，导致投资者的利益受损。在本案中，方正证券就在担保比例低于 140％时，进行了强制平仓，造成了刘冬成利益受损。究其原因在于我国有关强制平仓的顺序、平仓期限、解决方法、出现问题时应承担的法律责任等问题都不完善。因此，应当完善融资融券交易中的强制平仓制度，在满足强制平仓条件时，证券公司也应当对投资者账户证券进行评价，按照风险高低顺序进行平仓，以最大限度地减少投资者的损失。

第三节　杠杆收购融资经典案例分析

一、光大资本与暴风集团杠杆收购 MPS 案件

（一）案情简介

2016 年，光大资本投资管理有限公司（以下简称光大资本）与暴风集团股份有限公司（以下简称暴风集团）设立了浸鑫基金，来收购国际

顶尖体育媒体服务公司 MP&Silva Holdings S. A.（以下简称 MPS）股东持有的 MPS 65% 的股权。浸鑫基金投资者除了光大资本、暴风集团之外，还集合了包括招商银行、华瑞银行、东方资产、钜派投资等 12 家投资者，投资金额高达 43 亿元，募资金额超过 52 亿元，杠杆高达 25 倍。

刚收购时，MPS 业务覆盖了全球 200 多个国家和地区，拥有 90 多个全球赛事产权，30 多家赛事权利机构合作伙伴，每年超过一万小时的播放时长，3500 多项赛事以及 40 多种工作语言的国际化团队。旗下版权更是覆盖英超、意甲、法网、F1、NBA 等等职业体育上的超级赛事。而在收购完成之后，MPS 开始光速坠落，2017 年 MPS 丢掉了其大本营意甲版权。随后，MPS 先后失去了英超、苏超、美洲杯、解放者杯、南美杯版权。2018 年 10 月，法国网球联合会将 MPS 告上法庭并申请其进行破产清算。光大资本与暴风集团杠杆收购 MPS 宣告失败。

由于没有完成收购，风险随之暴露，多家金融机构被牵连其中，在光大资本被出资方起诉追索的同时，光大金辉、浸鑫基金也对暴风集团提起了诉讼。

（二）案件分析

对于上市公司而言，通过并购基金的杠杆效应可以缓解融资压力、分散风险，且更快获取优质资产。但是这样的并购方式也存在着显著的风险，就是一旦公司成为并购基金的劣后级持有人，那么在并购标的盈利不及预期的时候会面临巨额的亏损。

在此案中，暴风集团信息披露存在很多缺失，具体包括以下几个方面。第一，暴风集团在并购时没有披露并购标的资产状况、经营状况、盈利、负债及版权信息等情况。第二，暴风集团没有披露浸鑫基金优先级、中间级及劣后级杠杆以及其应当承担的责任情况，尤其是劣后级是否应当对中间级和优先级承担兜底责任，没有加以明确。由于信息披露不完全，在收购失败之后的责任承担问题难以明确。

从光大与暴风杠杆收购失败案件中，我们可以得出一些结论。首先，作为投资者来说，在进行杠杆收购融资过程中，不仅要看到高杠杆带来的巨大利益，还要关注杠杆收购失败给投资者带来的损失，在进行杠杆收购活动时,不要盲目从众,要综合考虑多种因素,预测杠杆收购过程中可能产生的各种突发状况,以便及时采取应对措施。其次,上市公司应当加强公司内部结构治理,保持股权结构稳定,以便发生融资风险时具有风险应对能力。最后,此次杠杆收购案件还暴露出来监管机构监管制度方面的缺失,尤其是对于信息披露监管方面,光大与暴风杠杆收购案之所以最终没有得到妥善解决,很大程度上来源于暴风集团信息披露不完善,因此,应当进一步完善信息披露制度,落实杠杆收购中的"穿透"原则,对于融资工具、融资资金来源、各投资者责任承担等与杠杆收购有关的内容做到全面、准确、真实地进行披露,保障在杠杆收购失败时能够及时确定责任承担问题。

二、华信北京杠杆收购顺威股份案件

(一) 案情简介

2017 年 2 月 16 日,顺威股份发布重大事项停牌公告称,顺威股份第二大股东西部利得增盈 1 号资产管理计划(以下简称西部利得)正在筹划将持有的公司全部股份协议转让给华信超越(北京)投资有限公司(以下简称华信北京),同时公司拟收购的熊猫新能源有限公司 100% 的股权。3 月 1 日,华信北京与西部利得正式签署股份转让协议。华信北京作价 26.08 亿元,受让西部利得持有的约 1 亿股顺威股份,占比 25.06%,变身顺威股份第二大股东。在信息披露当中,华信北京称,用以收购的 26.08 亿元的资金中,自有资金 3 亿元,其余资金来源为向第三方世纪金源投资有限公司(以下简称世纪金源)借款 17 亿元,以及在顺威股份完成过户后,向金融机构进行股权质押融资 6.08 亿元。在收购协议将要执行之时,5 月 26 日,西部利得与华信北京签署了终止协议。5 月 27 日,顺威股份发布公告称,因二级市场整体形势的变化,经双方协商一致,双方决定终止上述股份转让事宜。

(二) 案件分析

据有关人士分析,股份转让终止的原因在于华信北京的高杠杆收购受到监管层的约束,从之前的宝万之争及龙薇传媒杠杆收购万家文化中我们可以看出,监管层高度关注这种高风险杠杆收购。在杠杆收购过程中伴随着许多风险,例如对于上市公司经营层面的流动性风险、信用风险、公司稳定经营的风险及公司治理风险;对于市场和投资者层面的中小投资者利益受损风险,由于收购活动不确定性较大产生的短期资金赎回难风险,杠杆资金层层嵌套风险,以及杠杆收购活动失败对金融系统所引发的系统性风险等。因此,在杠杆收购活动中,我们要注意防控风险,从企业角度,要妥善选择收购目标企业,对杠杆收购活动进行准确评估,从监管层角度,加强对信贷资金来源的监管,以便收购企业能够选择优质的资金融资方,保障投资者的资金安全。

三、Kohlberg Kravis Roberts & Co(简称 KKR)收购西夫韦(Safeway)案件

(一) 案情简介

美国杠杆收购公司 KKR 以每股 67.5 美元或 42 亿美元的价格收购了西夫韦公司。除了 42 亿美元的收购价格,KKR 公司还承担了西夫韦现有 15 亿美元的债务。总债务 57 亿,总股本 1.3 亿。这笔杠杆收购是历史上杠杆率最高的交易之一。

1. 收购动因

上市公司层面。1986 年 5 月,西夫韦成为世界上最大的食品零售商,它在美国、加拿大、澳大利亚、英国和墨西哥等多个国家经营着 2300 家门店。在过去 5 年内,西夫韦的净收入以每年 20% 的速度增长,股票价格也涨了两倍。20 世纪 70 年代,西夫韦过度重视私人品牌而忽视了顾客需要的货物品种,并且缺乏专门的商店配置。20 世纪 80 年代,为了弥补这些缺失,西夫韦花了很多金钱在配资设备,提高竞争力方面。西夫韦公司经营管理层面临来自股东、金融分析师、评级机构等多方面的压力,同时面临货物过度储存问题。

政策层面。华盛顿政府对反竞争交易处于自由放任态度,美国税法

肯定了杠杆收购的实施。

2. 杠杆收购对西夫韦的影响

杠杆收购之后，西夫韦公司面临着 57 亿元的债务，为了偿还这笔债务，西夫韦公司大量的公司被出售，大量的费用被削减。在两年内，西夫韦公司以大约 23 亿美元的价格出售了 1200 家门店，门店总数从 2325 家变为 1988 年的 1144 家，销售额从 200 亿美元减少到 140 亿美元，员工数量从 174,000 人减少为 107,000 人，但税后利润从 5000 万美元的资产中获得了 23 亿美元，利润高达 45 倍，仅仅两年时间债务从 57 亿元降低到 31 亿元。杠杆收购的结果是，将西夫韦公司变成了一个规模小但利润高的公司。

KKR 为西夫韦公司提供了许多专业经营意见，并且将公司运营权交由西夫韦公司，对西夫韦公司的融资、资产出售、经营管理等方面提供了很多帮助，杠杆收购使西夫韦公司转型成一家更加优秀的公司。巨大的债务压力提高了西夫韦公司业绩及资本支出要求，公司员工从管理者到共同持有者的角色变化增强了工作的积极性，增强了公司团队的凝聚力。

(二) 案件评析

虽然杠杆收购活动具有极高的风险性，但若收购成功会给企业带来重生的可能性。就本案而言，KKR 收购西夫韦公司，给西夫韦公司带来了更为专业的技术和经营管理经验，解决了西夫韦公司自身经营管理中面临的许多问题，促进了西夫韦公司发展。在我国资本市场不断发展的今天，杠杆收购活动日益频繁，虽然此前出现过很多诸如宝万之争，龙薇传媒收购万家文化等多个杠杆收购活动违规案例，但若我们能够合理有效地利用杠杆收购活动，必然会为我国杠杆收购的发展带来积极影响，因此，监管层应当加大对杠杆收购的监管力度，颁布完整的杠杆收购监管法律体系，完善信息披露、法律责任等方面的规定，保障我国杠杆收购活动平稳进行。

四、爱尔兰电信(Eircom)杠杆收购案件

(一) 案情简介

1. 第一次杠杆收购

2001 年 12 月,爱尔兰电信员工受托人与瓦伦西亚(Valentia)电信财团就联合收购爱尔兰电信达成协议。瓦伦西亚财团由两家总部位于美国的私人股本集团,普罗维登斯股权投资公司(Providence Equity Partners)和索罗斯私人股本投资公司(Soros Private Equity Partners),美国银行高盛(Goldman Sachs),和爱尔兰投资者安东尼 • 奥莱利(Anthony O'Reilly)组成。该公司于 2001 年 12 月 10 日正式以 28 亿欧元的价格完成了对爱尔兰电信公司的收购。

收购导致爱尔兰电信的净债务从 2002 年 3 月的 1.24 亿欧元增加到 2003 年 3 月的 1.71 亿欧元,是当时欧洲所有前电信运营商中杠杆率最高的运营商之一。在被收购后的 20 个月之后,爱尔兰电信的财务结构进一步恶化,重组的公司对爱尔兰电信的债务进行了重大重组和再融资,瓦伦西亚财团从银行贷款了 14 亿欧元,并向欧洲及美国金融市场发行了价值 10.5 亿欧元的债券。筹集的部分资金用于偿还现有债务,随后该公司向股东支付了 4.46 亿欧元的特别股息,并赎回了爱尔兰电信员工持有的 6600 万股份。

高额股息的支付标志着公司已经处于亏损状态,爱尔兰电信的总债务从 2.125 亿欧元小幅度增加到了 2.253 亿欧元,股东资金从 7.57 亿欧元大幅减少到 2.79 亿欧元,再融资后的债务与债务增加股权的比率从 75% 增加到 89%,此外,以 10.5 亿欧元发行的债券是高收益的垃圾债券,这些债券导致了更高的偿债成本。爱尔兰电信的再融资提高了公司所面临的杠杆水平和财务风险,反映了收购主体追求短期利益的目标,而忽视了公司的长期可持续性发展。

2. 第二次杠杆收购

2006 年初,澳大利亚投资公司 Babcock and Brown Capital (BCM)的私人股本部门收购了爱尔兰电信大部分股份,收购协议于 2006 年 9 月完成,此次收购杠杆率也很高,包括爱尔兰电信的现有净债务和交易成本,大约 48 亿欧元,其中的 80% 都通过债务进行融资,其余的通过股权来融资。此次收购提高了爱尔兰电信的总借款水平,从 2006 年 3 月的 24.67 亿欧元增加到 2007 年 3 月的 42.68 亿欧元。BCM 的杠杆收购给爱尔兰电信带来了压力,要求其必须具有足够的现金流来支付不断增长的利息。

全球金融危机之后,BCM 的财务困境导致其在 2009 年退出了爱尔兰电信,2009 年 6 月,Singapore Technologies Telemedia (STT)发起了对爱尔兰电信的收购,由于爱尔兰电信负债已高达 40 亿欧元,2011 年 1 月,STT 仅支付了 1.4 亿欧元就获得了爱尔兰电信的控股权。由于 2009 年和 2010 年的巨额亏损,爱尔兰电信必须实施财务大规模的成本节约计划,为了更多的筹集资金,爱尔兰电信签订了大量的销售和回租协议,2011 年由于各种原因,STT 撤回了对该公司的收购提议。2012 年 5 月,黑石集团(Blackstone)、德意志银行(Deutsche Bank)和多家对冲基金等高级贷款机构与爱尔兰电信达成了一项债务重组协议,完成掌握了对爱尔兰电信的控制权,爱尔兰电信的总债务从 40 亿欧元减少到 23.5 亿欧元。

(二) 案件评析

首先,两次杠杆收购之后债务金额不断提高,从而导致对宽带基础设施投资不足,最终导致了公司的破产。其次,爱尔兰电信在固话领域的持续主导地位阻碍了爱尔兰宽带服务的发展,固话成本达到了欧洲最高水平,一定程度上显示出政府监管薄弱。从本案中可以看出,杠杆收购活动给公共基础设施服务带来了高额负债。因此,对于公共基础设施,必须加强政府监管,以实现对其有效治理,可以通过限制杠杆率,降低其负债及破产风险来实现。

第四节　上市公司杠杆收购成功的条件

从杠杆收购的实践来看,杠杆收购成功的第一步必须科学选择标的公司,一般情况下符合如下条件的标的公司可以成为预选为杠杆收购的标的公司。一是公司股价严重被低估,股价一般低于每股净资产;二是控股股东或者有实际关联关系的关联股东比例低于 22％左右,或者股权特别分散,除第一大股东持股 30％左右,其余股东均为公众股东,这样有利于降低收购者在与原公司控股股东的股票竞购中降低收购成本;三是控股股东或实际控制人实力较弱或者其已经陷入财务危机,无力对抗外来"野蛮人"的敌意收购;四是公司所处的行业未来 10 年内还具备较好的发展前景,以保证公司被收购后能够获得充足的发展空间;五是公司所处行业陷入低迷只是暂时性的,当宏观经济环境走出萧条后该行业可以走出困境;六是公司本身质地不错,被收购后适当地注入资源,便可以恢复再融资能力;七是收购者对被收购公司所处的行业具有关联性,能够将目标公司纳入收购人的发展战略与产业链条之中;八是宏观经济与公司行业在未来 2 到 3 年内能够走出低谷以保障收购的股票在抵押融资时不会跌破警戒线,以降低股票质押风险,避免收购者与目标公司陷入沉重的债务危机与破产风险;九是目标公司所处的国家杠杆收购制度健全,尤其是杠杆融资制度健全,有购并贷款制度;十是财务顾问公司风险控制制度健全,有丰富的杠杆收购与融资风险控制的经验;十一是目标公司所处的行业属于竞争性行业,不是国家专属经营与国家限制经营的行业,以避免收购人在收购后因为无法获得该行业的经营资格而导致无法顺利入主目标公司,如果收购人本身具有经营该行业的资格那就另当别论;十二是必须把握收购时机,一般为目标公司所处行业陷入行业低谷,大股东对公司的前景比较悲观或无力挽救该公司。

第七章
股票交易融资的合规性标准

第一节　股票交易融资合规性标准的选择依据

股票交易融资合规性标准是指股票交易融资应该遵守的条件，就是说当股票交易融资从决策到交易的完成在遵循这些条件或准则后就达到了合规的要求。股票交易融资的标准设定不是从先验出发，也不是从理论出发，更不是从法律出发，而是应该从股票交易融资的实践出发，从股票交易实践的价值或功能出发。因而必须从股票交易融资的价值出发。

一、股票交易融资的价值

1. 股票交易融资价值的含义

价值是个多义词。哲学范畴的价值，其最基本、最一般的含义，是指客体对主体的生存与发展所具有的作用和意义。[①] 在这里泛指某一客体相对于与某一特定主体（人类或国家等）而言所具有的效用或功用。股票交易融资对证券市场主体的作用就是股票交易融资的价值。

---

① 王永昌：《论价值的含义、要素和生成的根据》，《学术月刊》1986 年第 10 期，第 37 页。

2. 股票交易融资的内在价值

股票交易的内在价值是指对股票交易融资参加者直接有效用影响的价值。股票质押交易的参与者有资金的融出者、资金的融入者,股票交易客体的提供者即上市公司。

(1) 自由价值,自由价值是股票交易融资的首要价值,证券市场是自由参加与自由竞争的市场,交易当事人既有参加股票质押融资的自由也有不参加股票质押交易的自由,同时当事人也有选择参加时间,参加融资量的自由,尽管这种自由是根据交易者自身保证金多寡与融资杠杆配比的自由。这种自由不仅包括资金需求者融入资金的自由也包括资金提供者资金融出的自由,在实际控制人控制某一交易账户时,关联账户的交易遵循关联主体的自身决策机关自由决策,反对控股股东等实际控制人操纵或强迫关联人参加或参与股票交易融资。

(2) 效益价值,股票交易融资对投资者来说是通过融资扩大交易量以追求自有投资资金的增值速度,从而提高投资效益,获取更多的财富。对证券公司来说,一方面可以通过融出资金获取利息,另一方面可扩大证券交易量,获取更多的佣金收入。对上市公司来说,融资交易可以活跃其股票交易,吸引更多的投资者关注,也可以提高股票的需求量从而一定程度上提高股票的估值,增加公司的再融资的融资量,促进公司效益。

(3) 流通性价值,股票融资融券交易均可以增加公司股票的流通性,有利于公司股票价值的发现。诸多公司股票集合在一起,通过融资交易可以进一步活跃证券市场,增加整个证券市场的流通性。

(4) 安全性价值,股票交易融资因为公司题材等概念的吸引,会加大参与投资该公司的交易资金,可能引发股票价格严重偏离股票内在价值的现象,在偏离的价格回归其内在价值时难免发生股票抛售潮,从而导致融资交易者财富的快速贬值,引发投资风险。监管不当时,众多的公司股票在某一突发外因的冲击下可能引发系统性的证券风险。安全性价值对整个证券市场参与者均存在。

3. 股票交易融资的外在价值

股票质押交易的外在价值是指股票交易融资管理者或服务者等与股票质押交易没有直接利害关系,但与其有间接利害关系的主体在股票交易融资中可获得的效用。

（1）秩序价值，基于股票质押交易对市场主体能够带来效益价值，市场主体追逐效益的天性使得他们不会兼顾公共利益与他人利益而一味追求自身利益的最大化，"公地的悲哀"显示公共利益在没有监管的情况下是得不到保护的。证券市场是自由竞争的市场，强势市场主体往往无视他人利益，会滥用优势市场地位破坏证券市场的自由竞争，所以不当竞争行为需要监管，以维持证券市场的良好的运行秩序。股票交易融资从维护证券市场公平竞争与金融消费者等弱势参与者利益的角度，体现出秩序价值。

（2）发展价值，股票交易融资的推出是为了活跃证券市场，帮助企业融资，促进国民经济增长。所以股票交易融资对上市公司与国家来说具有发展价值。

（3）公平价值，国家在管理国民经济发展的过程中，讲究市场经济的竞争性，市场进入的平等性。各类资金在进入证券市场参与股票质押融资时，需要一个公平的参与机会。

（4）公正价值，股票交易融资的参加者与参与者均希望有一个公正的法律制度、公正的监管者与公正的裁判者。

（5）公开价值，证券交易市场是一个依赖公开信息决策投资的市场，股票交易融资中存在强势的参加者，往往会利用的资金优势等优势地位操纵证券交易价格，或利用内幕交易或发布虚假信息扰乱弱势交易主体的投资决策，因而在符合一定条件时，强势证券投资者应该公开其融资交易的信息。

二、股票交易融资价值与股票交易融资合规性标准之间的关系

系统论告诉我们，一个系统的功能或价值由该系统的结构所决定。股票交易融资合规性标准是一个规范股票交易融资的有机系统，该系统的结构如何直接决定股票交易融资价值功能的实现。在这里合规性标准是第一性的，股票交易融资的功能是第二性的，然而第一性与第二性之间并非完全独立，而是相互联系与相互作用的，作为第二性的股票交易融资价值功能会反作用于股票交易融资合规性标准。所以我们在探究股票交

易融资合规性标准时,可以从股票交易融资的价值功能出发,去探究股票交易融资合规性标准的建构。

基于股票交易融资的自由价值、效益价值、流通性价值、安全价值、秩序价值、发展价值、公平价值、公正价值、公开价值,可以反向推断出股票交易融资合规性标准至少应该配置当事人意思自治、公司治理、资金准入、信息披露、关联交易、金融消费者权益保护、融资杠杆等标准,反垄断审查、产业政策。

第二节 当事人意思自治原则

一、当事人意思自治原则概述

(一) 当事人意思自治原则涵义

股票交易融资活动中的当事人意思自治原则,是指交易双方在融资交易过程中,有按照自己的意志确定、变更以及终止权利义务关系的权利。当事人意思自治原则的核心是对交易双方主体意思的尊重。原则本身包含双重内容。一是交易双方主体在进行股票交易融资活动中有根据自己的意志对交易方式、交易内容的自由选择权;二是交易双方主体这种自由选择权要受到一定的规则限制,这种限制来源于法律制度、公共秩序等方面。

(二) 当事人意思自治原则的产生和发展

当事人意思自治原则最早可以追溯到公元前 119 年左右的古希腊,当时古希腊颁布了一道法令,使得当事人拥有自主选择管辖法院及适用法律的权利。16 世纪法国学者杜摩兰指出,适用法律应当根据当事人的意愿来选择,自此当事人意思自治原则被正式提出。17 世纪,荷兰法学者胡伯在其论著的《论罗马法与现代法》一书中,表明了其对于当事人有权按照自己的意思选择法律的观点。19 世纪,当事人意思自治原则得到了广泛的支持,其与当时"契约自由"理论相符合,至此各个国家的立法中纷纷加入了意思自治原则。

到 20 世纪以后,当事人意思自治原则逐渐从合同领域扩大到侵权、物权、信托等其他领域,与此同时,当事人意思自治原则也多了一些限制,如政策方面以及弱者保护理论。在政策方面的限制表现为,国家对于涉及经济社会发展重大关系的领域,颁布一些法律规制加以规范。弱者保护理论的限制表现为对于交易主体中处于不利地位的交易主体,通过制定法律规则加以保护,以保障其不平等地位。

二、股票交易融资中当事人意思自治原则的重要性

证券市场是自由竞争的市场,自由价值是股票交易融资的首要价值。按照系统理论中的结构功能论,在股票交易融资的标准系统中,自由应该是股票交易融资的首要标准。当事人意思自治原则主要体现参加股票质押融资的交易者,包括资金融出者与资金融入者均是自由的,不受他人强制的,在一定条件下也是排斥他人控制的,在法人参加股票交易融资时应该遵循公司治理制度的规定进行决策,反对实际控制人任意控制关联人的股票交易融资行为。当然这种自由是相对的,一是股票交易融资活动应当遵守我国相应的政策及法律的规制;二是关联人的股票交易融资既要遵循关联主体的内部治理制度,又要受控制人或实际控制人的依法干预。

三、股票交易融资的规制措施——从当事人意思自治的角度分析

(一)场外配资贯彻当事人意思自治的重要性

首先,对于场外配资活动中的自然人出借证券账户行为进行规定,从我国《证券法》以及其他相关法律法规和司法解释中,我们可以看出,对于法人出借账户,2014 年《证券法》第 137 条(2020 年《证券法》第 129 条)规定,证券公司不能将其自营账户出借给他人使用,而对于个人账户出借问题,2014 年《证券法》没有明文禁止,但是 2020 年《证券法》明文禁止。但是基于储蓄账户实名制与证券交易的实名制要求,限制了个人账户的出

借。同时由于伞形信托账户参与场外配资的危害性,为了防范机构或大户借入他人账户参与股票交易融资,扩大股票交易融资的风险与增加证券监管的难度,《证券法》明确禁止个人证券交易账户的出借无疑是正确的。证券交易实名制与股票交易融资实名制才能保证交易主体的意思自治,才能保证交易指令是由交易主体本人所发出,保证交易结果由交易主体自担,才能体现风险自担原则。

其次,对于场外配资活动制定专门的法律加以规制。场外配资活动的交易结构具有特殊性,不同于简单的民间借贷、担保以及委托等法律关系,我国场外配资参与证券投资的历史经验表明,一味地禁止场外配资不利于证券交易公平与公正原则的实施,事实上也难以禁绝场外配资,而且往往会因此遭到公众的批驳,也会提高场外配资的监管成本。妥当的做法应该借鉴美国民间股票配资的经验,从货币市场监管的角度监管民间资金的借贷,再结合我国证券融资融券集中信用交易的模式,将场外配资的资金纳入到集中信用模式中去以方便监管。

(二) 交易账户实名制——场内融资融券当事人意思自治的基本要求

场内融资融券也要贯彻交易主体意思自治原则,严禁证券投资者借用他人账户从事场内融资融券交易,从而贯彻交易自愿、风险自担原则。贯彻交易当事人意思自治原则还有利于信用权制度的建设。长期以来我国并没有重视个人信用制度的建设,导致个人信用权滥用与个人信用权信息的混乱,这一现象既不利于证券市场信用体系的建设,也必然影响货币市场与房地产市场个人信用制度的建设。如果允许专业证券投资者借用他人身份开立的证券账户从事融资融券交易,久而久之就会造成账户借用人与被借用人真实信用的形成,在大众创业与万众创新的时代不利于有能力与实力的账户借入人利用其真实的信用从事大额融资与创业创新。对账户出借人来说,由于其账户被有能力的人借用,通过持久的融资融券交易形成了信用良好的外观表象,一旦金融部门根据其表象的良好信用进行金融授信,进行大额度贷款,其必然会造成无力偿还的结果,既容易助长证券账户出借人的道德风险,也不利于金融监管部门的信息监管。大量虚假账户的股票交易融资往往会造成虚假的繁荣与假象的流通性、安全性，导致监管部门不能及时发现股票交易融资的安全隐患，待风险积累到一定的程度而爆发时，原来虚假的融资融券交易账户最终暴露出来，才能发现原来融资融券交易的风险集中在少数的融资融券大户里面。这种集中的风险不利于风险的分散，会导致资金流通性的缺失，从而无法保障股票交易融资的安全性，如果处理不当就很可能会引发系统性的证券交易风险。

所以，对当前相对比较规范的融资融券的监管应该重点检查交易账户的真实性，一是要检查证券交易保证金来源的合规性，检查交易保证金资金是不是同一当事人之间转账，进入证券保障金账户里面的资金是不是来源于同一人的其他金融账户，如果是来自同一人的银行等金融账户的资金，还得进一步检查其资金来源，如果是银行贷款、信托贷款、P2P 网贷或其他民间借贷的话，应该出具问询函，禁止融资融券交易当事人借入他人款项作为证券投资保证金。二是对融资融券标的提供的券商也要重点检查资金与融券来源的合法性，检查是否遵循来源账户的实名制，是否遵循资金与融券来源的当事人意思自治，检查转融通资金与转融通证券是否遵循了转融通主体的正常决策程序。

(三) 杠杆收购当事人意思自治的复杂性

杠杆收购作为战略收购与规模性股票交易融资，属于证券市场的重大性事件，其牵涉的因素远非普通股票融资融券所能比的，除应该遵循参加者的意思自治外，还应该遵循产业政策、中小投资者的保护、信息披露、风险管理及中介机构尽职调查等方面的法律规则。

1. 知情权——金融消费者意思自治得以尊重与实现的基本权利

在杠杆收购中，杠杆收购者的意图往往在于夺取某一上市公司的控制权，而且往往是有发展前途的优质公司控制权，这类公司的股票价格一般较高。公司的缘由是股东往往不会甘愿丧失对公司的优势地位，因而会采取包括购买公司股票提高自己的持股比例、联合其他股东一致对外等措施去对抗杠杆收购，这种对抗行为必然导致公司股票价格的抬高，甚至在收购方与反收购方一起购买公司股票筹码时导致公司股票价格的虚高，这就必然提高收购者的收购成本，相应地提高了收购者的融资量。如宝能系收购万科,除了自有资金外,动用宝能控股的子公司钜盛华与前海人寿的资金外,还成立了以钜盛华作为委托人的9个资产管理产品项目,动用了券商资金、银行理财资金,保险公司开发的万能险产品资金、券商资产管理资金、有限合伙基金、嵌套的结构化资产管理计划等多重工具运作的资金,参与收购的资金总量在500亿人民币左右。万能险产品的资金又来源于参加该万能险的保户(投保人)。钜盛华作为委托人的资产管理产品资金来源于银行理财或证券资产管理产品中的金融理财人,无论是保户还是金融理财人均是风险承担能力较弱的金融消费者。所以杠杆收购中的意思自治背后应该体现金融消费者的意思自治。为了便利金融消费者作出理财决策,金融消费在购买理财产品时有权利知道理财产品的投向及项目的风险情况。

金融消费者处于弱者地位,一旦杠杆收购发生风险,金融消费者的资金尽管作为优先级资金,不能全额清偿的风险也必然发生,所以从保护金融消费者权益的角度出发,以及从我国以人民利益为中心,让人民分享我国资本市场发展与经济发展红利的角度考量,杠杆收购首先要尊重收购资金来源之一的金融消费者的意思自治,在杠杆收购的法律规制措施中首先要设置保护金融消费者权益的基本制度,这一保障制度除将金融消费者的资金设置为优先级资金外就是要充分尊重金融消费者的意思自治。而尊重其意思自治就要履行充分的信息披露,由金融理财者持续向金融消费者披露资金投向产品的风险。

2. 杠杆收购报告制度——监管部门捕获监管信息的基本制度

杠杆资金收购标的上市公司对因为理财资金参与其中的广大金融消费者及监管者来说就是一个运作的金融黑箱,人们可以得到的有限信息只能是作为黑箱输入端的收购资金与收购目标信息,以及收购标的公司的股票数量等金融黑箱的输出端信息,对于杠杆资金如何运作,是否存在嵌套的结构化资产管理计划,是否存在杠杆之中加杠杆的资金运作模式,一般的证券投资者与金融消费者无从知晓。基于暗箱操作的不可知,为防范金融风险的叠加,有必要设立杠杆收购资金运作的风险报告制度与信息披露制度,对内部的资金运作模式中的杠杆系数及股票质押贷款杠杆应该及时报告给证券监管部门,对保险资金与银行理财资金、信托理财资金的运用情况及时报告给银保监会。监管部门为了掌握动态的杠杆收购风险还可以要求收购者报送监管需要的信息，必要时可以现场检查、核验报送的数据，向广大证券投资者应该采取信息披露的方式披露资金使用量、股票收购量等便于投资者投资决策的信息。

3. 杠杆收购者自身的意思自治

杠杆收购者的意思自治包括收购决策的自治与筹集杠杆资金的意思自治。杠杆收购者往往是从集团战略发展出发收购能提升集团发展资源的标的公司。参与收购标的公司的一致行动人对是否参与一致行动也应该贯彻意思自治原则，在动用资金参与杠杆收购的一致行动时也应该贯彻意思自治，在股东会或股东大会表决参加杠杆收购的一致行动时应该遵循关联股东表决回避制度。避免控股股东操纵公司表决意思的意思自治才能真正体现作为独立公司的真实意思自治。从这个角度看，关联股东在关联交易表决时的回避制度是当事人意思自治的应有内涵，这进一步当事人意思自治是股票交易融资的首要基本原则。

4. 被收购公司反制杠杆收购者的意思自治

杠杠收购实践中，标的公司面对他人的收购行为往往会采取一些反收购的措施，只要收购措施遵循了公司治理制度中的正常决策程序，大股东没有滥用控制权操纵公司的股东会议或股东大会，那么收购反制措施的出台就真实地反映了大多数非关联股东的利益。这一制度表面上与杠杆收购的融资交易关系不大，实则关系到杠杆收购的收购成本，因而应该纳入杠杆收购融资交易制度之中。

第三节　机构主体遵循公司治理的原则

一、公司治理规制的理论框架

(一) 内部治理规制

公司内部治理规制是指在公司治理中，通过给股东会、董事会、监事会及公司管理层一定的职权与义务,防止公司被内部人控制,使公司内部机构既相互合作又相互监督,从公司内部管理的角度防范与化解经营风险,从而更好实现中小股东对公司的权利,实现公司的有效运作。从某种程度上说,公司内部治理是公司意思自治的表达与实现机制。

股东会作为公司的最高权力机构,拥有以下权利。(1)公司章程的制定权,实现对公司股东、董事和经营管理层的具体权利和职责作出规制。(2)对公司重大决策的投票权。股东会是公司股东意志的反映机构,股东通过股东会选出公司董事、经理等职位,股东通过"一人一票"制度参与公司决策。(3)公司盈利的分配权。对公司盈利的任何分配都要经过股东的同意。

董事会作为股东会决议的决策机构,有权选定、聘用公司的高级管理人员,评估公司的财务目标和重大战略计划,审计公司的财务等。董事会作为连接公司董事会和经营管理层之间的桥梁,是公司内部治理规制的核心,一定程度上限制了公司经营层的行为,与股东利益一致,降低了代理成本,从而提高了企业的经营效率。董事会主要通过设置一些监督及激励机制,如决策监督机制、奖励机制等来提高公司的运行效率。

监事会作为公司内部监督机构,其成员由股东大会选举的监事及由公司职工民主选举的监事组成,其监管职能具有独立性、法定性及专门性。主要负责检查公司的财务,对公司的董事及高级管理人员执行公司职务的行为进行监督,临时股东会议的提议权等。

公司的管理层包括总经理、副总经理及职能部门负责人。公司管理层主要负责制定公司的任务和战略,确定公司各职能部门的任务,批准公司各部门的计划、预算及投资等业务,实现对公司的治理。

(二) 外部治理规制

外部治理规制主要包括公共治理规制及市场治理规制两部分。

1. 公共治理规制

公共治理规制主要包括法律政治方面和价值观念治理方面。法律规制途径是国家立法机关及政府通过法律的形式对公司治理进行规制,法律对公司群体具有约束力,任何公司治理都不得超过法律对其的限制。

法律政治规制途径主要是政府针对公司治理的相关规则,制定与实施一定的管制措施,如并购合法性管制及市场操纵行为管制等。价值观念治理途径的作用是在法律及政治对公司治理机制规制不足情况下的补充,法律政治具有强制性约束机制,治理对象处于被动地位,治理效率低下,通过价值观念治理培育企业文化,提高企业组织成员的配合度,通过价值观念的考核,限制代理人的一些行为。

2. 市场治理规制

市场治理规制包括产品市场途径、资本市场途径、控制权市场途径等。产品市场途径在给企业经营管理带来压力的同时可以反映出公司治理的效率,公司治理的效果均会通过产品市场竞争力反映出来。资本市场作为公司交易平台,对股票交易融资活动具有规制作用,如当企业经营管理效率低下时,公司的股票价值下跌导致公司市值下降,这种公司将成为被收购的主要目标,为了维持公司运营,公司要提高其经营效率。控制权市场途径是指企业在资本市场中通过收购等活动实现公司治理权的转移,从而对公司治理产生本质的影响,近年来机构投资者大量参与企业兼并购活动,引发了企业之间的并购热潮,从而提高了公司利益相关者对公司治理机制的关注度。

公司外部治理规制体现了社会公共利益对企业的要求,是公司社会责任的一部分。在公司股票交易融资上,公司外部治理主要体现在公司股东参与公司股票质押融资的规制与公司回购公司股票、公司被杠杆收购时股票质押融资的规制。

二、公司治理规制对股票交易融资活动的影响

公司治理规制,通过改善上市公司的治理结构,提高治理的水平,增强对管理层的监督,建立激励机制,能够有效地提高代理的效率,从而降低管理者与所有者之间的代理成本,使公司内部信息透明化,从而减少了对上市公司融资的各种约束。良好的公司治理主要从以下四个方面影响公司股票交易融资:一是可减少融资成本,提高了融资的效率,可使公司在证券市场上获得公司发展所需要的资金,提高公司的战略目标实现的

概率,从而提高公司股票对投资者的吸引力;二是可以增加投资者对股市股票的持股信息,提高公司股票的估值,反过来又进一步提高公司配股或增发股票的价格,使公司获得更多的发展资源;三是可以使公司持续保持蓝筹绩优股的形象,成为具有长线投资价值明星股,使公司股票成为各种股票指数的成分股,成为投资基金争相配置的投资标的,也使公司股票在融资融券交易中提高其质押融资的比重;四是在优胜劣汰的市场经济中,良好的公司治理使公司强者恒强,绩优公司容易获得各种资源去收购别的公司,进一步做大做强,使公司持续保持成分股与蓝筹股的身份,使公司股票持续成为投资者争相融资买入的标的;五是公司绩优股的形象与良好的发展前景必然被战略投资者所看重,实力雄厚的外来产业资本很可能战略收购本公司,质地优良的公司股票是质押融资的好标的,往往会成为杠杆收购的目标;六是良好的公司治理使公司面临被战略收购时不会因为少数大股东的狭隘个人利益,不会因为控股股东为了保持其控股地位滥用其控制权而使用公司资源对抗收购,当战略股东收购成功后,公司的原管理层无法利用混乱的公司治理阻挠新入主的战略并购者调整公司的发展战略,从而使公司朝着更有利于公司做强的方向发展。

三、股票交易融资规制措施——从完善公司治理制度的角度

(一)制衡性股权结构有利于降低股票交易融资的风险

对质量高的股票趋之若鹜是资本逐利的本性,公诸同好是和谐社会的美德。在上市公司股权结构方面,建立相对分散的股权结构,实现股权相互制衡,有利于保护中小股东的利益,也有利于良好的公司治理制度的建设。从股市投资的实践来看,尽管不排除绝对控股的公司有投资价值,如贵州茅台,但是这种公司毕竟是少数,大量稳健经营与股票持续升值的上市公司均有一个股东制衡的股权结构,从阿里巴巴、新浪、汇丰控股,到万科与金地集团均是如此。无绝对控股股东的公司比较容易被收购,当相对控股的股东无能力凝聚其他股东做强公司时,公司股价将回落到较低的阶段,看中公司整合价值的战略投资者就可能战略收购该公司。通

过重整公司的资源,重建公司的公司治理,引领公司走强,从而逐步提升公司股票的质押融资价值,降低公司股票交易融资的风险。"分散性的股权结构会导致股东对管理层的监督更少,带来高昂的代理成本"①,同样不利于公司价值的实现。一定程度的股权制衡能显著提高公司的价值,但当这种制衡程度超过水平时,反而会损害公司的价值,说明股权不宜过于分散,否则会给公司带来不利影响。②

此外,制衡性股权的公司有利于形成民主的议事机制,有利于防范公司控股股东一股独大下的内幕控制,有利于公司科学发展战略的出台,也有利于公司的稳健与规范经营。而且较为分散的公司股权结构可以减少关联交易的发生,减少股东为了自身利益质押其股权融资给公司带来的价值减损。"股权制衡度和公司价值呈正相关。"③

(二)完善的决策机制有利于防范控股股东操纵公司决策

公司决策机制包括董事会决策机制与股东会决策机制,决策机制是公司治理的核心内容之一。参与股票交易融资的机构既有公司机构与合伙机构,也有合作社机构,在股票交易融资中,投资者风险自担,在投资者意思自治领域里个人投资者不存在公司治理问题,所以只有机构投资者的投资决策才存在企业治理的问题。对机构的投资决策制度,除股东表决机制外,还有企业内部投资决策程序制度、董事会或管理层表决制度、监督制度、投资信息报告制度或信息披露制度问题。

对代客理财或资管项目的资金投向应当向理财人与委托人报告,对理财资金与资产管理资金,理财人与委托人应该有权决定自己投出的资金是否投向风险较高的杠杆收购。在签订理财合同或资产管理合同时就应该被提请注意,是否愿意投向杠杆收购等风险较高的项目,然后再通过投资信息报告制度所获取的资金投向信息来监督资金的投向是否符合理

---

① 宋力,韩亮亮:《大股东持股比例对代理成本影响的实证分析》,《南开管理评论》,2005 年第 1 期,第 30—34 页。

② 邹青,李昌荣,毛顺标:《股权结构与公司价值:基于股权制衡度的理论模型与实证证据》,《南昌大学学报(人文社会科学版)》,2016 年第 4 期,第 46 页。

③ 廖云欢:《我国上市公司股权结构与公司价值的关系研究》,《商业会计》,2016 年第 18 期,第 45 页。

财人与委托人的投资意向。

杠杆收购融资来源种类繁多,对来源于银行贷款与保险资金应该遵循银行与保险公司的公司治理制度,防止控股股东操纵决策,涉及到公众利益的资金还应该履行信息披露义务。

第四节　信息披露原则

一、信息披露原则概述

股票交易融资活动的有序进行离不开监管制度,而信息披露则是监管制度中的核心内容。所谓股票交易融资中的信息披露,是指将相关信息向有关利益的主体进行公开,接受相关主体的监督。从当事人意思自治的论述中可知,信息披露制度的设置是为保证杠杆收购等股票交易融资参加人与参与人的知情权,通过信息披露制度使当事人及时掌握股票交易融资的信息,从而决定要不要参与股票交易融资、参与的时机与参与的程度,所以信息披露制度是当事人意思自治更好实现的保障制度之一。

(一)信息披露原则的理论基础

1. 信息不对称理论。在股票交易融资活动中存在着许多的信息不对称现象。尤其是中小投资者,在对上市公司信息的获取,对股票交易融资活动专业性的理解方面都存在障碍。由于中小投资者的不利地位,一方面使得中小投资者为了规避风险不愿用较大成本去投资更加高质量的融资活动,抑制了融资活动的发展;另一方面,中小投资者对低质量融资活动的支持,导致大量的低质量公司涌入证券市场,不利于融资活动的发展。同时,信息不对称极易引发道德风险,导致信息披露虚假,内幕交易等违规行为发生。[1]

---

[1] 胡嘉君:《证券交易所信息披露监管问题及建议》,《合作经济与科技》2017 年第 10 期,第 80 页。

2. 有效市场假说。该学说建立在完全自由竞争的市场以及信息传播是完善畅通无阻的基础之上。针对资本市场中存在的信息披露、信息传输、信息解读等各个环节出现的问题，加强信息披露制度，是建立有效资本市场的基础，同时也是提高资本市场有效性的起点。

(二) 信息披露原则的具体内容

1. 信息真实原则。在股票交易融资活动中，信息披露主体对其公开披露信息内容，必须保证其真实客观性，不能存在披露虚假信息、编造虚假信息等情况。

2. 信息完整原则。对于股票交易融资中披露的信息，应当确保其完整性，特别是双方对对方交易主体有利信息披露的完整性，不得出现重大遗漏现象。

3. 信息准确原则。对于股票交易融资信息的披露，应当用明确具体的语言文字加以描述，准确表达信息的内容，保障市场相能够准确无误地获取相关融资信息。

4. 信息及时原则。在对股票交易融资相关信息进行披露时，应当保证披露的时点在融资活动进行之前，并保证相关主体对信息内容有足够的理解时间，确保披露信息对利益相关主体的有效性。

(三) 信息披露原则的意义

1. 从我国融资活动信息披露本身来看。证券市场的信息披露是证券交易主体之间进行沟通交流的重要方式之一，是保障资本市场有效运转的重要制度之一。融资活动具有特殊性、专业性等特征，因此，交易活动的成功与否很大程度上依赖于交易双方主体对交易信息的掌握程度，信息披露的准确性、完整性、真实性就显得尤为重要。同时，在股票交易融资过程中，存在信息不对称现象，上市公司和中小投资者之间在信息收集、信息理解能力等方面都存在差别，易导致交易价值评估方面的差距，使道德风险增加，影响融资交易的平稳运行，这时就需要信息披露原则发挥作用。

2. 从我国上市公司信息披露方面来看。针对融资活动进行研究，我们可以看出，由于上市公司的逐利性特征，其对信息披露缺乏主动性。另外我国对于上市公司信息披露缺乏一套有效的规制体系,导致了一系列问题存在。一方面,上市公司内部管理人员未将信息披露作为自己的义务加以遵守,导致投资者要求其进行信息披露时,管理人员不能及时准确地披露信息。另一方面,虽然上市公司披露了信息,但由于其逐利性特征,出于对自身利益的考量,对投资者披露的信息往往不完整,甚至隐瞒了对其不利的信息。这些现象不利于融资活动的公平交易,制约了我国资本市场的发展。

3. 从保护投资者方面来看。核准制度方面,发行人披露的信息往往在政府导向之下,更多的为了自身利益获得发行资格而顺应相关政府的要求披露相关信息,使得投资者不能完整准确地掌握融资活动相关信息。注册制方面,一定程度上,注册制通过将信息直接披露给消费者,一定程度上防止了政府的干预作用,但由于投资者专业能力有限,对于融资活动往往不能作出正确的判断,不能较好地防范融资活动中产生的风险,相比之下投资者处于弱势地位。因此,应通过法律制度规制保护投资者利益,建立法律教育、法律宣传以及法律援助等方式提高投资者的判断能力。

4. 从政府监管方面来看。由于我国资本市场尚处于不断发展阶段,还不够成熟,投资者在股票交易融资活动中处于不利地位,由政府专业的监管机构通过对融资活动专业的分析审查,能够在一定程度上防止投资者由于信息不对称导致利益受损情况。

二、我国股票交易融资活动中信息披露现状

(一) 存在的问题

1. 企业信息披露不规范,不主动。我国法律对于上市公司信息披露作了严格的规定,但在实践中,由于上市公司的逐利性以及违规披露惩罚措施不严等因素,导致企业不能规范披露信息。同时,对于信息披露,上市公司往往将其视为一种负担,没有义务意识,导致信息披露缺乏主动性。[①]

---

① 霍家兴:《论证券信息强制披露制度》,《法制博览》2018 年第 22 期,第 19 页。

2. 披露的信息不及时、不准确、不真实、不完整。首先从公布时间上来看，上市公司经营活动是一个不间断的过程，在信息披露方面也应当保证其动态过程，但在实践中，信息披露不及时，信息间断公开等情况较为普遍。其次从信息披露内容方面来看，虚假信息披露泛滥，为了维护自身利益，上市公司故意制造虚假信息，公布虚假的信息，伪造利润，侵犯投资者合法利益。

(二) 问题产生的原因

1. 信息披露缺乏法律监管。目前对于信息披露制度的监管，一方面我国借鉴发达国家有益经验，另一方面不断在实践中针对我国资本市场发展现状，进行及时修正，总结出适宜我国资本市场发展的信息披露制度。这种方式导致我国关于信息披露制度监管的法律不健全，存在许多漏洞，一些上市公司就利用这些漏洞，尽可能不及时准确地向投资者披露信息。

2. 监管机构方面。首先，证监会对于股票交易融资的监管具有滞后性，证监会进行监管活动往往是经过举报或者因违规情况造成严重后果，没有形成预先监管制度，同时也没有设置专门的监管部门及时防止违规信息披露现象。其次，一些行业自律组织没有发挥作用。我国如证券交易所等行业自律组织往往在政府的干预下发挥监管作用，由于政府加以干预，监管权力的行使缺乏中立性。

3. 证券市场立法观念不合理。我国对于证券业的相关立法遵循宜粗不宜细的规则，就是在整个法律框架下针对一系列法律法规进行不断完善，而非对信息披露规定得更为严格细致。由于在 20 世纪我国证券市场发展混乱，监管秩序形同虚设，因此，此种立法观念在当时对证券市场发展提供了助力，但此种立法观念不能适应如今证券市场发展的要求。

4. 上市公司股权结构不合理。上市公司治理结构一定程度上影响着信息披露制度，我国上市公司存在股东大会形同虚设，大股东操纵公司等现象，在一定程度上简化了行政效率，但一旦信息披露出现问题，不能通过公司治理结构得到及时有效的制止，部分大股东把控融资活动的重要信息，导致信息披露不真实、不合理，缺乏外部监管机制，损害了投资者的利益。

三、股票交易融资的规制措施——从信息披露原则角度分析

1. 完善信息披露监管法律规定。对于信息披露相关内容，我国法律已经作了明确的规定，但现实可操作性不强的原因主要在于违规成本较小，即对于违反信息披露制度惩罚力度较小，因此，应当加大对违规披露行为的处罚。首先，提高监禁性惩罚力度。由于违反信息披露义务往往涉及投资者和社会公众的利益，同时也会影响证券市场整体发展，因此，在刑罚设置方面应当适当加重刑期，并规定累犯应当从重处罚的情形。其次，对于罚金刑设置相应倍数。对违反信息披露义务给投资者及证券市场造成的损害情况，及获利情况等进行分析，以倍数原则来设置罚金标准，一方面，能够使违规者得到较大力度的惩罚；另一方面，对其他交易主体起到警示作用。[①]

2. 完善监管机构职责。证监会方面。证监会在对信息披露进行监管时，侧重于对市场主体行为是否有效的监管，证监会的工作重点应当是对市场行为的监督。在证监会内部设置专门的信息披露执行部门，专门监督融资活动中的信息披露活动。证券交易所方面。首先应当保障证券交易所监管的独立性，在法律中对于证券交易所的性质、职责、法律地位等内容作出具体的规定。其次，赋予证券交易所更多独立的监管权力，如惩处权，检查权等。最后，证券交易所在进行监督完毕后，应当制定监督报告，向社会公布，及时接受社会公众的监督。证监会有权监督证券交易所的活动。证券自律组织方面。融资活动中的中介机构、证券业务协会等行业自律组织，应当制定详细的信息披露机制，引导组织中的会员积极履行信息披露义务，并设置相应的违规处罚措施，保障信息披露活动的进行。

3. 优化信息披露措施。首先，建立严格的信息披露制度，上市公司

[①] 孟笛青：《论我国证券法信息披露规则的完善》，硕士学位论文，广西大学法学院，2017 年 6 月，第 35 页。

的重大经营信息,凡是对股票价格有敏感性影响的经营信息均应及时披露;融资主体融资信息的及时披露,各类基金与重大投资主体利用融资融券与购进股票的信息应该在合理的时间内披露,杠杆收购融资信息与杠杆收购目的与收购进度信息的披露,理财产品与资管产品资金投向与购买标的信息的披露。各类信息披露主体要建立信息披露清单,将披露主体、应披露的事项与披露的时间、披露的方式,公众监督的途径,信息披露义务人对公众监督的回应等均应该详细规定。其次,顺应网络科技的发展,拓展信息披露方式,建立专门的信息披露模块,让需要了解信息披露的主体能通过该模块快速检索到自己需要的信息。再次,加强券商的信息披露服务制度建设,将股票交易融资信息进行实时监控,出现交易异常立即报告给监管部门。最后,加强机构投资者的股票交易融资信息的报备制度,对机构投资者自身的资本构成、经营范围、组织机构等基本信息向监管机构报备,对机构投资者投资证券市场的资金来源、资金构成、融资融券信息进行报备。

4. 加强媒体合理监督作用。媒体传播迅速,在一定程度上引起社会公众的关注,对于信息披露制度有一定的促进作用,但同时媒体的报道往往具有主观性,并不能完全反映客观事实,一旦出现差错,对司法公正具有一定的阻碍作用。对于媒体监督,应制定一系列规范措施,引导媒体进行合理报道,并设置一定的惩罚措施,防止错报情况发生这是保障上市公司信息披露的制度要求。实践中,尽管证券信息披露要求在监管部门指定的报刊等特定信息载体上披露,但是仍然有一些涉及上市公司或证券市场的信息先于指定的信息披露媒体上披露,而且这一行为的发生也仅仅是受到信息披露义务人的谴责与警告而已,并没有严格地追究非指定媒体擅自率先披露证券信息的法律责任。所以《证券法》的修订中应该严格规定信息披露的行为与责任。

第五节　融资杠杆适度原则

融资杠杆适度原则是股票交易融资流通性与安全性价值的必然要

求,也是监管者针对逐利的市场主体追求效益最大化所滋生的贪婪与自私的一种微观矫正措施。

一、融资杠杆对我国股市的影响

(一) 积极影响

1. 提高股市的流动性。在股市中,资金的流动和信用的扩张对股市发展十分重要,由于受到自身资本金等方面的影响,为了保障流动性特征,采取适当的杠杆行为是必要的。融资杠杆在保障股市正常运作的同时提高了流动性,甚至带动了整个金融体系的流动性,是保持股市活力的重要因素。[①]

2. 加速资本积累。融资杠杆最大的特征就是利用较少的资本去获得较大的资产,极大地提高了资本的利用效率,因此在融资交易中,若操作得当,利用其杠杆率,能够在较少的时间内获得较大的资本积累,极大地提高获得收益的效率。

3. 调节货币政策。货币政策一般通过对货币利率进行调节,保障货币的供应需求。通过改变银行资本金达到控制整个市场资金流动性的目的。银行通过融资杠杆活动增加资本金倍数,使得融资杠杆与机构性杠杆共同发挥作用,加速资本市场流动性,从而调节宏观货币政策。

(二) 消极影响

融资杠杆在对资本市场发展带来积极影响的同时,由于其高杠杆性,也伴随着相应风险,如果操作不当,可能导致交易主体资金链断裂,出现违约和清算现象,甚至引发系统性金融危机,其消极影响主要包括以下几个方面。

1. 使实体经济融资更加困难。在融资交易实际运行当中,不少金融机构为了提高杠杆率规避监管,采取地下交易方式进行融资,使得资金在

---

① 谷寒婷:《宏观稳定性视角下的金融杠杆与金融安全》,硕士学位论文,浙江大学金融学院,2018年6月,第21页。

金融机构内多轮空转,由于其他金融机构在交易过程中也要获利,因此最终到达实体经济时价格会较高,导致实体经济融资成本增加,给实体经济融资增加难度,不利于实体经济发展。

2. 不利于金融监管。在目前加杠杆运作模式之下,融资业务往往伴随着复杂的业务交叉,投资链条较长,交易标的种类复杂多变,金融监管机构难以识别创新型融资交易活动带来的风险,给我国金融监管带来了巨大的挑战。

3. 增加金融风险。随着融资活动的发展,金融机构为了吸引客户进行融资往往通过提高杠杆率来抢占客户资源,一方面导致金融机构负债端成本越来越高,另一方面增加了客户融资风险。同时,由于金融机构在融资交易中更倾向于发展投资收益高的产品,导致投资资金从利率债转为信用债,增加了信用风险发生的概率。

(三) 去杠杆对我国股市的影响

2015 年股灾爆发,监管层开始重视对杠杆活动的监管,并在 2016 年开始实施去杠杆政策。从前文可以看出高杠杆给我国股市带来了许多消极影响,因此去杠杆是监管层的必然选择,但我国目前许多金融机构仍然依赖高杠杆,去杠杆政策在带来积极影响的同时也会产生消极影响。

1. 银行资金成本提高,给金融体系带来较大压力。去杠杆政策导致了银行资金成本提高,同时由于监管加强,银行间同业拆借利率上升,同业拆借业务下降,给现在依赖高杠杆的金融体系带来了压力。

2. 实体经济借贷成本提高。去杠杆从长远来看能够改善融资结构,降低融资成本,更好地发展实体经济。但从短期来看,企业的企业债成本增加导致企业债券发行量下滑,给实体经济融资带来障碍,在一定程度上减缓了实体经济发展速度。

3. 引发流动性危机。由于目前我国许多金融机构仍依赖于高杠杆融资,因此,过度去杠杆改变了金融市场的微观结构,在防范了系统性金融风险的同时可能导致市场流动性减弱,进而引发流动性危机。

二、融资杠杆的"适度性假说"

所谓"适度性"就是一种状态,在这种状态下,股市发展与实体经济的发展处于相互促进、相互协调状态。股票交易融资能够较大地发挥其促进经济发展的作用,保障经济效率及稳定。"适度性"包括以下特征。

1. 适度性是动态的。适度性不是一个静态的状态,它会随着经济社会的发展,政策环境等因素的变化而变化,因此,要结合国家政策、文化发展并结合本国经济发展状态确定适宜的杠杆水平。

2. 适度性成本收益具有相对性。在适度性中成本和收益是相对的,没有具体明确的分界点,适度性体现了经济增长和金融市场发展之间的非线性关系,因此对于适度性我们要从整体宏观角度加以判断。[①]

3. 适度性不是最好的状态。融资杠杆的适度性不是一个确定的值,即使在时间、地区、市场等因素都十分确定的情况之下,适度性也会是一个区间,我们需要明确的就是这个区间的上下限。

4. 适度性不易判断。由于适度性是一个动态的状态,因此对于是否"适度"不易判断。虽然我们无法具体地加以判断,但我们可以通过"过度"来加以识别,在实践中,我国往往通过"过度"反映出来的结果,例如引发金融风险,带来系统性金融危机对适度性加以判断。

5. 适度性与资本市场中资源配置的公平性相适应,适度的融资杠杆,能够保障宏观方面和微观方面的运作效率及稳定性。宏观方面主要表现为整个资本市场的稳定发展,微观方面主要表现为各金融机构、交易主体经济能力与债务负担相适应的状态。融资杠杆与融资活动的内部治理机制,经济发展方式、水平及结构等方面相适应。

三、股票交易融资杠杆机制

1. 对融资杠杆实行区间管理

融资杠杆的不同导致股票交易融资对经济发展有不同的影响。我国

---

① 朱澄:《金融杠杆水平的适度性研究》,中国金融出版社,2016年,第258页。

可以实施对融资杠杆的区间管理。所谓区间管理是指设置一个合理的融资杠杆区间,当融资杠杆低于这一区间时,可以采取适当的加杠杆政策,当融资杠杆高于这一区间时,可以采取适当的去杠杆政策,从而保持融资杠杆水平的稳定性,减少融资杠杆波动对经济发展带来的负面影响。另外,由于我国地域广阔,东部沿海地区和西部内部地区经济发展水平有较大差距,因此在实施融资杠杆区间管理时,在考虑我国经济发展现状的同时也要考虑不同地域的实际情况,根据不同地域经济发展情况,设置相应的融资杠杆区间。

2. 建立融资杠杆风险预警机制

首先,建立融资杠杆风险评估机制。根据我国资本市场环境、股票交易融资发展状况,建立适合我国国情的融资杠杆风险评估体系标准,在发生风险时能够及时识别风险。其次,建立融资交易风险管理机制。针对不同时期股票市场交易的活跃程度以及证券市场企业融资的需求,结合货币市场资金的宽裕度、投资者股票操作的意愿、投资者风险偏好的变化以及投资者风险管理能力,及时调整融资主体与供资主体的融资杠杆率,这一点国内外学者持相同的观点。Karl Schmedders 在 2013 年认为监管机构应该根据股票市场的繁荣与衰退情况调整股票抵押融资的保证金比例,最低保证金要求适用于整个商业周期,在繁荣时期应施加额外保证金。[①] 对投资者融入资金风险的偏好度与风险管理能力有赖于证券商跟踪融资客的融资交易行为,并运用大数据进行智能分析才能提高跟踪融资交易效力与分析效果。再次,建立科学的融资交易风险处置机制。监管层在获得股票交易融资的异常信息,并运用智能分析软件分析后发现单个机构投资者的融资交易信息有违反合规性要求的,应该及时发出监管函,对单个机构投资者这种日常的融资交易信息监管可以委托券商进行,在每日股市收盘后由券商根据各个机构投资者的当日的融资交易信息发现有超融资杠杆比例的行为应及时通知该投资者补充交易保证金,不补充交易保证金的,券商应运用交易系统在第二日股市开盘时自行将

---

① see Johannes Brumm,Michael Grill,Felix Kübler,Karl Schmedders. Margin Regulation and Volatility, http://ssrn.com/abstract=236641.pdf.p.3,2019 年 10 月 5 日。

超过杠杆比例的融资交易盘清仓。对券商每日报给证券监管部门的融资融券交易信息应进行智能分析，发现整个证券市场融资融券交易数据持续上升，当融资交易买入盘占到证券市场融资融券交易券的某个历史触发警戒线的数字时，应及时发出监管指令，降低融资融券的融资杠杆，再综合其他金融风险因素，如果发现融资交易盘面临风险警戒线时可以发出要求证券投资者增加交易保证金的要求，如果投资者在第二日开盘时没有缴纳要求比例额保证金，可以发出强行平仓监管指令，并交由券商协助执行。对复杂情况需要深入分析方能明确风险的，监管层可以对临近融资警戒线的投资者发出暂停融资融券交易指令，待证券融资交易风险解除后再行恢复融资交易者的融资融券业务。这一监管措施同样适用于杠杆收购者融资交易的风险监管。

第六节　一致行动人合并计算原则

一、一致行动人概述

一致行动人，是指某一投资者与其关联人共同持有某一上市公司股份或者共同融资交易买进某一上市公司股票时，他们持有的股份或股票应合并计算，其融资融券交易所融入的资金或标的券应该合并计算以防关联人之间操纵公司治理或操纵证券交易从而引发证券交易风险。一致行动人合并计算原则既可以及时防范公司购并中的关联人利用关联交易镶嵌融资杠杆（在杠杆之中再加杠杆），规避融资杠杆率的监管，也有利于及时防范关联股东在增持上市公司股份时因股份持有比例达到上限而触及退市的风险，在公司的日常治理中亦起到防范公司操纵上市公司治理与利用关联交易掏空公司的风险。

在上市公司股票交易融资活动中，联合起来收购一个目标公司的股份并就收购的事项达成协议的两个或两个以上的人成为一致行动人。一致行动人合并计算原则是为了加强法律对一致行动人行为的规制，即一致行动人应当合并计算其所持有的股份，投资者计算其所持有的股份，应当包括登记在其名下的股份和在其一致行动人名下的全部股份,如《上市公司收购管理办法》中第 12 条规定,投资者及其一致行动人在一个上市公司中拥有的权益应当合并计算。

(一) 一致行动人存在的合理性

1. 扩宽了信息渠道,在一定程度上减少了盲目融资现象。一个投资人获取的关于融资信息是有限的,往往不能准确全面地收集信息,多个投资人收集的信息更能反映目标公司的整体运营状态,由于涉及自身利益,在对目标公司进行考量时也会更加全面,能够极大程度地保证融资活动顺利进行。

2. 有利于降低融资成本,方便收集资金。股票交易融资活动所需资金是一笔较大数额,一致行动人对于资金不足的企业来说,可以分担其融资活动所需资金,从而以较低的成本完成融资活动。

3. 有利于降低融资风险。在股票交易融资活动中,为投资者带来巨大利益的同时也伴随着风险,一致行动人原则有助于分散风险,在融资失败时,能够进行风险分摊,减少了单个投资者的融资压力。

4. 有利于提高融资效率。多个行为人同时行动,加快了融资的速度,提高了融资的质量,促进融资活动更加高效的运行。

(二) 对一致行动人规制的必要性

首先,一致行动具有隐秘性特征,外在表现往往是一个人持有上市公司股份。在融资活动中,投资者一般是单个主体进行活动,投资者之间通过协议方式确定各方主体之间的权益归属,各方主体之间的融资信息往往不被外界知悉,对上市公司股东利益与市场秩序会造成一定的影响。

其次,一致行动人个体利用其掌握的融资信息,规避法律中规定的信息披露义务,进而侵犯其他投资者的利益。由于投资主体之间存在信息经济等方面的差异,目标公司中小股东相对来说处于弱势地位,在融资过程中极易出现不公平交易现象,损害弱者利益。因此,法律有必要对一致行动人进行干预,赋予弱势群体更多的保护性权利,增加强势主体更多的义务,维持融资交易主体的平等地位,保证证券市场融资交易的平稳运行。

最后，一致行动人制度容易导致一段时间内股票交易数量的增大，进而导致股票价格剧烈波动，引发股市动荡。在这种情况下，如果不加强监管，容易出现内部交易、操纵市场等情况，影响正常的融资交易活动。

二、我国规制一致行动人的主要法律法规与存在的问题

（一）规制一致行动人的主要法律法规

1.《证券法》

我国《证券法》中还没有专门出现一致行动人字眼，但从其内容可以看出对一致行动人的规制部分。《证券法》（2020年3月1日生效）第63条规定：通过证券交易所的证券交易，投资者持有或者通过协议、其他安排与他人共同持有一个上市公司已发行的有表决权股份达到5%时，应当在该事实发生之日起三日内，向国务院证券监督管理机构、证券交易所作出书面报告，通知该上市公司，并予公告，在上述期限内不得再行买卖该上市公司的股票，但国务院证券监督管理机构规定的情形除外。投资者持有或者通过协议、其他安排与他人共同持有一个上市公司已发行的有表决权股份达到5%后，其所持该上市公司已发行的有表决权股份比例每增加或者减少5%，应当依照前款规定进行报告和公告，在该事实发生之日起至公告后三日内，不得再行买卖该上市公司的股票，但国务院证券监督管理机构规定的情形除外。投资者持有或者通过协议、其他安排与他人共同持有一个上市公司已发行的有表决权股份达到5%后，其所持该上市公司已发行的有表决权股份比例每增加或者减少1%，应当在该事实发生的次日通知该上市公司，并予公告。"与他人共同持有股份"符合一致行动人的定义，该信息披露义务同样适用于一致行动人。第65条规定，投资者通过协议或其他方式与他人共同持有一个上市公司已发行股份达到30%时，应当依法向该上市公司所有股东发出收购上市公司全部或部分股份的要约。《证券法》第四章上市公司收购中对于投资者的相关规定，对一致行动人同样适用。

2.《公司法》

《公司法》对于一致行动人的规定主要体现在对收购活动中关联方的限制当中。《公司法》中所指关联关系,是指公司控股股东、实际控制人、董事、监事、高管与其直接或间接控制的企业之间的关系。关联关系一方面能够促进公司的经营管理,降低交易成本,明确交易过程,另一方面若交易方不如实履行信息披露义务,利用自身掌握信息优势,故意隐瞒对其他投资者有利的相关信息,则会损害公司及其他投资者的相关利益。《公司法》对关联关系的规定主要包括以下几个方面。关于整体原则,规定关联关系不能对公司利益造成不良影响。关于关联关系方应当遵守的义务,公司股东、董事、监事及高管应当履行诚实信用义务。关于回避制度的规定,被担保的股东或受被担保的实际控制人支配的股东,不能参加有关其利益事项的表决。关于法律责任,股东出现职权滥用时应当履行赔偿责任;在职务执行过程中如果造成利益受损,应当履行相应赔偿义务等。

3.《上市公司收购管理办法》

《上市公司收购管理办法》在第二章权益披露第 12—19 条对一致行动人的信息披露义务作了规定,如第 14 条第 2 款规定,一致行动人在拥有权益股份达到上市公司已经发行股份的 5% 之后,其所拥有权益发生相应的变动时,应当履行变动义务。同时规定投资者及其一致行动的他人属于上市公司的同一收购人范畴。对于举证责任,规定若收购人之间具有关联关系,把举证责任归于收购方,若其不能提供证据,则推定收购人为一致行动人。

4.《上市公司信息披露管理办法》

我国《上市公司信息披露管理办法》对一致行为人的信息披露义务作了规定,如第二十八条规定上市公司应当关注本公司证券及其衍生品种的异常交易情况及媒体关于本公司的报道。证券及其衍生品种发生异常交易或者在媒体中出现的消息可能对公司证券及其衍生品种的交易产生重大影响时,上市公司应当及时向相关各方了解真实情况,必要时应当以书面方式问询。上市公司控股股东、实际控制人及其一致行动人应当及时、准确地告知上市公司是否存在拟发生的股权转让、资产重组或者其他重大事件,并配合上市公司做好信息披露工作。

5.《关于进一步加强保险资金股票投资监管有关事项的通知》

该通知规定保险机构不能与非保险机构组成一致行动人参加上市公司的收购活动。一致行动人不是保险资金应当服务的对象。

（二）存在的问题

1. 对一致行动人的认定模糊

关于一致行动人的界定，在相应的认定标准和程序方面不清晰，规定较为抽象，不全面。如我国《证券法》中并没有关于一致行动人涵义的界定，《上市公司收购管理办法》关于一致行动人举证责任倒置中"相反证据"的界定不明确。同时由于一致行动人活动较为隐秘，给相应的取证监管活动带来了挑战。

2. 对一致行动人的义务界定不清

对于一致行动人的相关义务，从以上法律文件中可以看出，一致行动人的相关义务与其他相关投资者的义务是规定在同一法律条文中的，一致行动人与普通投资者并没有明确的法律界定。但从实践中我们可以看出，一致行动人有其特殊性，对其义务应当设定专门的法律条文加以规定。另外，《证券法》中关于信息披露的内容方面规定较为明确，但缺乏对信息披露方式的相关规定。

3. 对一致行动人的法律责任不明确

对于一致行动人的法律责任，我国法律对一致行动人不履行自身义务进行了相应的规制，若一致行动人是自然人，能对其进行证券市场准入方面的限制，另外，我国的民事赔偿制度也逐渐建立起来。[①] 目前，我国对于一致行动人法律责任的规定，尚有许多不足之处，一方面，对于一致行动人没有充分履行自己的法律义务，从而损害了其他投资者的利益，应当要求其承担相应的法律后果，另一方面，对于一致行动人的法律责任，我国没有进行单独立法，一致行动人与上市公司收购人等其他主体适用相同的法律条款，关于一致行动人应当承担的民事责任，规定不健全，对

---

① 杨少婷:《上市公司收购中一致行动人的法律监管研究》，硕士学位论文，华侨大学法学院，2017 年 12 月，第 20 页。

于如何规制,由哪方主体承担举证责任等方面都没有作出具体规定。

三、国外关于一致行动人的规定

(一)英国

英国是自律性监管模式的国家,没有专门针对证券市场进行监管的监管机构,对于证券市场监管的制度也都散见于公司法及其判例当中,因此英国有关证券市场的监管是建立在英国自律性监管模式基础之上的。[①] 对于一致行动人的监管,主要集中在《伦敦城市并购法典》规则当中,同时"一致行动人"概念也首次出现在《伦敦城市并购法典》中。

该法典中规定,一致行动人包括根据正式的或者非正式的契约或协议进行合作,通过交易主体其中任何一方购买公司股份,从而获得该公司控制权的各个收购方,对于一致行动人,在信息公开时应看作是一个人,即一个主体。若具有特定关系的人能够提出相反证据,则可以推翻一致行动人的设定,从中可以看出,这加重了一致行动人的举证责任。同时法典中将目标公司的董事作为一致行动人,加重了董事的信息披露义务,一定程度上防止了其在收购过程中利用其优势地位损害其他股东利益的行为。

2006年《2006年公司法》对一致行动人的法律责任作了规定。对于信息披露义务方面,该法律规定,一致行动人没有履行相应的信息披露义务,公司可以向法院申请限制其股份转让,或者限制其行使表决权,除此之外,还要承担相应的刑事责任,作虚假信息陈述的,构成犯罪,并将通过公诉程序进行定罪,处以不超过2年的监禁或罚金或者监禁和罚金并罚。

(二)美国

美国实行的是集中型的监管模式,对于证券市场的监管亦采取集中监管方式,由证券市场进行集中统一监管。美国采取完全信息披露模式,

---

① 郑彧:《证券市场有效监管制度现状》,北京:法律出版社,2012年7月,第203页。

在监管层面主要依靠政府对证券市场交易主体信息披露的监管。美国对证券市场的监管往往通过对法定披露信息进行登记备案来保障证券市场的运行和监管,不采取行政审批的方式。

对于一致行动人的界定,美国《1934 年证券交易法》(1968 年通过《威廉姆斯法案》补充)13(d)-3 规定,两个或者两个以上的人为一个合伙、有限合伙或其他团体来获取上市公司股份时,应当看作一人。在司法实践中,美国法院将达成一致行动协议作为一致行动关系判定的要件。对于法律责任,美国 1934 年《1934 年证券交易法》规定,如果一致行动人在申请报告时作出了虚假的陈述,不仅需要承担民事责任,还要承担相应的刑事责任。若一致行动人在融资活动中进行内幕交易,则证券交易委员会将对其提起民事诉讼,判处罚金,并且对于一致行动人中的控制人和非控制人的法律责任也作了区分。

(三) 日本

自日本证券市场建立以来,就由政府进行直接监管。对证券市场的监管,日本从最初的没有专门的证券监管机构到如今的证券机构进行统一监管阶段。对于一致行动人的规制,日本主要集中于《证券交易法》,该法律中规定,共同持有人是指股票持有人与发行人或者其他股票持有人共同取得、转让该股票,或者是在行使表决权时达成合意,同时规定股票持有人之间若存在股份持有关系、亲属关系或其他特别关系时,应当视为共同持有人。[①] 从中可以看出,日本法中对于一致行动人的界定较为宽泛,以他们相互之间的关系作为决定因素。

四、对于一致行动人规制建议

(一) 明确一致行动人的认定标准与程序

从认定标准方面,建立适宜的一致行动人范围,不能过于宽泛增加收

---

① 邵贞:《上市公司收购中的"一致行动人"比较研究》,《法制与社会》2014 年第 13 期,第 282 页。

购的成本,也不能过于狭窄不利于监管机构对其监管。将联合收购和联合投票行为,相同基金管理公司的多个基金、该公司的控股方共同持有上市公司的股份及共同增加减少所持有股份的行为纳入一致行动人规制范围。同时,可以从反面来明确一致行动人的范围,对不属于一致行动人的主体进行规定。

对"相反证据"进行明确。"相反证据"可以分为"形式相反证据"和"实质相反证据",前者指对形式方面的界定,具体包括持股关系、合伙关系、亲属关系以及其他可能有联系的关系的解除。后者指对一致行动人实质要件的否定,具体包括股东对一致行动关系的否定,股东会及董事会中的反对表决,增减持股份的反向操作等。[1]

从程序方面,加强现场取证强度,我国《证券法》规定了证券监管部门的现场检查的内容和程序,与当事人进行直接交流,查阅相关资料了解实际状态等。针对上市公司收购活动,法律对监管机构事后监管权进行了规定,应当加强对事前和事中现场检查的重视,通过调查公司章程、资金证券账户等来判断相应主体是否属于一致行动人。

(二) 完善一致行动人的信息披露义务

首先,完善对一致行动人信息披露义务履行方式的要求。信息披露义务的分别履行导致一致行动人不了解相关人员的实际情况,导致在信息披露时造成信息的遗漏,不利于保障投资者的利益,同时还会产生多份信息披露信息报告,给监管主体加重了负担。因此,要对一致行动人信息披露义务履行方式作出明确的规定,可以规定一人总结一致行动人的信息披露报告书,其他一致行动人均要对这份报告书进行确认并进行签字,当出现问题时,一致行动人对报告书中涉及自己的部分要承担相应的责任。

其次,强化一致行动人自我信息披露意识。一致行动人主动披露有关融资交易中的重要信息,可以减轻监管层的取证压力,节约司法资源。可以规定在一致行动人接受调查期间,一致行动人就要对相应信息进行

---

① 杨少婷:《上市公司收购中一致行动人的法律监管研究》,硕士学位论文,华侨大学法学院,2017 年 12 月,第 28 页。

全面披露,如果事后监管机构发现一致行动人没有完全披露相关信息,则要处以罚金或其他相应处罚。

(三) 完善杠杆收购一致行动人与关系人的法律责任

1. 加重虚假陈述的处罚

虚假陈述是指一致行动人在信息披露时保持沉默,否认一致行动关系,或者向监管机关提供虚假的信息。前两种虚假陈述情况一定程度上加重了监管机关的取证困难,但最后一种情况可能导致监管机关的调查取证方向错误,在发现一致行动人提供的信息为虚假时,要重新调查取证,之前做的调查工作都作废,这种虚假陈述的性质是十分恶劣的,一定程度上浪费了司法资源。因此,对于虚假陈述行为,我国可以规定,当一致行动人违反信息披露义务涉及欺诈、欺骗、操纵或故意等情形时,对其处以更严重的罚金或其他处罚。在杠杆收购中如果发生标的公司与购并者相互配合,利用虚假经营信息等手段欺诈公众投资者的,应当认定标的公司与并购者为共同的虚假信息披露人,顾问公司有斡旋与串通公司与购并者行为的,应为共同的责任人。资金融出人仅仅是提供资金并不知情上述虚假信息的不构成共同侵权人,在刑法上也不构成共犯,如果资金融出人明知有上述虚假信息而提供资金的,应认定为共同参加人,应该承担法律责任。

2. 加强杠杆收购民事赔偿责任

(1) 对于内幕交易。首先,将内幕交易民事赔偿相应的内容规定在法律中,包括民事赔偿的计算标准、举证方式、赔偿原则等方面作出明确的要求,保障监管机关在对内幕交易行为进行处罚时有法可依。在整个司法诉讼活动当中,对于内幕交易活动,针对民事、刑事及行政责任进行统一管理,民事赔偿制度的诉讼时效要建立在行为违法基础之上。其次,把民事赔偿制度纳入刑事附带民事诉讼范围之内。一方面,监管机关在对内幕交易活动进行调查过程中,对于内幕交易的实施细节等方面都要进行检查,在这一方面监管机关比中小投资者能掌握更加全面的内幕交易信息,降低了中小投资者的举证难度,减少了中小投资者的维权成本。另一方面,监管机关在对内幕交易进行查处,以及中小投资者在维权的过程中,打击了内幕交易活动者的违法行为。[①]

（2）引入先期赔付制度。"执行难"问题是我国投资者利益难以得到保障的一个重要原因。一方面,由于我国诉讼周期较长,相关责任主体在诉讼进行过程中转移财产,导致在诉讼结束时没有财产可供执行,损害了投资者的利益;另一方面,在对投资者进行赔付之前,责任主体已经缴纳了巨额的罚金,以至于没有足够的财产赔付给投资者。"先期赔付制度"是指在融资活动中发生虚假提供信息等欺诈行为时,有可能承担责任的主体中的一人或数人先行向投资者进行赔偿,再由先行赔付的责任主体向其他责任主体进行追偿的制度。[②] 这一制度可以应用到杠杆收购的财务顾问上来,在杠杆收购中战略投资者往往会聘请财务顾问对收购标的公司进行调查,并制定融资并购的融资方案,协助购并者收购标的公司。目前我国法律并没有就杠杠收购财务顾问的职责进行明确规定,实践中财务顾问在帮助战略投资者购并上市公司时充当并购信息服务者与部分并购资金提供者的角色,法律并没有将财务顾问公司作为保护公众投资者的连带责任者。当战略并购者利用资金与信息优势等手段操纵标的公司股价时,往往会损害公众投资者的利益,如果战略并购失败而导致标的公司股价崩盘时,可能诱发公众投资者的索赔,这时并购失败的投资者因为要偿还巨额的融资本息与监管层对其的罚款或罚金,可能没有能力支付公众投资者的索赔,如果引入财务公司的连带责任与先期赔付制度,能够最大限度地维护中小投资者的利益,从而倒逼财务顾问公司谨慎顾问、慎重决策。

第七节　金融消费者权益保护标准

一、金融消费者的识别标准

在我国,2006 年银监会出台的《商业银行金融创新指引》这一规章首

---

① 杨少婷:《上市公司收购中一致行动人的法律监管研究》,硕士学位论文,华侨大学法学院,2017 年 12 月,第 35 页。
② 陈洁:《证券市场先期赔付制度的引入及适用》,《法律适用》2015 年第 8 期,第 25 页。

次提出了"金融消费者"的概念。金融消费者主要是指广大的以理财收入作为生活来源的一部分的那类人,这类人不是职业的投资者,其生活来源依靠劳动收入与资本利得收入。衡量金融消费者的标准,一是看其盈利标准,看其是否追求投资的最大化,看其风险认识能力与防范能力;二是看其营业标准,看其是否以金融投资为职业;三是看其金融知识与金融理论标准,看其是否通晓投资理论;四是看风险承受能力,看其是否甘心冒最大的风险去博取最大的利益;五是看其注册或备案标准,如果在金融投资者标准中划分为风险型投资者,并且在管理机关进行了备案或登记,那么这类人可以划入专业投资者而不是金融消费者。同时具备以上五大特征的投资者不是金融消费者而是金融投资者。

二、融资融券金融消费者的范围

金融消费者的风险抵抗能力较低,投入的理财或投资的资金是其生活来源的一部分,缺乏专业的风险防范能力,没有经过专业的金融投资理论的学习与锤炼。往往在金融投资领域属于弱势地位,需要法律给予特殊的保护,目前的银行储户、银行理财者,投保人、保险理财人、信托理财人,与证券投资者中的多数股民与基民,均是金融消费者。保护金融消费者权益就是保护最广大的普通金融理财人与储蓄存款户及保险投保人,这些人理财的目的不是追求利润的最大化,而是追求本金的安全、避免资金贬值或规避生活风险。这些人往往是工薪阶层或农民,一部分人是手工业者或工商个体户。

在股票交易融资中,直接参加融资融券交易的个人投资者要求拥有2年以上的股票交易经验,信用股票账户中有50万元的证券交易保证金方可开通融资融券交易业务,而且在开通前必须接受融资融券的一些基本知识的培训,可以说是具备一定证券交易额专业知识,参与融资融券交易也是为了获取超过本金投资收益的人,具有获取利益最大化的倾向。这类人是否还纳入金融消费者目前尚存争议。但是通过购买理财产品间接参与融资融券交易的人和没有直接参加融资融券的普通证券交易者是金融消费者,目前已达成共识。因而普通证券投资者与间接参与证券交易融资的人应该享有金融消费者的保护。

三、金融消费者的九大基本权利

所谓"天赋较少的人应该获得更多的关照"，对天赋较少的金融消费者，应该设置有利于金融消费者行使权利与保护其基本权利不受侵害的制度。这些制度主要体现在金融消费者享有的九大基本权利，这九大基本权利是金融消费者安全保障权、知悉真情权、自主选择权、公平交易权、依法求偿权、求教获知权、依法结社权、维护尊严权、监督批评权。保护金融消费者的制度就是围绕这九大基本权利的保护而设置的。

金融消费者的安全保障权是指金融消费者在接受金融服务时其生命与财产安全依法受到金融经营者的保护。在这里所说的资金安全不是指理财与投资的财产不受损失，而是指金融消费者在接受金融服务时其身上携带的财物不受侵害，在金融经营者存储与取出的现金不受侵犯，其储蓄与理财的本金与利息，按照其与经营者合同约定的方式得到法律的保护，而不是说金融消费者的理财资金不承担亏损。金融消费者理财与投资的本金与利得按其理财或投资的品种，依照相应的金融法保护，实行投资风险自担，自享投资收益的原则，金融经营者与其他人不得采取欺诈、胁迫、乘人之危、显失公平、内幕交易、虚假陈述、操纵证券市场等方式损害其利益。

知悉真情权是指融资交易参与者或参加者有权知道融资融券的基本信息，经营融资融券业务的券商、资产管理人等有及时向金融消费者披露所接受金融服务项目有关的信息，对信息披露人披露的信息有疑问的可以提出询问，信息披露义务人必须如实告知，当信息披露人的信息披露有瑕疵时可以要求其更正，存在虚假陈述、重大遗漏或迟延披露时应承担相应的法律责任。

自主选择权就是前文所述的当事人意思自治原则，金融消费者有自主参与股票交易融资的自由，也有选择交易对象与金融服务者的自由，任何人不得干涉。公平交易权是指市场准入的公平、交易内容的公平、交易方式的公平，交易信息获取的公平，法律对待上的公平等。依法求偿权是指金融消费者的权益受到侵害时有依法寻求法律保护的权利,在财产受到他人侵害时有权向侵权人追偿的权利。求教获知权是指对股票交易融资的知识与信息不知道的,可以向金融服务者咨询与请教。依法结社权是指股票融资交易者可以通过设立证券交易融资者协会,办理座谈会、研讨会、交流会等社会团体活动的权利,在权利被侵害时可以组织股票融资交易者游行、请愿等实施各种维护自身权利的活动。维护尊严权是指金融消费者的人格尊严不受侵犯,金融服务者提供金融服务时应尊重金融消费者的人格尊严,在其人格尊严受伤害时可依法请求保护。监督批评权是指对股票融资交易中存在的瑕疵与不足可以向金融服务者提出批评,并提出改进的意见,也可以向金融服务者或金融监管部门提出改进股票交易融资制度的建议。

第八节　杠杆收购的反垄断审查

一、公司控股权与公司市场支配地位的关系

"公司控制权实际上是整个公司运作过程中,对公司整体层面的控制,既包括公司决策权、表决权,公司利益分配权,又包括未来政策的走向以及公司个人的一些发展。"[①]单纯从公司控制权本身来看,看不出公司控股权与公司市场支配地位之间的关系,如果将享有公司控制权的母公司与被控制的子公司的生产经营关系来看,就会发现当母子公司之间相关产品的市场占有率合并起来计算时,就有可能构成市场支配地位。

我国《反垄断法》(2022 年 6 月修正)第 23 条规定:"认定经营者具有市场支配地位,应当依据下列因素:一是该经营者在相关市场的市场份额,以及相关市场的竞争状况;二是该经营者控制销售市场或者原材料采购市场的能力;三是该经营者的财力和技术条件;四是其他经营者对该经

---

① 何敬伟:《公司控制权相关问题探讨》,《科学咨询(科技·管理)》,2019 年第 4 期,第 54 页。

营者在交易上的依赖程度；五是其他经营者进入相关市场的难易程度；六是与认定该经营者市场支配地位有关的其他因素。"第24条规定，有下列情形之一的，可以推定经营者具有市场支配地位：一是一个经营者在相关市场的市场份额达到二分之一的；二是两个经营者在相关市场的市场份额合计达到三分之二的；三是三个经营者在相关市场的市场份额合计达到四分之三的。有前款第二项、第三项规定的情形，其中有的经营者市场份额不足十分之一的，不应当推定该经营者具有市场支配地位。被推定具有市场支配地位的经营者，有证据证明不具有市场支配地位的，不应当认定其具有市场支配地位。可见上市公司是否构成市场支配地位不但跟公司的规模与实力有关，还与公司产品的市场占有率有关。按照公司控制权的理论，当母公司持有子公司股份达到一定比例或尽管没有达到控股的程度，但是通过协议或其他安排形成一致行动人时，该母公司与子公司以及公司控制人或实际控制人的市场份额应该合并计算。

战略投资者经常购并产品具有关联性或处于上下游产业的公司股权，如中国平安保险集团购并深圳发展银行进一步打通了银行与保险之间的金融服务，在货币市场与资本市场，甚至在整个金融市场上提高了其地位。一旦原先在某个行业不占市场支配地位的公司，通过购并对某一生产下游产品的上市公司，并获得该公司的控制权时，就有可能构成市场支配地位。

二、公司收购者30%的持股标准应触发反垄断审查

股票交易融资中场外融资与场内融资融券交易一般情况下较少涉及反垄断审查。我国《证券法》对并购上市公司没有规定反垄断审查，这是立法上的疏漏。

我国《证券法》第65条规定：通过证券交易所的证券交易，投资者持有或者通过协议、其他安排与他人共同持有一个上市公司已发行的有表决权股份达到30%时，继续进行收购的，应当依法向该上市公司所有股东发出收购上市公司全部或者部分股份的要约。收购上市公司部分股份的要约应当约定，被收购公司股东承诺出售的股份数额超过预定收购的

股份数额的,收购人按比例进行收购。第73条规定:"采取协议收购方式的,收购人收购或者通过协议、其他安排与他人共同收购一个上市公司已发行的有表决权股份达到30％时,继续进行收购的,应当依法向该上市公司所有股东发出收购上市公司全部或者部分股份的要约。但是,按照国务院证券监督管理机构的规定免除发出要约的除外。"根据上述规定,单独持有或关联人合计持有上市公司股份达到30％以上的原股东通过证券交易所的证券交易,购进公司股票的无需向全体公司股东发出收购该上市公司股份的要约。通过证券交易所的证券交易买进上市公司已发行的股份达到30％,又继续买进股票的股东才必须向公司所有股东发出收购上市公司全部或者部分股份的要约,而且这种情形不能向国务院证券监督管理机构申请豁免,只有协议收购上市公司股份达到30％而又继续收购的才可以向国务院证券监督管理机构申请豁免。一般的股票交易融资往往是为了获取投资收益,也就是财务投资而不是获取公司的控股权,只有杠杆收购上市公司股份并谋取公司控股权时才有触发持有30％股份的要约收购警戒线的可能。这时如果杠杆收购者意在谋取控股权,必然会继续收购股份,继续收购如采取单一的二级市场交易集中竞价模式就无权要求证券监督管理机构申请豁免,如果采取协议收购与集中竞价收购相结合的模式达到上市公司已发行的股份达到30％的,继续收购就可以向证券监督管理机构申请豁免向公司所有股东发出收购上市公司全部或者部分股份的要约。

我国《证券法》规定了证监会在收购者协议收购上市公司股份30％份额后继续收购股份时是否需要全面要约收购上市公司股份的审查,没有明确审查的具体内容,但从立法的意思来看,更像是审查是否需要全面收购剩余股份的审查。这是更多地从保护收购者利益与方便行业整合的角度出发,并没有考虑到收购可能导致垄断地位的产生。所以《证券法》修改时,应该加上反垄断审查这一项,应该规定无论采取协议收购还是证券交易所的证券交易收购上市公司股份达到30％的份额,均应报告给证券监督管理机构,同时收购者应将继续收购上市公司股份可能发生行业垄断的事项向反垄断委员会提出审查申请,如收购方认为自己的收购不构成垄断的话,应该提交不可能构成垄断的说明,并提交不构成行业垄断的证据资料。反垄断执法机构应该从产业政策、反垄断、经济发展等多方面进行审查，证监会在形式上查看反垄断执法机构出具的不构成行业垄断的文件后方可允许收购人继续收购，并结合证券市场、行业特征、上市公司股权结构等基本情况去决定是否豁免收购人向股东全体发出全面收购的要约，对可能构成垄断地位的杠杆收购行为应该禁止其继续收购。证券监督管理机构在审查并购行为是否合法，是否构成垄断时，只有反垄断执法机构的认定才更专业，而且不会发生不同职能的监管部门监管权的冲突。

第九节　股票交易融资的产业政策标准

场内融资融券交易与场外配资很少涉及产业政策标准，只有当融资交易购进的股份达到上市公司控股标准时才会涉及产业政策的问题，单纯的财务投资行为很少会触及上市公司控股标准。在杠杆收购情况下，多数收购者以控制某上市公司为目的，那么这就面临着产业政策的问题。目前我国的证券立法并没有运用产业政策来鼓励或限制上市公司的股份收购行为，只是在企业融资，发行股票与债券时进行了产业政策法的规制。

基于我国经济结构的战略调整与鼓励高新尖端科技企业发展的政策，有必要对我国鼓励发展的高新技术创新企业提供良好的做强做大的法律环境，因而有必要对高新技术创新企业对公司的购并与杠杆收购给予一定的政策倾斜。在收购上市公司股权比例的限制、反垄断审查、是否向剩余的全体股东发出继续收购的要约等方面应该给予灵活的政策，鉴于中国的多数高科技企业，尤其是民营高科技企业，特别是 2020 年 5 月推出的科创板上市企业，多数企业规模较小，在国际科学技术与产品竞争中尚处于弱势地位，所以有必要对这类企业放宽各类审查的限制，尊重小微科技企业战略收购上市公司股份的意愿，提高向剩余的股东发出收购要约的持股比例限制，可以将持股比例限制从 30％提升到 50％，甚至更高。对杠杆收购融资的融资政策也要采取有利于小微科技企业做强做大的方向发展,可以适当提高股权质押融资的质押率,并适当提高收购人的融资杠杆,但是杠杆比例的高低应该交由杠杆融资的当事人根据对被收购股票的风险性与安全性的高低,由当事人自行确定,并做好信息披露工作,以免对公众投资者造成不公平。

第八章
股票交易融资合规性监管的协调机制

第一节　协调机制的组织建设

一、协调机制的内涵

对于协调机制的含义,不同学者从不同角度出发对其进行界定。从协调机制主体出发的学者认为,监管协调机制包括两层含义,一是指政府金融监管部门之间,为了各自履行监管职责的需要和金融监管政策有效实施的目的,相互沟通、协商与合作,以使各自出台的金融监管政策相互之间配合得当、各参与协调的主体之间配合得当;二是指政府金融监管部门与中央银行、政府财政部门之间,为了金融监管政策与货币政策、财政政策等国家宏观经济政策有效实施的目的,相互沟通、协商与合作,使得金融监管政策与货币政策和其他宏观经济政策之间配合得当、各参与宏观经济协调的主体之间配合得当。[①] 从监管协调机制的目标出发的学者,认为监管协调机制主要关注监管主体的监管工作是否和谐一致以及在整体上是否有效率。[②] 从监管协调机制过程入手的学者认为协调机制

---

① 刘隆亨:《制度设计是金融监管协调的关键》《法制日报》2004 年 9 月 2 日。

② 周伟:《金融监管的协调论:理论分析框架及中国的现状》,《财政科学》2003 年第 5 期,第 7页。

可以定义为各类经济和金融组织相互配合,在金融政策、金融行动等方面采用各种形式和层次的共同步骤和措施,来达到协同干预、管理与调节金融运行并提高其运行效率和效益的目的。①

更有学者在研究了监管协调机制在金融监管主体多元化、金融监管目标多样化以及提高金融监管有效性等方面的关系后,综合了理论界对监管协调机制的研究,将监管协调机制定义为,为加强信息交流、减少监管摩擦、提升监管效率、实现特定金融监管目标,通过在监管体系内部进行机构和制度设计而形成的一定的协调体制机制安排。这种监管协调机制,可以是以国家法律法规为保障的强制约束,也可以是"软性"约束,取决于一国对金融监管协调机制层级和效力的制度安排。② 本文对于协调机制的研究以此内涵角度出发。

二、协调机制的特征

股票交易融资合规性监管的协调机制主要有以下特征:

1. 全局性。股票交易融资活动涉及证券、银行及保险等多个领域,整个金融市场是一个整体,因此对于监管机构的协调,要以整个金融环境为背景,以维护整个金融体系稳定为目标,注重银行、证券及保险行业的运行态势,注意监控和防范金融风险在各个市场、机构及国际之间的传播,及时采取有效措施防止系统性风险的出现。

2. 动态性。股票交易融资监管的协调机制必须紧跟金融运行的形势,随着金融运行的状况调整其监管措施。③ 股票交易融资活动的运行是一个动态的过程,金融机构、金融市场及金融监管体系之间会进行策略、机制等方面的调整,最终形成一个整体的流动性制度体系,适应不断发展的金融市场。

---

① 张强、王忠生:《我国分业监管协调合作的制度安排思考》,《财经理论与实践》2004 年第 6 期,第 22 页。
② 蔡军龙:《论混业经营趋势下我国金融监管协调机制的完善》,《经济法论丛》2012 年,第 23 卷,第 101—102 页。
③ 张文显:《二十世纪西方法哲学思潮研究》,北京:法律出版社 2004 年,第 130 页。

3. 效率性。协调机制提出的目的之一就是提高监管效率。加强各监管机构之间的相互协调作用,避免出现重复监管和监管疏漏情况,防止监管机构对市场机制的不良干扰,影响资源配置、自由竞争和金融创新等市场活动,造成监管机构效率低下,资源浪费等情况。

4. 收益性。协调机制的收益性体现在监管机构因减少政策失误带来的收益,因协调性而导致整个金融系统效率提高而产生的收益以及因金融系统效率提高而推动我国整体经济发展而形成的潜在收益。

三、协调机制的内容

1. 监管政策协商机制

在分业监管模式下,不同的监管机构由于自身职责、监管目标等方面存在差别,导致监管政策的制定和实施方面不能达成一致,这时候就需要监管协商机制发挥作用,监管协商机制主要包括以下内容。一是监管政策制定会商。在制定一些跨行业跨市场的金融监管政策时,应当提前通知其他相关监管部门并认真听取其他监管部门的意见,集合多部门的力量进行充分协商,考虑监管政策对整个金融体系的影响。二是统一的监管政策标准。资本市场是复杂多变的,导致监管政策在实施过程中面临许多未知的可能,不同的监管机构基于自身行业发展,从不同角度解读监管政策,易导致监管政策实施标准不一,因此,为了确保监管政策得到有效实施,统一监管政策标准是必不可少的环节。

2. 信息共享与交换机制

监管协调机制的存在意义是为了解决多个监管主体之间信息差别而导致的信息不对称问题。在实践中,仅通过政府干预无法完全解决各监管主体之间面临的信息不同问题,因此需要信息共享和交换机制发挥作用。一个完整的监管信息共享和交换机制应当包括以下内容。一是信息交换方式。信息交换制度主要是解决监管信息交换的内容、频率、方式以及途径等问题。二是信息合理使用制度,监管信息往往涉及金融机构内部运作情况,若使用不当,极易影响金融机构的正常运转,甚至影响整个金融秩序问题。因此,各监管主体在提供或者接收来自其他主体的监管信息时,要对内部信息的使用方式、获得范围等情况作出具体规定并加以遵守。三是信息保密和安全制度。随着网络科技的不断发展,信息的保密与安全问题面临着挑战,监管信息通常包含消费者个人信息及需要保密的部分,因此要采取一定的制度加以保护,保障金融信息安全。

3. 监管行动协调机制

监管行动协调机制主要包括以下内容。一是金融机构市场准入协同审核制度。市场准入协同审核制度作为监管的前置程序,对于跨市场的金融主体,通过实施多个部门之间的准入协同审核机制,能够综合评价该金融主体能否进入金融市场,全面监控金融机构风险来源。二是跨市场创新业务协同审核制度。随着资本市场的不断完善,衍生出如资产证券化产品、金融衍生产品业务等跨金融市场的业务,协同审核制度的建立,使各监管部门从各自监管重点进行市场准入审核,提高了监管效率,保障监管透明度。三是联合现场检查制度。通过联合现场检查制度,监管部门能够全面分析判断金融机构整体风险情况,避免监管重复和监管资源浪费,防止监管套利。四是危机金融机构联合处置制度。所谓危机金融机构,指的是出现金融风险,需要外部监管力量及时介入进行处置的金融机构。建立危机金融机构联合处置制度,有助于集合多方力量防范金融系统整体风险,维持金融系统稳定。①

4. 监管争议处理机制

各监管机构由于监管职责及监管目标的不同,在对金融市场进行监管过程中,难免会出现争议。建立监管争议处理机制,为监管部门之间处理争议提供有效平台,防止因监管部门之间的摩擦导致问题没有得到及时解决影响金融市场的发展。监管争议处理机制主要包括两个部分。一是争议提出机制。争议的提出主体应当是各个金融监管机构,提出的内容主要是在监管过程中和各监管部门之间在监管政策制定、监管行动等方面产生的各种争议。二是争议的裁决制度。争议裁决制度应当遵守公平、公正、公开原则,同时也应保持高效性,通过设置程序化的裁决流程,

---

① 蔡军龙:《论混业经营趋势下我国金融监管协调机制的完善》,《经济法论丛》2012 年,第 23 卷,第 103 页。

提高裁决的透明度。同时,裁决机制还必须具有权威性,要保证裁决作出之后各金融机构能够接受并加以执行。

四、协调机制的职能定位

1. 防范化解系统性金融风险。资本市场在不断完善的同时对金融体系的安全稳定带来了挑战,加大了系统性风险发生的可能性,另外金融混业经营趋势与监管体系不匹配等问题也产生了一些跨市场金融风险。在这种背景下,金融机构通过协调合作保障金融体系的稳定显得尤为重要。因此,监管协调机制应当以防范化解系统性金融风险,维持整个金融系统稳定为首要任务。

2. 降低监管成本,防止监管漏洞,提高监管效率。分业监管和国家统一监管制度在实施过程中,在缺乏有效的监管协调机制时,容易产生监管界限不清,监管权责不明,监管重复,监管缺失等一系列问题,造成监管成本的增加,监管效率低下。因此协调机制的建立应当以防止监管重复和监管漏洞为目标。

3. 保障金融系统稳定。监管协调机制的建立是通过规范金融活动,防范活动实施过程中给金融市场带来的不利影响,从而达到规制金融市场活动,最终实现整个金融体系平稳快速发展的目标。

第二节　协调机制的启动条件

一、监管信息之间的交换共享需要监管机构之间协作

市场经济之所以不能完美运行是由于存在信息不对称性。信息不对称是指信息在交易双方分布的不均衡性,有信息优势的差异。在金融活动中,这种信息不对称性主要表现在两个方面:一是体现在金融机构与客户之间;二是体现在金融机构和监管者之间。被监管者总是比监管者更了解正确的监管决策信息,并且为了自身利益考量,被监管者总是试图隐

瞒对其不利的信息。这种信息不对称的存在使得监管效果和效率低下，因此，要加强监管机构之间的协调合作，使信息能够在各金融机构之间相互流通达到共享的目的，从而降低监管成本，提高监管效率。

二、金融市场混业经营趋势需要监管机构加强协调

我国金融业正呈现出混业经营的新趋势。首先，从政策方面。1999年出台的《证券公司进入银行间同业市场管理规定》和《基金管理公司进入银行间同业市场管理规定》，允许符合条件的券商和基金管理公司获准进入银行间同业市场，从事同业拆借和债券回购业务；同年 10 月，中国证监会和保监会允许保险基金进入股票市场；2000 年中国人民银行和中国证监会联合发布《证券公司股票质押贷款管理办法》，使得符合条件的证券公司能够以自营的股票和证券投资基金券作为抵押，向商业银行借款。2001 年颁布的《商业银行中间业务暂行规定》明确商业银行可代理证券及保险业务。以上政策的实施为金融混业经营提供了政策依据，使得银行、证券、保险业在交易活动中相互渗透。其次，从实践中看，各商业银行纷纷开展金融衍生业务、投资基金托管、代理证券业务、代理保险业务，加强了银行业与证券业、保险业之间的业务往来。银证通、银券通等制度使得进入银行网络就可以进行股票交易。保险业推出了新的险种，如投资连结横跨保险业和证券业，养老金分红保险既有保险功能又有储蓄功能。

随着金融混业经营趋势不断发展，一项业务活动的完成需要经过多个部门的审核。如股票质押贷款业务，需要在银行监管部门以及证券监管部门之间协调共同发挥作用。在监管实践中，由于各监管部门之间监管目标的差异，容易出现监管标准不一等问题，对于一些跨金融机构的金融活动，监管重复和监管漏洞等现象也极易出现，从而导致金融活动审批过程较长，抑制了金融创新，因此，混业经营的金融业发展趋势需要各监管机构之间加强协调合作。

三、金融控股集团的出现需要协调机制加以运作

目前的金融控股公司主要包括三种形式：一是由非银行金融机构形成的控股集团，如光大集团、中信集团和平安保险集团；二是由国有商业银行在海外注册、投资，或与外资合资而形成的金融控股机构，如中国银行的中银国际控股有限公司、中国建设银行的中国国际金融有限公司、中国工商银行的工商东亚金融控股公司等；三是产业资本投资形成的金融控股公司，包括国有企业集团和民营企业集团的投资，国有企业集团又包括宝钢集团、招商局集团、华能集团等，民营企业集团包括德隆、新希望等。

金融控股公司存在着复杂的控股关系和关联交易，在其运行过程中会产生以下问题。第一，为其利用和规避金融机构监管标准的差异提供了便利的条件。金融控股公司可以利用其控制不同金融机构的优势，利用不同金融机构监管标准的差异，通过内部定价、业务代理、资产转移等手段，规避金融监管，从而在不同的监管标准下套取利益。第二，关联交易可以产生于集团成员之间的贷款、投资、担保、承诺和转移定价，也可产生于集团成员之间共享品牌与标识、集团统一的"后台"服务和管理以及集团成员流动性的集中统一管理。关联交易的复杂性可能会使金融控股公司内一个企业经营困难从而导致连锁反应，在集团内其他企业之间传递风险，甚至引发金融危机。建立监管协调机制，统一对金融控股公司监管标准，防止其利用监管标准差异套利；促进信息在不同监管部门之间的共享，防止重复监管或监管真空；制定针对金融控股公司的有关关联交易的规制，防范金融风险。[①]

四、金融风险的复杂性本身需要多机构协调监管

2023年3月国务院机构改革后，中国人民银行不再承担具体的金融

[①] 朱广德：《砥砺前行——银行业改革、发展、监管》，南京：东南大学出版社，2015年7月，第345页。

行政监管职能,成为在国务院领导下参与金融政策的制定与执行的专业性政府机构,以制定和执行货币政策为基础,构建发展规划、财政、金融等政策协调和工作协同机制,增强金融宏观调控的前瞻性、针对性、协同性。围绕党和国家金融工作的指导方针和任务,加强和优化金融管理职能,增强货币政策、宏观审慎政策、金融监管政策的协调性,强化宏观审慎管理和系统性金融风险防范职责,守住不发生系统性金融风险的底线。金融监管局负责对银行业、信托业、保险业等除证券业之外的金融业的监督管理,防范和化解货币市场引发的风险,保护金融消费者的合法权益。从监管职责中不难看出,人民银行主要从货币政策、宏观层面影响金融市场的运行,金融监督管理局制定银行业和保险业等非证券业的监管法规的实施细则和规章,监督相关法规与制度的落实。就证券业之外的金融事务行使具体的行政监管职权,并专门负责金融消费者权益的保护事宜。在金融实务中,由于数字金融的逐步展开,某一具体金融业务很难局限在特定的金融行业内运行,比如股票融资交易,券商业务范围内的融资融券业务表面上仅仅牵涉到证券业,但是资金来源的多元化、券商融资的多渠道性决定单纯由证监会监管就无法将监管职权延伸到货币市场,在杠杆收购与场外配资进入证券市场后再利用正规的融资融券进一步扩大杠杆时,金融风险暴露的概率大大增强,其中涉及到结构性信托、私募基金乃至境外外币借款等诸多的货币市场事宜。单纯依靠某一行政监管部门已经无法控制风险,必然需要金融协调监管机制发挥作用。因此,事先建立包括中央金融委员会、证监会、金融监管局在内的监管协调机制,就未明确的边缘职能在实际工作中的协调作出制度性的安排,对金融突发事件作出紧急处理预案,协调监管部门的监管职能,形成有效监管体制。[①]

---

① 朱广德:《砥砺前行——银行业改革、发展、监管》,南京:东南大学出版社,2015 年 7 月,第 345—346 页。

第三节 金融监管局与证监会在协调机制中的互动与配合

一、我国股票交易融资监管协调机制现状

(一)国内协调机制

1. 中央银行和专业监管部门之间的协调

随着 2003 年中国银监会的成立,我国正式确立了中国人民银行、中国银监会、中国证监会、中国保监会,"一行三会"的分业监管体制。关于人民银行与三会之间的制度化协调机制主要包括以下方面。一是三方监管联席会议制度。三方监管联席会议制度建立于 2000 年,建立目的是加强监管协调和信息沟通,增强监管合力,提高监管效率,促进我国金融业发展。三方联席会议的职责包括,研究银行、证券、保险监管中的有关重大问题;协调银行、证券、保险业务创新及监管;协调银行、证券、保险对外开放及监管政策;交流监管信息。二是金融监管部际联席会议制度。根据 2008 年发布的《国务院办公厅关于印发中国人民银行主要职责内设机构和人员编制规定的通知》,中国人民银行在国务院领导之下,应当以部际会议制度的形式,与中国银行监督管理委员会、中国证券监督管理委员会、中国保险监督管理委员会建立金融监管协调机制。部际会议的职责包括:加强货币政策与监管政策之间以及监管政策、法规之间的协调;建立金融信息共享制度;防范和化解金融风险,维护国家金融稳定;对重大金融监管和协调问题进行研究,及时将有关情况交由国务院裁决。2018年,银监会和保监会正式合并为银保监会,至此开启了"一行两会"监管体制。

2. 专业监管部门间的协调

我国的金融监管机构经历了"一行三会"至"一委一行两会"再到"一委一会一局"监管的模式,国内金融监管的协调经历了"三会协调"至"二

会协调",再到证监会与金融监管局之间的协调,协调的组织经历了从监管部际联席会议至国务院金融稳定发展委员会再到中央金融委员会办公室的过程。2023年3月,中共中央、国务院印发了《党和国家机构改革方案》:组建中央金融委员会;不再保留国务院金融稳定发展委员会及其办事机构,将国务院金融稳定发展委员会办公室职责划入中央金融委员会办公室。

2004年,"三会"之间签订了《中国银行业监督管理委员会、中国证券监督管理委员会、中国保险监督管理委员会在金融监管方面分工合作的备忘录》,确立了我国三大专业监管部门监管协调机制的基本框架。一是监管协调机制安排。主要通过建立以下三个机制来加强彼此的协调性。首先是监管联席会议机制。监管联席会议成员由三方机构的主席组成,每季度召开一次例会,由主席或其授权的副主席参加,主要讨论和协调有关金融监管的重要事项,已出台政策的市场反应和效果评估及其他需要协商、通报和交流的事项。其次是重大监管政策实施会商机制。银保证监会中任何一方与金融监管相关的重要政策、事项发生变化,或监管行动出现重大变动将对他方监管机构的活动产生影响时,应当及时通知他方。如果政策变化涉及他方的监管职责和监管机构,监管机构应在政策调整前以"会签"方式征询他方的意见。对监管活动中出现的不同意见,三方应当及时协商解决。最后是经常联系机制,由三方监管部门各指定一个综合部门负责人参加。二是信息收集和交流安排。银保证监会应当按照国家法律法规授权,分别向其监管对象收集信息和数据,在统一汇总后编制各类金融机构的报表,并根据国家有关规定予以公布。银保证监会应当加强合作,就重大监管事项和跨行业、跨境监管中复杂问题进行磋商,建立定期信息交流制度,交流信息范围由三方协商决定。三是金融控股公司监管协调安排。对金融控股公司的监管坚持分业经营、分业监管原则。对金融控股公司的集团公司,依据其主要业务性质归属相应的监管机构;对金融控股公司内相关机构和业务,按照业务性质实施分业监管,被监管对象在境外的,由其监管机构负责对外联系,并与当地监管机构建立工作关系;对产业资本投资形成的金融控股集团,"三会"应当在监管政策、标准和方式等方面认真研究、协商配合、加强管理。[①]

2017 年 11 月金融稳定发展委员会（下文简称金稳会）成立，作为国务院统筹协调金融稳定和改革发展重大问题的议事协调机构。在稳定方面，重点是加强金融监管的统筹与协调，严密防控系统性金融风险。在发展方面，主要是统筹和规划，一是让监管政策与货币政策、财政政策、产业政策形成一种激励相容的体系；二是能够把金融改革与开放中涉及的重大事项统筹起来，使金融改革开放的规划更具系统性，在整体上更加协调。金稳会的设立，可以强化监管问责和综合监管，强化宏观审慎监管和系统性风险防范，针对影子银行、互联网金融风险等突出问题，加强协调，强化综合监管，突出功能监管和行为监管。国务院发展研究中心金融研究所副研究员朱鸿鸣表示，金稳会的工作重点在于以下方面：一是持续推动金融改革。适时、适度、持续的改革是维护金融稳定和促进金融发展的根本之策，需要有改革规划，统筹考虑改革的优先序、节奏和配套政策；二是处理好金融改革、稳定与发展的关系；三是处理好金融领域内的政策协调。货币政策本身不能确保金融稳定，需处理好货币政策与监管政策间的关系，在综合经营、交叉性金融发展背景下，分业监管框架面临监管真空、监管重叠、监管竞争的挑战，需要加强监管协调；四是处理好金融领域内外政策之间的关系；五是防范化解系统性金融风险；六是处理好中央与地方之间的金融关系。[②] 2023 年 3 月国务院金融稳定发展委员会的职责划入中央金融委员会。

（二）国际协调机制

随着经济全球化政策的实施，我国"一行两会"逐步加强与国外监管当局之间的监管协调，通过签订双方备忘录、召开监管磋商会议、非现场监管和现场监管协作等方式，构建跨境监管协调机制，具体包括以下几个方面。一是双边金融监管备忘录。签订双边金融监管备忘录是我国与境外监管部门加强协调合作的主要方式，表达了监管当局间强化跨境风险

① 蔡军龙：《论混业经营趋势下我国金融监管协调机制的完善》，《经济法论丛》2012 年，第 23 卷，第 107—108 页。

② 张菀航：《金融监管协调机制"升级"》，《中国发展观察》2017 年第 11 期，第 32 页。

监管合作的期望。截至 2017 年底,银保监会已与英国金融服务局、美联储、日本金融厅、新加坡金融管理局等国家和地区签订了 70 余份双边监管合作谅解备忘录。二是金融监管磋商会议。与双边金融监管备忘录不同,金融监管措施会议的参与人员规格更高,对话交流方式更为直接,通过面对面的沟通交流,能够就一些共同关心的监管问题进行深入探讨,增进了与会各方对监管方式、标准及流程等方面的认识,使得解决问题的目标更加明确。三是非现场监管的国际协调,主要包括两种方式:召开跨境监管联席会议,由母国监管当局邀请东道国监管当局参加,共同研究探讨跨境金融机构的监管协调问题;监管执法协助,在签订监管协作框架协议的前提下,一方就跨境监管事项请求对方提供协作监管。四是现场检查的国际协调。现场检查与非现场检查的国际协调相辅相成,是风险监管的重要环节。

(三) 我国监管协调机制存在的主要问题

1. 金融稳定发展委员会建立之前我国监管协调机制存在的问题

(1) 宏观层面

① 现行监管模式不能适应证券市场发展现状。首先,混业经营状态已经成为金融发展的必然趋势,现行以"一行两会"为主体的金融分业监管模式,已不能更好地适应金融监管需求,容易出现监管真空状态。其次,由于没有建立与新兴金融业态发展相适应的基于大数据、块数据等技术的创新监管模式,又缺乏金融监管综合信息共享平台和监测预警平台,金融监管理念、手段相对落后,难以对新兴金融业态进行有效监管。最后,地方金融机构和类金融机构发展迅速,暴露出地方金融监管责任主体分散、专业监管人员短缺、金融监管能力不足等问题。[①]

② 监管协调工作机制不健全,主要表现在以下几个方面。一是监管协调主体不全,在我国现行管理体制下,国际级别的监管协调主体没有确定,没有明确的协调监管牵头人,监管机构的监管协调缺乏主动性。二是监管协调联席会议缺乏约束机制。若监管主体之间出现业务冲突,监管

---

① 李瑶:《构建金融统筹协调监管机制》,《中国金融》2017 年第 3 期,第 92 页。

部门往往采取更有利于本部门的措施,出现监管主体之间争夺监管权力现象,对监管主体约束力不强,使得联席会议达成的协议不能执行。三是监管协调缺乏监督机制。我国的监管协调机制没有赋予各监管主体相互监督的权利,各监管主体监管行为只受到相关法律和内部制度的约束,易导致权力寻租行为。四是监管协调缺乏争议解决机制,不同监管机构由于监管目标等方面存在差异,在监管过程中容易出现争议,由于我国尚未建立监管协调争议解决机制,增加了监管协调成本,降低了监管效率。五是监管协调缺乏决策机制,使得监管决策缺乏强制力和执行力。

③ 监管协调法律体系不健全,主要表现在以下几个方面。一是监管法律依据不健全。金融监管立法和实践存在较大差距,不能满足当前监管机制的运作要求,现有法律法规对监管机构职责和分工规定不明确具体,缺乏对重要监管手段规定的法律法规机制以及金融机构退出机制。二是没有具体的监管协调法律规范。缺乏明确的监管协调机制的协调内容、具体形式以及协调操作等方面的具体安排。三是监管协调规定缺乏操作性。监管协调机制在许多方面存在缺陷,无法为我国监管协调机制的实施提供强有力的法律制度保障。

(2)微观层面

① 人民银行和行业监管部门之间。首先是货币政策和金融监管政策之间缺乏协调性,影响金融宏观调控效果。如同业业务,利用其节约资本和规避存贷比例约束的性质,商业银行隐匿表内贷款、做大表内存款,以应对监管考核,同时也对 M2 造成干扰并对冲货币政策工具效果。其次是宏观审慎管理和微观审慎监管缺乏协调,导致系统性风险管理手段严重不足。行业监管部门以防范单个金融机构风险、维护单个市场稳定为目标,但不能忽视"羊群效应"给整个金融体系带来的风险。[①]

② 中央和地方监管方面。首先是监管职责不清。地方政府金融监管职权缺乏国家层面的法律依据和授权,职责及职权等方面不确定,尚未建立统筹协调的工作机制及常态化的信息沟通交流机制,地方对金融资源使用和风险责任承担不对称,导致地方政府在地方金融监管过程中不

---

① 科星:《美英金融监管协调机制演进的经验和借鉴》,《西南金融》2015 年第 7 期,第 70 页。

能发挥正常监管作用,影响了地方金融体系的运行效率。其次是监管目标差异。中央监管部门以防范风险为主要目标,而地方政府以推动区域经济发展为首要目标,由于监管目标差异,监管侧重点也会有所不同,使得中央和地方监管部门在金融监管过程中理念、政策等方面存在差异,导致监管不协调。

2. 金融稳定发展委员会设立之后我国的金融监管协调机制存在的问题

金稳会设立后原先存在的机构监管之间不协调的问题基本得到了改善,但是中央与地方,地方各监管部门之间的协调监管问题仍然比较突出。

(1)高度集中统一的中央监管与地方金融百花齐放的发展格局不相适应并导致地方金融风险加剧[①]

(2)地方金融监管协调机制运行中存在的问题[②]

① 地方金融监管存在真空。地方政府金融办在职责定位上倾向于培育和发展地方金融组织,对发起设立的地方性金融组织开展业务监督和管理的经验不足,其普遍缺乏金融行业的从业经验。地方金融办难以对地方性金融组织进行有效的日常监督管理。根据相关法律规定,金融管理部门不具有对地方性金融组织的监管职责,在对地方性金融组织的监管方面存在真空,监管缺位容易导致地方金融组织的金融业务发展偏离正常轨道,金融风险频发。

② 地方金融监管协调不顺畅,未实现日常化运行。金融监管部门在开展金融业务监管协调的过程中,一般是通过政府金融办召集相关部门成立工作领导小组,并召开协调或联席会议等形式进行工作部署。实际开展工作时以金融监管部门牵头,政府部门配合开展为主,但在开展监管协调工作时各单位间缺乏沟通,经常会出现部门间相互推诿、合作意愿不强、流于应付等消极现象,形成了"谁都管,谁都不管"的局面,金融监管协

---

① 李红坤、岳媛媛:《基于博弈论对我国央地金融监管协调机制的制度解读》,《投资研究》2022年第 5 期,第 4 页。

② 张保珍、王井:《对完善地方金融监管协调机制的调查与思考——以江西景德镇为例》,《金融科技时代》2019 年第 1 期,第 84 页。

调工作"有名无实",致使实际工作效果大打折扣。

③ 地方金融监管职责不清,金融监管无章可循。我国现行的金融法律法规并未对地方金融监管工作出台具体的规定,地方金融监管的权限多来源于国务院或部委委托授权,部分地方金融监管的内容多为规范性文件,法律层级较低。各地地方人大缺乏有关金融监管的地方性法律法规,致使地方政府在监管地方金融组织时面临无章可循、无法可依的窘境,金融监管部门不具有对地方性金融组织的监管职责,也无法对其进行有效的监管。

④ 市县监管机构缺失,监管协调不足。多数地级市均没有证券、保险监管派出机构,基层人民银行承担维护辖区内金融稳定的职责,而由于监管机构缺失,人民银行无法有效掌握保险机构、证券机构的风险状况。县级人民银行由于要承担维护金融稳定、传导货币政策以及提供金融服务的职责,在县级层面银行、保险、证券监管机构存在监管缺位的情况下,其在维护金融稳定方面无法与其他金融监管部门建立有效的沟通机制,所以,地方金融监管存在监管盲区,仅依靠省级监管机构无法有效满足县级金融监管的要求。

二、国外股票交易融资协调监管机制

(一) 美国

1. 分业监管机构。美国监管协调机制分业监管机构包括银行—美联储、货币监理署(OCC)、联邦存款保险公司(FDIC)、州监管机构,证券—证券交易委员会(SEC),保险—州保险监管机构,金融持股公司—美联储负责总体监管和其他监管机构负责功能性监管。

2. 中央银行与监管部门之间的协调合作。1978年颁布的《金融机构监管和利率控制法》要求成立联邦金融机构检查委员会,由联邦、OCC、FDIC、国家信用社管理局和储贷监理署五家机构组成,各家轮流担任主席。检查委员会旨在建立统一监管原则、标准和报表格式,协调统一联邦级监管机构及其与州监管机构的监管政策业务,美联储负责系统性风险的具体监管。2010 年 7 月,颁布的《多德—弗兰克华尔街改革和消费者保护法》规定,设立金融稳定监督委员会(FSOC),识别和防范系统性风险,并授权美联储负责对资产规模超过 500 亿美元的大型、复杂金融机构实施监管。

3. 协调合作的具体内容。信息方面:一是联邦金融机构检查委员会建立统一的报表格式和要求、统一收集五家监管机构监管对象的常规数据和报表;二是各监管机构之间相互协调数据、信息的收集,避免出现重复收集情况;三是共享检查、调查报告及其与金融机构的往来文件。检查职能方面:一是 OCC 负责监管国民银行,美联储为州注册会员银行的联邦级监管机构,FDIC 为州注册非会员银行的监管机构,州注册会员银行同时受州监管机构的监管,各监管机构根据以上分工对监管对象进行检查,或联合进行检查;二是联邦金融机构检查委员会对各监管部门的检查活动进行统一协调,减轻被监管部门的负担。

(二) 英国

1. 混业监管机构。授权英格兰银行负责宏观审慎管理,专司货币政策,维护货币体系和金融基础稳定,在英格兰银行理事会下设立金融政策委员会,专门负责金融稳定;撤销金融服务局,在英格兰银行下设立审慎监管署(PRA),负责综合性监管;成立消费者保护和市场管理局,专司金融消费者保护和金融机构商业行为监管;财政部负责管理整个金融体系的法规。

2. 中央银行与监管部门的协调合作。2000 年《金融服务与市场法》要求 FSA 与国内外有关机构进行适当合作;财政部、英格兰银行与 FSA 签订谅解备忘录,建立三方维护金融稳定的合作框架;建立协调机制——常务委员会,每月开会讨论与金融有关的重大问题,任何一方都应作为牵头机构,与另两方协调解决发生在其职责范围内的问题;英格兰银行负责金融稳定的副行长兼任 FSA 理事会理事,FSA 主席兼任英格兰银行理事会理事,工作人员之间还有互相借调等安排。

3. 协调合作的具体内容。信息方面,FSA 根据其法定职责,收集被监管金融机构的数据和信息;英格兰银行收集履行职责所需的数据和信息；为减轻金融机构的负担，两家机构应避免向同一机构收集同样的数据，并应当就由谁收集及怎样向另一方传递达成协议；双方应建立信息共享安排，一方可以全面自由地共享对方所收集的与职责有关的信息。检查职能方面，英格兰银行负责宏观审慎管理，审慎监管署负责检查。

（三）澳大利亚

1. 监管机构。澳大利亚金融监管机构包括审慎监管局、证券与投资委员会、储备银行和财政部。审慎监管局通过实施审慎监管保证金融系统稳定，负责对银行、信用社、房屋协会、保险机构等进行审慎监管，促进金融体系竞争；证券与投资委员会作为市场行为和信息披露的监管机构，负责对市场与投资行为金融监管和保护金融消费者权益，确保澳大利亚金融市场公正、诚信、透明；储备银行负责货币政策制定、维持金融体系稳定和监管支付清算体系；财政部负责宏观管理，具体负责经济预测分析、财政收入预算编制、税收、国债发行、制定财政政策和产业政策、制定国民经济发展规划、维护市场经济秩序等。

2. 协调合作的具体内容。澳大利亚金融监管协调机制分为三个层次，首先是金融监管理事会，其次是监管机构两两之间签订的谅解备忘录及建立的沟通、合作机制，最后是金融监管机构之间，根据具体、特殊重大事件，发布的特别备忘录或建立的具体工作委员会。

（1）金融监管理事会的总协调机制。金融监管理事会由三个监管机构的负责人和财政部部长组成，每季度召开一次会议。金融监管委员会促使监管机构之间紧密合作，识别金融系统内的重要问题、潜在威胁与变化趋势，针对不稳定因素协调应对措施，协助解决监管重叠问题，促进监管信息的交换、共享及降低监管成本。

（2）监管理事会成员之间的两两相互协调机制。金融监管委员会成立之后，金融监管机构以两两相互签订备忘录方式建立双边协调机制，此外部分监管机构还与财政部签订备忘录。储备银行与审慎监管局于1998年签署《澳大利亚储备银行与澳大利亚审慎监管局之间达成的谅解备忘录》；审慎监管局与证券及投资委员会于1998年签署《澳大利亚审慎监管局与澳大利亚证券及投资委员会达成的谅解备忘录》，储备银行与证券及投资委员会于 2002 年签署《澳大利亚证券及投资委员会与澳大利亚储备银行达成的谅解备忘录》。这些备忘录主要是明确双方的监管合作框架,重申双方的监管分工,就监管政策、信息共享、采取共同行动,并规定双方设立协调委员会,按时召开例会。此外,1999 年审慎监管局与财政部之间签署的《澳大利亚审慎监管局与澳大利亚财政部之间达成的谅解备忘录》,除规定监管合作的内容外,备忘录特别规定,财政部必须严格遵守不能直接参与、干预金融监管的规定,不能对任何一个具体案例进行干预和具体指导,保证监管部门的独立性。①

（3）针对具体特殊工作组织的工作组和特殊备忘录。如在数据共享工作方面,为实行一元化的信息汇集机制,法律授权审慎监管局负责相关金融基础设施建设,负责信息征收、汇集、统计,并向储备银行、证券及投资管理委员会等监管机构分送信息。在人员沟通方面,澳大利亚审慎监管局与澳大利亚储备银行每隔 6 周举行司局级层面的协调会,两家机构的处级层面举办半月会,并通过电话、邮件等日常联系讨论相关问题。证券及投资管理委员会也根据需要与央行、审慎监管局召开局、处级层面的协调会议。②

三、国外监管协调机制对我国的借鉴

（一）建立中央金融委员会作为监管协调组织机构

借鉴国外监管协调机制经验,2023 年 3 月之后我国构建出国务院组织领导下的"一委一会一局"的金融监管组织体系,中央金融委员会成为金融监管协调组织机构。具体职责包括协调对金融控股公司的监管;对事业类控股公司的监管;协调金融创新业务领域的监管;对空白监管地带的监管;在证监会与金融监管局发生监管冲突时,起到协调作用。中央金融委员会的金融监管协调运作程序、协调方式,相关部门权利义务责任等

① 黎海华:《澳大利亚"双峰"金融监管协调机制及其借鉴》,《新经济》2016 年第 12 期,第 34 页。
② 黎海华:《澳大利亚"双峰"金融监管协调机制及其借鉴》,《新经济》2016 年第 12 期,第 34—35 页。

具体规定正在逐步完善。

(二) 建立金融监管协调机制

首先建立金融政策协调机制,对于金融控股公司的跨业务、跨市场经营而引发的金融产品创新监管等问题,确定承担主体,避免监管真空或监管重叠问题。其次建立金融监管信息共享机制,规定各部门获取金融机构数据与资料方式、渠道,明确各部门在收集、处理、交流信息方面的权利、义务及责任。再次,建立跨部门的经济金融信息共享平台,整合宏观经济管理部门的实体经济信息和金融监管部门的监管信息,明确信息收集、交换和共享制度安排。最后,建立金融监管协调操作程序制度。加强"一委一会一局"与国务院有关部委之间的协调,防范金融风险与金融漏洞。

(三) 加快制定监管协调机制法律制度

加快制定《金融稳定协调法》,从法律上建立中央金融委员会、"一委一会一局"等相关部门的监管协调机制。同时建立和完善监管协调机制的具体法律程序,联合采取监管措施程序、联合检查程序、监管信息交流与共享程序及监管部门监管活动的协调程序。最后要明确监管部门的职责地位及相应权利义务责任等。

(四) 构建中央与地方金融统筹协调监管机制

在中央金融委员会中增设地方金融协调处,中央通过地方金融协调处对地方金融进行统筹调控,监督管理。各省市成立地方政府金融委员会,将分散于地方各行政部门的金融监管职责统一至地方政府金融委员会,由地方政府金融委员会具体执行中央关于地方金融监管的政策和规定,其具体职责包括:制定地方金融监管法律法规;统筹协调中央与地方之间、地方与地方之间的金融资源;建立中央与地方金融风险监管共享机制和信息化平台等。

（五）创新监管手段及方式

中央及地方监管部门应当及时了解和掌握现阶段及未来金融市场的发展方面,利用区块链技术去中心化、分布式记账及不可篡改时间戳特征,降低金融监管成本,提高监管效率;运用大数据、云计算等及时、全方位对存疑数据或金融行为进行筛选、预警,及时有效地防范化解金融风险。有针对性地培养专业化监管人才,促进金融市场稳定发展。

第四节　股票交易融资协调监管的权责配置

一、中央金融委员会设立目的

中央金融委员会作为替代原金融稳定发展委员会的协调金融业发展的监管机构,是对中国人民银行和其他金融监管部门监管任务的补充,并且其监管级别高于中国人民银行和其他金融监管部门。中央金融委员会作为我国国务院的议事协调机构,主要负责协调关于金融稳定和金融改革过程中产生的重大问题。总的来说,中央金融委员会是为了加强中国金融业的宏观审慎监管机制以及防范系统性金融风险,保障我国金融业健康稳定发展而设立的监管机构。

二、中央金融委员会职责

根据我国金融业监管及发展现状,中央金融委员会职责主要包括以下几个方面。

1. 优化资源配置。中央金融委员会致力于为经济社会发展服务,发展实体经济,提升金融服务的效果,将金融业有利资源配置到社会经济发展的方方面面,满足金融消费者对于经济多样化的需求。

2. 优化金融市场结构。中央金融委员会致力于完善金融市场结构,在金融活动中保证交易效率,促使我国金融行业的发展同社会经济发展相适应,使融资活动更加正规方便,控制金融活动中产生的风险,降低经济活动成本,保护金融消费者的利益。

3. 加强对金融活动的协调监管。中央金融委员会致力于防范和化解金融活动中产生的系统性风险,加强宏观审慎制度的建立,完善金融机构关于法人治理结构的建设,紧抓功能监管和行为监管两个监管方面,协调机构监管中的矛盾。

4. 发挥市场导向的作用。使市场在金融资源配置当中发挥起决定性作用,坚持走社会主义市场道路,完善对市场的规范制度,提高市场资源的利用效率,提高政府宏观调控功能,丰富市场规则,强调规范性。

三、中央金融委员会监管权具体内容

1. 信息收集权。中央金融委员会设立的目的是防范和化解系统性金融风险,因此,其需要全面准确地收集与经济发展相关的信息。中央金融委员会主要通过以下两个途径收集信息。一是通过相关政府机构。中央金融委员会有让政府机构提供信息的权力,具体包括中国人民银行、证券监督管理委员会以及财政部等政府机构。二是通过自身收集信息。中央金融委员会在履行监管职责过程中,根据实际情况及时收集影响我国金融业发展的相关信息。

2. 金融行业重要规划的审议权。所谓金融行业重要的规划是指金融业发展的重大长远的计划。此前对重要规划的审议权由人民银行及证监会联合制定,交由中央金融委员会审议,提高了重大规划决策的权威性。

3. 宏观审慎监管决策权。中央金融委员会在执行具体监管职责的过程中,通过对其收集的影响我国金融业发展的信息进行分析,在及时有效地防范和化解金融风险的过程中,拥有是否采取宏观审慎监管措施的权力。其决策权主要包括以下两个方面的内容。一是时间方面。金融业发展的顺周期性易导致我国实体经济的动荡,有引发金融危机的可能性。二是跨市场方面。中央金融委员会有权决定对金融机构、金融市场、金融工具以及金融设施采取监管措施。

4. 金融监管协调权。中央金融委员会对于金融监督管理局证监会之间的协调关系是上下级之间的,对于监管协调机制更具有实际的约束性。

5. 问责权。此前存在监管机构为追求短期利益而不能较好地行使问责权的情况。中央金融委员会的问责权由于其享有问责监管机构及地方政府的权力,能够有效防止此前金融监管机构存在的渎职现象。

第九章
我国股票交易融资监管的实践

第一节 传统监管模式下股票融资融券交易的监管

模式(pattern)是指某种事物的标准形式或使人可以照着做的标准样式[1]，模式也是解决某一类问题的方法论，即把解决某类问题的方法总结归纳到理论高度，这就是模式。证券监管模式是指依法监督管理证券业的国家行政机构依照证券法的规定采用某些方法、途径去引导、调控、规范、约束证券的发行与交易以及因证券的发行与交易直接相关的信息披露、证券标的、交易资金的管理等证券事务的监督管理样式。体制是指国家机关、企事业单位等组织制度[2]。证券监管体制是指国家或者地区对证券市场进行监督、管理、控制与协调的职责划分的方式和组织制度，它包括组织机构体系、目标体系、功能体系和运行机制[3]。证券监管体制的有效性和规范性是决定证券市场有序和稳定的重要基础。一国证券监管体制的形成是由该国政治、经济、文化传统及证券市场的经营方式与发育程度等多种因素决定的。

---

[1] 中国社会科学院语言研究所词典编辑室：《现代汉语词典》(第六版)，北京：商务印书馆，2015年4月，第913页。

[2] 新华汉语字典编委会：《新华汉语字典》(第二版)，北京：商务印书馆，2021年2月，第963页。

[3] 范建、王建文著：《证券法》(第三版)，北京：法律出版社，2020年5月，第279页。

证券监管模式指的是证券监管体制在实践运行中所形成的样式,它包括监管体制的实践模式、监管措施、监管方式与方法的样式。证券监管体制指的是证券行业监管的职责划分和权力划分的方式和组织制度,是法律制度上的名词。监管模式指的则是一个国家或地区所采用的具体监管体制运行过程中所形成的,可以成为他国借鉴或采用的特定样式,是实践上具体监管体制与监管方式方法的具体形式,久而久之这种监管体制与方式方法形成一种定势,从而产生了可资他人学习与借鉴的样式。可见证券监管模式是学界为了研究各国的证券监管体制与监管实践的需要而创造的一个法学意义上的名词。监管模式比监管体制更具体、更丰富、更有血有肉。

目前国际上主要资本市场存在四种监管模式。第一种英国模式,中央银行负责货币政策与金融体系的稳定,另设单一的金融监管机构来负责金融市场审慎监管、市场行为监管和竞争监管,采用这种模式的国家有逐渐增多的趋势。第二种是澳大利亚模式。实行按监管目标进行分工的监管模式,以审慎监管局、证券与投资委员会,财政部以及储备银行等四个机构分别负责审慎监管、市场行为、竞争和消费者保护以及金融系统稳定。第三种是加拿大模式。全部或大部分金融业都由一个机构负责审慎监管,对市场操守与竞争的监管则非常分散,由其他若干个机构负责,这种体制称为集中监管模式。第四种是分业监管模式,由不同的机构对银行、证券、保险、养老基金等金融行业分别进行监管,由央行负责货币政策、支付系统和系统稳定。我国的资本市场属于集中监管模式,中国人民银行负责货币政策、支付系统和系统稳定,证监会负责证券业的监管,中国国家金融监管局负责银行与保险、信托与金融消费者权益保护的监管。2023 年 3 月,中共中央、国务院印发了《党和国家机构改革方案》,组建国家金融监督管理总局。国家金融监督管理总局在中国银行保险监督管理委员会基础上组建,将中国人民银行对金融控股公司等金融集团的日常监管职责、有关金融消费者保护职责,中国证券监督管理委员会的投资者保护职责划入国家金融监督管理总局。银保监会与地方金融局所主管的业务全部划归国家金融监管局。

2020 年 3 月 1 日施行的《证券法》第 7 条规定:"国务院证券监督管理

机构依法对全国证券市场实行集中统一监督管理。国务院证券监督管理机构根据需要可以设立派出机构,按照授权履行监督管理职责。"第8条规定"国家审计机关依法对证券交易场所、证券公司、证券登记结算机构、证券监督管理机构进行审计监督",表明我国的证券监管模式是证监会集中统一监管为主,国家审计机关审计监督下的证券交易所和证券业协会自律管理为辅。

　　区块链技术下智能监管时代的到来,会改变证券监管的具体监管手段、监管措施与监管方法,国家行政管理体制没有变,证券的监管体制就不会变,有的只是监管模式的变化。人工智能时代的到来只是改变了证券监管的信息传递方式与处置证券事务的手段与技术,提高了监管效率,因而会改变我国的监管模式,证券监管体制依然是证券管理行政机构集中统一监管为主与民间证券团体组织自律管理相辅的体制,只不过证券监管的过程会倾向于更民主,最终体现证券监管的全过程人民民主,民间自治会显得更常态,政府的监管倾向于为证券业服务,当证券市场出现偏离正常的运行轨道时,政府监管的力量体现得更为突出。

一、传统监管模式下证券经纪商对股票交易融资的风险控制

(一) 股票交易融资风险的控制

　　股票交易融资的传统监管将股票融资交易视为一个外界无法内视的黑箱,监管者通过黑箱输入端特定投资者的投资信息,如股票质押标的、标的股票的质押率、特定客户保证金的资产构成、客户的风险承担度等,证券市场的运行情况,如国际与国内金融政策的变化、资本市场残叶政策、融资交易期间股票市场的运行态势(包括相关指数涨跌幅度与趋势、质押股票所处行业的盈利趋势、公司经营动态与盈利趋势、质押股票自身的运行状态)等多种指标体系作为已知信息,通过经验与证券投资模型分析,预估不同的股票质押率在投资者融资交易情形下可能出现的风险,然后与特定时间段投资者融资交易的结果(黑箱输出端的数据指标)相比较,调整特定股票的质押率、融资交易客户的融资率等指标进而控制股票

交易融资的风险,必要时提示融资交易者注意风险,在融资交易者触及平仓线时要求其追加保证金或敦促其及时平仓,投资者既不追加保证金又不及时平仓的,证券经纪商可直接行使平仓权,以避免资金融出者损失。

我国大陆地区,目前合法的股票融资交易经营者只能是券商,资金的融出者也是券商,在实践中往往存在场外配资机构经营资金的融出业务。尽管从金融监管的角度这是违法行为,但实际上国内很多证券营业部均存在不同程度的场外配资现象。场外配资主要通过配资主体与融资主体签订融资合同,约定融资利率、配资杠杆、平仓线、平仓权的行使,并委托券商管理配资的证券交易,券商配合配资机构行使平仓权。券商的客户经理通过实时盯盘的方式,时刻关注自己所管理客户的融资交易标的股票,在客户证券市值接近平仓线时及时通知客户追加保证金或者平仓,融资客不作为时及时行使平仓权,对场外配资交易则及时通知配资主体与融资主体,必要时配合配资主体行使平仓权。

随着电子信息时代的到来,越来越多的券商购买了融资融券交易管理软件,券商的客户经理只需要及时关注自己所管理的客户账户上的市值变化与证券质押担保比,在系统提示风险时及时通知客户与配资主体。目前的多数融资融券交易软件并没有设置股票融资交易的自动平仓止损功能,一些自动化程度比较高的券商已经采用自动平仓机制,全自动融资交易软件涉及新型监管模式。

(二) 券商在融资融券业务中自身经营风险的控制

1. 通过合规操作与控制融资融券业务的风险监管指标防范业务风险危及证券公司

根据 2020 年修订的《证券公司和证券投资基金管理公司合规管理办法》(以下简称《合规管理办法》)的规定,证券公司开展证券融资交易业务时,证券经营机构及其工作人员的经营管理和执业行为必须符合法律法规、规章及规范性文件、行业规范和自律规则、公司内部规章制度,以及行业普遍遵守的职业道德和行为准则。证券经营机构的合规管理应当覆盖所有业务,各部门、各分支机构、各层级子公司和全体工作人员,贯穿决策、执行、监督、反馈等各个环节。《合规管理办法》第六条规定:"证券基金经营机构开展各项业务,应当合规经营、勤勉尽责,坚持客户利益至上原则,并遵守下列基本要求:(1)充分了解客户的基本信息、财务状况、投资经验、投资目标、风险偏好、诚信记录等信息并及时更新;(2)合理划分客户类别和产品、服务风险等级,确保将适当的产品、服务提供给适合的客户,不得欺诈客户;(3)持续督促客户规范证券发行行为,动态监控客户交易活动,及时报告、依法处置重大异常行为,不得为客户违规从事证券发行、交易活动提供便利;(4)严格规范工作人员执业行为,督促工作人员勤勉尽责,防范其利用职务便利从事违法违规、超越权限或者其他损害客户合法权益的行为……"这表明证券公司只能为符合《证券公司融资融券业务管理办法》(证监会公告〔2015〕第 117 号)第十二条规定条件的客户开展融资融券交易服务。证券公司以自己的名义在商业银行分别单独开立融资专用资金账户和客户信用交易担保资金账户,证券公司向客户融资,只能使用融资专用资金账户内的资金;向客户融券,只能使用融券专用证券账户内的证券,以便与非融资融券交易业务分别核算,便于核算融资融券业务的风险,在有风险发生的苗头时及时预警风险的发生,防范该业务风险传导给券商的其他业务。《证券公司融资融券业务管理办法》第二十条规定,证券公司融资融券的金额不得超过其净资本的 4 倍。证券公司向单一客户或者单一证券的融资、融券的金额占其净资本的比例等风险控制指标,应当符合证监会和证券交易所的规定。

2. 通过风险揭示与融资融券合同防范客户业务风险传导给证券经纪商

(1) 合同签订前的风险揭示:经营融资融券业务的证券经纪商与客户签订融资融券合同前,应当采用适当的方式向客户讲解业务规则和合同内容。当前实践中一般将相关注意事项交由申请开通融资融券业务的客户仔细阅读,对涉及客户实体权益的重要条款,用粗体字表述,并由客户念出来,由券商录音,对客户应该追加保证金的情形及券商享有的平仓权等可能直接决定客户资产性质与权益变动的事项交由客户誊抄一遍,并由券商视频录像保存。明确告知客户权利、义务及风险,特别是关于违约处置的风险控制安排,并将融资融券交易风险揭示书交由客户书面签字确认。

(2) 融资融券合同的必备条款

证券公司在向客户融资融券前,应当与其签订载有中国证券业协会规定的必备条款的融资融券合同,明确约定下列事项:①融资融券的额度、期限、利率(费率)、利息(费用)的计算方式;②保证金比例、维持担保比例、可充抵保证金的证券的种类及折算率、担保债权范围;③追加保证金的通知方式、追加保证金的期限;④客户清偿债务的方式及证券公司对担保物的处分权利;⑤融资买入证券和融券卖出证券的权益处理;⑥违约责任;⑦纠纷解决途径。

融资融券合同应当约定,证券公司客户信用交易担保证券账户内的证券和客户信用交易担保资金账户内的资金,为担保证券公司因融资融券所生对客户债权的信托财产。该信托财产在偿清因融资融券所生对证券经纪商的债权前,不得清偿客户因其他业务所生的债权,即使是客户自身的生活必需品之债及赡养与抚养之债也是如此。

3. 证券经纪商盯紧的实名信用证券账户,防范客户风险传导给自己

(1) 对客户的融资融券证券账户与资金账户与普通账户分别管理

证券公司与客户签订融资融券合同后,应当根据客户的申请,按照证券登记结算机构的规定,为其开立实名信用证券账户。客户信用证券账户与其普通证券账户的开户人姓名或者名称应当一致。客户信用证券账户是证券公司客户信用交易担保证券账户的二级账户,用于记载客户委托证券公司持有的担保证券的明细数据。证券公司应当委托证券登记结算机构根据清算、交收结果等,对客户信用证券账户内的数据进行变更。证券公司应当参照客户交易结算资金第三方存管的方式,与其客户及商业银行签订客户信用资金存管协议。证券公司在与客户签订融资融券合同后,根据客户的申请,由商业银行为客户开立实名信用资金账户。客户信用资金账户是证券公司客户信用交易担保资金账户的二级账户,用于记载客户交存的担保资金的明细数据。

(2) 严守客户融资融券账户的保证金担保率底线

证券公司向客户融资、融券,应当向客户收取一定比例的保证金。保证金可以证券充抵。证券经纪商将收取的客户保证金以及客户融资买入的全部证券和融券卖出所得全部价款,分别存放在客户信用交易担保证券账户和客户信用交易担保资金账户,作为对该客户融资融券所生债权

的担保物。根据客户信用状况、担保物质量等情况,与客户约定最低维持担保比例,补足担保物的期限以及违约处置方式等。

实践中券商一般将最低担保比控制在 50% 以下,也就是融资杠杆一般小于 2 倍,即客户融资融券账户里面的总资产必须大于客户融资与融券之债的 2 倍。客户的资产由于其所购买证券与融券卖出的证券的价格随每个交易日的行情价格而变动,这就需要证券经纪商每个交易日对客户的账户资产市值与融资融券之债进行核算。而客户账户里面的证券在计算担保保证金时并不是按照市价计算,而是根据证券交易所指引的各个独特的证券品种的折算率计算其证券的担保市值。《证券公司融资融券业务管理办法》第 27 条规定:“本办法第二十四条规定的保证金比例和可充抵保证金的证券的种类、折算率,第二十六条规定的最低维持担保比例和客户补交担保物的期限,由证券交易所规定。证券交易所应当对可充抵保证金的各类证券制定不同的折算率要求。证券公司在符合证券交易所规定的前提下,应当对可充抵保证金的证券折算率实行动态管理和差异化控制。”假如贵州茅台这个股票其折算率是 75%,客户账户上有 1000 股贵州茅台,其股价是 2000 元每股,那么该 1000 股贵州茅台的担保保证金的结算值是 150 万元人民币,假设客户账户里同时有资金 50 万元,那么该客户的总担保保证金是 200 万元,当日至多可以融入资金 100 万元。如果贵州茅台当日往上涨,客户可融入的资金就会大于 100 万元,贵州茅台价格往下跌的话,客户可融入的资金就会少于 100 万元。随着贵州茅台的价格高于其内在价值时,其保证金的折算率就会贬低,甚至小于 50%,每个证券的保证金折算率不是一成不变的,而是随着其质地与市场价格而变动的。

《证券公司融资融券业务管理办法》第 24 条规定:“证券公司向客户融资、融券,应当向客户收取一定比例的保证金。保证金可以证券充抵。”第 25 条规定:“证券公司应当将收取的保证金以及客户融资买入的全部证券和融券卖出所得全部价款,分别存放在客户信用交易担保证券账户和客户信用交易担保资金账户,作为对该客户融资融券所生债权的担保物。”第 26 条规定:证券公司应当在符合证券交易所规定的前提下,根据客户信用状况、担保物质量等情况,与客户约定最低维持担保比例、补足担保物的期限以及违约处置方式等。证券公司应当逐日计算客户交存的担保物价值与其所欠债务的比例。当该比例低于约定的维持担保比例时,应当通知客户在约定的期限内补交担保物,客户经证券公司认可后,可以提交除可充抵保证金证券以外的其他证券、不动产、股权等资产。客户未能按期交足担保物或者到期未偿还债务的,证券公司可以按照约定处分其担保物。即可以按照融资融券合同的规定行使平仓权。证券经纪商及时行使平仓权是有效防范客户信用交易的风险传导给券商的重要手段,目前多数券商均配置有证券信用交易软件,在触及券商与信用交易客户约定的平仓警戒线时会及时通知客户补充担保物,如果客户不能在约定的时间期限内补充担保物,券商就可以根据合同的约定及时行使平仓权。

(三) 券商融资融券业务的风险管理

《证券公司融资融券业务管理办法》第三条明确规定:"证券公司开展融资融券业务,必须经中国证券监督管理委员会批准。未经证监会批准,任何证券公司不得向客户融资、融券,也不得为客户与客户、客户与他人之间的融资融券活动提供任何便利和服务。"这一规定彻底否定了场外配资主体向证券交易客户提供场外配资的可能性,但是不排除证券交易实践中仍有配资公司向客户提供配资服务。2016 年至 2018 年宝能收购万科的 9 个资管信托产品,其本质上就是宝能集团购买万科股票的场外配资。据知情人士披露,"宝能系"收购万科的资金至少包含在不同金融市场的四层加杠杆动作。第一层杠杆为高预期收益的万能险。第二层使用资管计划项目杠杆融资。第三层杠杆围绕钜盛华的投融资平台展开。"宝能系"通过循环股权质押及关联交易获得资本金,进入新一轮配资架构,在这轮杠杆操作中,宝能集团使用了大量的循环股权质押:钜盛华质押前海人寿股权及万科股票融资,同时姚振华质押宝能股权、宝能质押钜盛华股权融资。第四层是杠杆之上的杠杆,是高利息、隐蔽的夹层融资杠杆。[1]

---

[1] https://news. emoney. cn/n_00_0101_69960. shtml,2022 年 11 月 9 日访问。

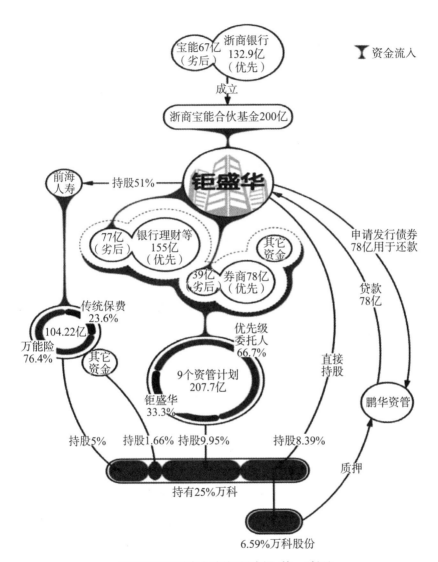

宝能狙击万科资金路线图（来源：第一财经）

　　从上图可以看出，宝能集团运用 67 亿劣后级资金，从浙商银行的银行理财资金中获得 132.9 亿元的优先级资金，宝能资本管理公司出资1000 万元，成立浙商宝能合伙基金 200 亿元，以此为基础，层层加杠杆，最后撬动资金 800 多亿,从股票市场收购 25％的万科公司股票①。宝能杠杆收购万科的事件正是发生在《证券公司融资融券业务管理办法》生效之后。从为宝能收购万科股票提供居间服务的角度,证券经纪商根本就无法从表面上获知购买万科股票之人直接运用了场外配资,因为这种配资没有经过证券经纪商的居间服务,而证券经纪商也没有穿透购买股票的资金,直接透析底层资金责权与义务。

券商只能通过自身的融资融券业务监管明面上的正规融资融券业务与防范明面上的场外配资业务。所谓明面上的场外配资业务是指券商不得与配资主体合作、协助配资主体,便利配资主体进行场外配资。但是目前的证券交易融资实践中,券商为了扩大交易量,获取更多的证券交易佣金收入,券商的证券经纪人还是会给某些需要融资的客户介绍资金出借人,只不过整个资金融通过程由资金供需双方自身操作,券商不会成为他们的中介,不会在他们的融资合同中出现券商及其证券经纪人的名称,这样发生纠纷时券商处于事外之人的角色,发生诉讼时可以认为自己不知情,当客户场外融资交易的账户出现合同约定的平仓警戒线时由资金出借人通知融资人选择补充保证金还是选择平仓还款,如果客户在融资合同约定的时间内未能及时补充保证金,资金出借人按照融资合同的约定及时平仓,以防止证券融资交易的风险传导给资金出借人,这种资金出借人可能是券商自己,也可能是典当行、担保公司或贷款公司。券商对这种民间融资交易的行为一般的情况下既不参与也不干涉,这种民间融资证券交易在证券行情向好的时候比较常见。实践中也有证券经纪商确实不知情的民间证券融资交易,这就是隐蔽的配资证券交易。对于隐蔽的场外配资与将杠杆资金转化为客户自有资金后再参与券商的正规融资融券业务的行为客观上形成了多层次的嵌套杠杆行为,其融资的杠杆倍数进一步扩大。传统的监管手段确实无法及时发现这种多层嵌套杠杆的行为,并进行及时监管。

---

① 许凌艳:《金融监管法制的货币维度》,《晋中学院学报》,2018 年第 2 期,第 57—58 页。

二、传统监管模式下金融监管部门对股票交易融资的监管

(一) 证监会对融资融券业务的监管

1. 证监会对融资融券业务的监管

证监会通过规定融资融券交易规则规范证券经纪商融资融券业务的合规经营,又通过各种监管指标监管证券公司,从而达到监管证券融资融券业务。

(1) 监管原则

① 行政机构监管与行业协会组织机构自律管理相结合的原则。《合规管理办法》第五条规定:"证监会及其派出机构依照法律、行政法规和本办法的规定,对证券公司融资融券业务活动进行监督管理。中国证券业协会、证券交易所、证券登记结算机构按照本机构的章程和规则,对证券公司融资融券业务活动进行自律管理。中国证券金融公司对证券公司融资融券业务和客户融资融券交易情况进行监测监控。"

② 证监会相机决策的原则。股市如战场,证监会是股市的最高指挥官,何时何地地调配决胜股市的资金供给,需要证监会根据证券市场的发展局势与上市公司融资的需求等多种因素进行相机决策,依法便宜行事。《证券公司融资融券业务管理办法》第6条"证监会建立健全融资融券业务的逆周期调节机制,对融资融券业务实施宏观审慎管理。证券交易所建立融资融券业务风险控制指标浮动管理机制,对融资融券业务实施逆周期调节"就是这一原则的具体体现。

③ 遵循社会整体利益最大化与社会公共利益优先原则。证券市场是一国经济的高度反映,也是遵循整体利益最大化的市场,证监会在调节证券市场的入市资金时应遵循经济法学科体系中的监管手段,运用经济的、法律的、行政的手段调节证券市场的资金供给,既要维护证券市场的稳定与可持续性发展,又要兼顾证券投资者与上市公司的利益,还要兼顾资金融出者以及融资融券业务服务商的利益,争取社会整体利益的最大化。如果出现融资融券业务对股市助推证券市场的暴涨或暴跌,破坏证

券市场正常的运营秩序,损害大多数证券投资者利益,甚至危及社会公共利益时,应该及时制止融资融券业务的疯狂,遵循社会公共利益优先的原则。2015 年我国股市暴跌时证监会为及时扭转股市暴跌的局势鼓励上市公司大股东多渠道筹集资金从二级市场增持股票,一些国有上市公司大股东站在政治的高位增持上市公司股票,一些被国资委受托管理的国有上市公司大股东可以从国有银行贷款增持股份,证监会一度筹集 2 万亿资金交由中信证券公司管理直接从二级市场增持股份。这些措施均是从社会整体利益最大化的角度运用看得见的政府之手干预脱离经常运行轨道的股市,使股市回归正常的运行轨道。

（2）监管策略

《合规管理办法》第六条规定:"证监会建立健全融资融券业务的逆周期调节机制,对融资融券业务实施宏观审慎管理。证券交易所建立融资融券业务风险控制指标浮动管理机制,对融资融券业务实施逆周期调节。"

（3）行业准入监管

《合规管理办法》第三条规定:"证券公司开展融资融券业务,必须经中国证券监督管理委员会批准。"

（4）证券公司禁止性行为的监管

《合规管理办法》第四条规定:证券公司经营融资融券业务不得有以下行为:

① 诱导不适当的客户开展融资融券业务;

② 未向客户充分揭示风险;

③ 违规挪用客户担保物;

④ 进行利益输送和商业贿赂;

⑤ 为客户进行内幕交易、操纵市场、规避信息披露义务及其他不正当交易活动提供便利;

⑥ 法律、行政法规和证监会规定禁止的其他行为。

（5）对证券公司经营融资融券业务之风险控制指标的合规性监管

① 对公司净资本的要求

《证券公司风险控制指标管理办法》第 16 条规定:"证券公司经营证

券经纪业务的,其净资本不得低于人民币 2000 万元。证券公司经营证券承销与保荐、证券自营、证券资产管理、其他证券业务等业务之一的,其净资本不得低于人民币 5000 万元。证券公司经营证券经纪业务,同时经营证券承销与保荐、证券自营、证券资产管理、其他证券业务等业务之一的,其净资本不得低于人民币 1 亿元。证券公司经营证券承销与保荐、证券自营、证券资产管理、其他证券业务中两项及两项以上的,其净资本不得低于人民币 2 亿元。"

《合规管理办法》第 20 条规定:证券公司融资融券的金额不得超过其净资本的 4 倍。证券公司向单一客户或者单一证券的融资、融券的金额占其净资本的比例等风险控制指标,应当符合证监会和证券交易所的规定。

证券公司融资融券属于证券经纪业务,其最低净资本不得低于 2000 万元,对客户开展融资融券的最高金额不得超过 8000 万元。如需要扩大融资融券业务规模就得增加公司的净资本。

证券公司净资本由核心净资本和附属净资本构成。其中:

核心净资本=净资产-资产项目的风险调整-或有负债的风险调整-/+中国证监会认定或核准的其他调整项目。

附属净资本=长期次级债×规定比例-/+中国证监会认定或核准的其他调整项目。

证券公司应当按照中国证监会规定的证券公司净资本计算标准计算净资本。证券公司计算核心净资本时,应当按照规定对有关项目充分计提资产减值准备。中国证监会及其派出机构可以要求公司专项说明资产减值准备提取的充足性和合理性。有证据表明公司未充分计提资产减值准备的,中国证监会及其派出机构可以责令公司整改并追究相关人员责任。证券公司应当根据公司期末或有事项的性质(如未决诉讼、未决仲裁、对外提供担保等)、涉及金额、形成原因和进展情况、可能发生的损失和预计损失进行相应会计处理。对于很可能导致经济利益流出公司的或有事项,应当确认预计负债;对于未确认预计负债,但仍可能导致经济利益流出公司的或有事项,在计算核心净资本时,应当作为或有负债,按照一定比例在净资本中予以扣减,并在净资本计算表的附注中披露。

证券公司对控股证券业务子公司出具承诺书提供担保承诺的,应当按照担保承诺金额的一定比例扣减核心净资本。从事证券承销与保荐、证券资产管理业务等中国证监会认可的子公司可以将母公司提供的担保承诺按照一定比例计入核心净资本。

证券公司向股东或机构投资者借入或发行的次级债,可以按照一定比例计入附属净资本或扣减风险资本准备。具体规定由中国证监会另行制定。

② 对风险控制指标标准的要求

《证券公司风险控制指标管理办法》第17条规定:证券公司必须持续符合下列风险控制指标标准:

（ⅰ）风险覆盖率不得低于100%;

（ⅱ）资本杠杆率不得低于8%;

（ⅲ）流动性覆盖率不得低于100%;

（ⅳ）净稳定资金率不得低于100%;

其中:

风险覆盖率＝净资本/各项风险资本准备之和×100%;

资本杠杆率＝核心净资本/表内外资产总额×100%;

流动性覆盖率＝优质流动性资产/未来30天现金净流出量×100%;

净稳定资金率＝可用稳定资金/所需稳定资金×100%。

证券公司应当按照中国证监会规定的证券公司风险资本准备计算标准计算市场风险、信用风险、操作风险资本准备。中国证监会可以根据特定产品或业务的风险特征,以及监督检查结果,要求证券公司计算特定风险资本准备。

市场风险资本准备按照各类金融工具市场风险特征的不同,用投资规模乘以风险系数计算;信用风险资本准备按照各表内外项目信用风险程度的不同,用资产规模乘以风险系数计算;操作风险资本准备按照各项业务收入的一定比例计算。

证券公司可以采取内部模型法等风险计量高级方法计算风险资本准备,具体规定由中国证监会另行制定。证券公司经营证券自营业务、为客户提供融资或融券服务的,应当符合中国证监会对该项业务的风险控制指标标准。证券公司可以结合自身实际情况，在不低于中国证监会规定标准的基础上，确定相应的风险控制指标标准。

中国证监会对各项风险控制指标设置预警标准，对于规定"不得低于"一定标准的风险控制指标，其预警标准是规定标准的120%；对于规定"不得超过"一定标准的风险控制指标，其预警标准是规定标准的80%。

③ 对风险控制指标监管报表的编制与披露的要求

《证券公司监督管理条例》第22—27条规定了证监会对风险控制指标监管报表的编制与披露的要求。

设有子公司的证券公司应当以母公司数据为基础，编制风险控制指标监管报表。中国证监会及其派出机构可以根据监管需要，要求证券公司以合并数据为基础编制风险控制指标监管报表。证券公司的董事、高级管理人员应当对公司半年度、年度风险控制指标监管报表签署确认意见。证券公司经营管理的主要负责人、首席风险官、财务负责人应当对公司月度风险控制指标监管报表签署确认意见。在证券公司风险控制指标监管报表上签字的人员，应当保证风险控制指标监管报表真实、准确、完整，不存在虚假记载、误导性陈述和重大遗漏；对风险控制指标监管报表内容持有异议的，应当在报表上注明自己的意见和理由。

证券公司应当至少每半年经主要负责人、首席风险官签署确认后，向公司全体董事报告一次公司净资本等风险控制指标的具体情况和达标情况；证券公司应当至少每半年经董事会签署确认，向公司全体股东报告一次公司净资本等风险控制指标的具体情况和达标情况，并至少获得主要股东的签收确认证明文件。净资本指标与上月相比发生20%以上不利变化或不符合规定标准时，证券公司应当在5个工作日内向公司全体董事报告，10个工作日内向公司全体股东报告。

证券公司应当在每月结束之日起7个工作日内，向中国证监会及其派出机构报送月度风险控制指标监管报表。派出机构可以根据监管需要，要求辖区内单个、部分或者全部证券公司在一定阶段内按周或者按日编制并报送各项风险控制指标监管报表。

证券公司的净资本等风险控制指标与上月相比发生不利变化超过

20％的,应当在该情形发生之日起3个工作日内,向中国证监会及其派出机构报告,说明基本情况和变化原因。

证券公司的净资本等风险控制指标达到预警标准或者不符合规定标准的,应当分别在该情形发生之日起3个和1个工作日内,向中国证监会及其派出机构报告,说明基本情况、问题成因以及解决问题的具体措施和期限。

(6)融资融券业务的主要监管措施

① 要求提供与融资融券业务有关的信息、资料。证监会及其派出机构、中国证券业协会、证券交易所、证券登记结算机构、中国证券金融公司依照规定履行证券公司融资融券业务监管、自律或者监测分析职责,可以要求证券公司提供与融资融券业务有关的信息、资料。

② 进行非现场检查和现场检查。证监会派出机构按照辖区监管责任制的要求,依法对证券公司及其分支机构的融资融券业务活动中涉及的客户选择、合同签订、授信额度的确定、担保物的收取和管理、补交担保物的通知,以及处分担保物等事项进行非现场检查和现场检查。

③ 责令改正、监管谈话、出具警示函、责令公开说明、责令参加培训、责令定期报告等。

④ 暂不受理与行政许可有关的文件、暂停部分或者全部业务。

⑤ 撤销业务许可。

⑥ 依法应予行政处罚。

⑦ 涉嫌犯罪的,依法移送司法机关,追究其刑事责任。

(二)强制性法规保障证券经纪商融资融券债权的优先实现

《证券法》第158条规定证券登记结算机构作为中央对手方提供证券结算服务的,是结算参与人共同的清算交收对手,进行净额结算,为证券交易提供集中履约保障。证券登记结算机构为证券交易提供净额结算服务时,应当要求结算参与人按照货银对付的原则,足额交付证券和资金,并提供交收担保。在交收完成之前,任何人不得动用用于交收的证券、资金和担保物。第159条规定"证券登记结算机构按照业务规则收取的各类结算资金和证券,必须存放于专门的清算交收账户,只能按业务规则用于已成交的证券交易的清算交收,不得被强制执行"。

《证券公司融资融券业务管理办法》第 28 条规定除下列情形外,任何人不得动用证券公司客户信用交易担保证券账户内的证券和客户信用交易担保资金账户内的资金:

（1）为客户进行融资融券交易的结算；

（2）收取客户应当归还的资金、证券；

（3）收取客户应当支付的利息、费用、税款；

（4）按照本办法的规定以及与客户的约定处分担保物；

（5）收取客户应当支付的违约金；

（6）客户提取还本付息、支付税费及违约金后的剩余证券和资金；

（7）法律、行政法规和本办法规定的其他情形。

客户提取信用账户的担保物或客户的其他债权人需要对其信用账户的财产行使债权时应该先保障证券经纪商的融资融券所生之债权。

《证券公司融资融券业务管理办法》第 29 条规定:"客户交存的担保物价值与其债务的比例,超过证券交易所规定水平的,客户可以按照证券交易所的规定和融资融券合同的约定,提取担保物。"第 30 条规定:"司法机关依法对客户信用证券账户或者信用资金账户记载的权益采取财产保全或者强制执行措施的,证券公司应当处分担保物,实现因向客户融资融券所生债权,并协助司法机关执行。"

第二节　传统监管模式下场外配资股票交易的监管

一、我国的《证券法》禁止场外配资

由于场外配资这种非正式融资证券交易业务很容易形成嵌套杠杆的融资行为,严格上说其性质上不属于证券交易行为,而是货币市场上的融资行为,难以纳入证券业务的监管。现行的《证券法》与《证券公司融资融券业务管理办法》虽然没有出现场外配资这个名词,但从现行《证券法》第 59 条的规定来看,立法部门是禁止场外配资参与证券交易的。但是 2016

年至 2018 年间发生的宝能收购万科事件,管理层并没有否认宝能以融资方式买入万科股票的效力。从 2016 年以来各级法院审理的场外配资案件来看,司法部门均没有否定场外配资购入股票行为的效力,而是按照《合同法》《民法典》与公平原则进行审判。

场外配资根本无法依据《中华人民共和国证券法》《证券公司监督管理条例》《证券公司风险控制指标管理办法》以及《证券公司融资融券业务管理办法》等法律法规与规章进行规范,因而需要其他的金融监管机构根据金融分业监管的原则,由对口的金融监管部门根据其他金融业的法律法规进行规制。尽管《证券法》与《证券公司融资融券业务管理办法》等规范性法律文件禁止证券经纪公司为配资公司提供配资,并禁止场外配资,但是证券交易中依然存在场外配资现象,所以多数学者认为与其堵不住,还不如对场外配资进行疏导,让其为我国的证券市场服务。

二、场外配资的发展及其与场内融资的区别

(一) 场外配资的发展

场外配资由来已久,在我国证券市场开展融资融券前就存在,只不过规模较小,不足以对证券市场造成重大影响,因而没有进入管理层的监管视野。场外配资经历了一个从人工操作到软件系统批量操作的过程,早期的场外配资主要是由典当行、抵押担保公司等提供担保抵押服务的资金融出者向有融资需求的证券投资者提供的证券担保融资服务。随着融资融券交易的推出,使用杠杆资金炒股成为一种风尚,未达到融资进入标准的投资者,往往利用没有门槛的场外配资进行操作。各种投资咨询公司、P2P 网络贷款平台、私募基金等正处于创新发展的初期,规范性的监管规则尚未制度化,这为资金融出者与证券资金需求者提供了便利的链接通道。为适应这种链接的需要,一些信息电子设备经营者又开发出了各种方便证券场外配资的系统性软件,场外配资进入系统自动配资阶段,场外配资迅猛增长,导致证券市场从 2015 年 2 月份开始飙涨,管理层不得不出面清理场外配资。

（二）场外配资与场内融资的区别

场外配资是与场内融资相对应的一个概念，是指非通过中国证券金融股份公司与证券公司提供的正规资金所进行的融资，而是通过证券市场外部的各种机构提供，并以投资者自身提供的资金为担保基础的一种高比例证券交易担保融资。配资提供的资金一般是投资者自有资金的 3 倍以上。场内融资指的是融资融券交易中的融资，是指证券公司以自有资金或者从中国证券金融股份公司转融通而来的资金等依法公开筹集的资金给合格的证券投资者提供融资，投资者以自有资金及其买进的特定证券所形成的证券保证金进行质押而进行证券交易，我国证券交易所规定融资融券交易的保证金比例不得低于 50%，当投资者融资买进的证券下跌，导致保证金比例低于 50%时，证券公司享有平仓权，这种平仓通过软件自动进行。

场外配资与场内配资的主要区别如下。一是进入门槛不同，场外配资没有进入门槛，而且配资公司可以迎合客户需要，开发出灵活多样的配资形式，而融资融券要求投资者必须具备 50 万元的自有资金或证券市值，而且监管严格，进入门槛高。二是融进的资金来源不同，场内配资所融的资金来自证券公司的自有资金或依法筹集的资金，场外融资的资金来源比较复杂，主要包括银行理财资金、信托资金、各类投资公司与资产管理公司、P2P 网贷平台、地下钱庄、外币借款等资金。三是资金运作的合规性不同，场内配资是由依法取得证券交易融资经营资质的证券公司经营，其所经营资金是《证券法》第 59 条所称的合规性资金，场外配资是由银行、信托、投资公司等不具有证券经营资质的非证券类金融企业所经营，P2P 网贷平台等金融改革中出现的新生类资金支付平台也参与其中，其运作的资金属于违反证券法的非合规资金。四是融资的保证金比率与风险不同，场内配资的保证金比例不得低于 50%，风险在一般情况下可控，而场外配资的保证金比例大大低于该比例，资金的杠杆比例大，风险特别大。五是资金的稳定性与融资成本不同，场内证券融资交易的资金比较稳定，尽管有 6 个月的融资合同期限，但在监管政策的指引下可以随证券行情变化而展期，资金的年利率一般在 8%左右，场外配资的资金的来源不合规,具有多变性、投机性、不稳定性,资金的使用成本在年利率20%左右,有的甚至高达年利率36%,与民间借贷的资金利率基本一致。

三、场外配资对证券市场的影响

(一) 场外配资对证券市场的危害性

场外配资是一种民间的证券交易融资,其对证券市场的危害性主要体现在以下几个方面:

危害之一是扰乱正常的证券交易管理秩序。场外配资流动的规律是往收益率高的方向流动,而且往往是流向题材股、重组股等信息与资金敏感度高的证券板块,其来也汹汹去也匆匆,场外配资的大量流入导致证券市场的暴涨暴跌,极易引发股灾,扰乱证券市场的秩序。

危害之二是极易引发其他证券违法行为。大额的场外配资为了增加证券操作风险的可控性,往往与内幕交易与操纵证券交易价格行为相配合,为了规避查处,又往往采取虚拟账户、非实名制账户与借入的他人账户进行操作,从而引发一系列的证券违法风险。

危害之三是容易引发股灾,危及合规投资者的利益。场外配资的强行平仓具有传导性,股市下跌引发机构配资盘的平仓会传导到证券融资盘的平仓,引发证券市场流通性的暂时短缺,导致证券市场暴跌,形成股灾,证券市场自身的正常运行规律被打破,合规投资者的利益跟着受损,必须借助政府之手进行资金输血方能摆脱股灾。

危害之四是破坏证券市场的正常机能。场外配资往往炒作题材股,题材股不一定是效率好的公司股票,一些业绩优良、成长性较好的国有大型企业的蓝筹股反而得不到资金的青睐,其股价往往比题材股低廉,导致其再融资时股票的发行价较低。放任场外配资繁衍必然扭曲证券市场的价值投资理念,降低证券市场的融资效力。场外配资野蛮生长所引发的暴涨暴跌的证券市场难以引导创新型公司融资上市,引导中国经济成功转型。场外配资野蛮生长下暴涨暴跌的证券市场只是少数证券精英攫取财富的场所,绝不是普惠大众的健康证券市场,难以使大众分享国民经济发展的成果与财富的增值。

(二) 场外配资的贡献

场外配资运用得当,不但能对证券市场的发展起到正面的推动作用,而且对资金出借者的资金提供了保值增值的通道,使风险厌恶者从中获得稳定的收益,能间接促进国民经济的发展。场外配资为证券市场提供丰富的资金,只要监管得当,可以为证券市场多种功能的发挥添砖加瓦;场外配资还有力地弥补了正规融资融券交易资金不足的问题,不但有利于打破场内融资交易的垄断经营,还有利于为弱小投资者提供资金,满足资金需求者的融资需求,从而体现证券投资者的进场公平,平息融不到资金者的心中不满,使有证券交易技能的人能够凭借自己的投资智慧而致富,这是对积极进取与勤奋好学之人的最好奖赏,也是市场经济奖勤罚懒制度的体现。场外配资功过皆有,关键的是使用他的人如何去克服其危害,发挥其正面功用。政府要做的仅仅是让其纳入法治的轨道,使之阳光化,为证券市场服务。

四、我国场外配资的监管过程与监管特征

(一) 场外配资的监管过程

"监管层对配资的监管始于今年 2 月 3 日,证监会证券基金机构监管部下发文件,禁止券商通过代销伞形信托、P2P 平台、自主开发相关融资服务系统等形式,为客户与他人、客户与客户之间的融资融券活动提供任何便利和服务"。[①] 起初证监会无意彻底清理场外配资,只是发布有关文件禁止券商进行场外配资,直到 2015 年 2 月之后,在场外配资推动下股市出现了暴涨,证监会才不得不清理配资。首先禁止利用 HOMS 等系统配资软件进行系统性配资,要求券商切断场外配资证券交易的信息接入端口,股市在证监会发布清理配资的通知后出现了断崖式下跌,面对股市

---

① 程丹:《证监会网信办联合规范场外配资:规范实名制账户,券商应规范信息系统外部接入行为》,《证券时报》2015 年 7 月 13 日,第 A001 版。

的暴跌,为避免证券市场的系统性风险传导到其他金融行业,证监会等管理层展开了救市工作。7月9日向股市输入流动性与打击恶意做空等利好股市的政策背景下,证券市场开始绝地反弹,在股市勇猛反弹的形势下,场外配资又蠢蠢欲动,乱象环生,这更进一步坚定了证监会彻底清理场外配资的决心,不但软件系统场外配资遭到禁止,人工盯盘式等其他场外配资均一并被彻查,证监会要求券商完全切断非券商自身营业范围内的外接证券交易接入端口,并规定清理场外配资的最后期限。这种一刀切的监管手段,一方面使得股市出现巨幅波动,另一方面也使信托公司等证券交易外接公司与参与交易的客户之间面临违约纠纷的问题。这种一刀切的监管手段有可能将没有参与配资而仅仅在信托公司或网络公司借助券商外接端口进行证券交易的客户也受到牵连,进而引发这些客户的质疑与上访。在这种局势下,2015年9月17日发布通知:"要求继续清理整顿违法证券业务活动……各证监局应当督促证券公司按既定部署开展清理整顿工作,积极做好与客户沟通、协调,不要单方面解除合同、简单采取'一断了之'的方式。证券公司应当与客户协商采取多种依法合规的承接方式,可以采取将违规账户的资产通过非交易过户、'红冲蓝补'①等方式划转至同一投资者的账户,或者取消信息系统外部接入权限并改用合法交易方式等方法处理。"②即将采取非实名制的他人账户进行证券交易的通过资产划转的方式将资产划入投资者自己的实名账户之下,或者将证券公司外接端口下的证券交易改成直接经由券商自身通道进行交易。

(二) 场外配资的监管特征与监管不足

从证监会对场外配资的监管实践来看,我国的场外配资监管呈现出如下特点:一是事先准备不足,无论是对场外配资的危害性认识还是对其的监管理论、制度供给以及监管措施、监管手段均准备不足,存在仓促上

---

① 红冲蓝补:是指通过手工调账,在一个账目上减去(资金或股票)即为红冲,在另一个或者同一个或多个账目添加同样的资金或股票即为蓝补。

② 网易财经:《证监会:券商清理配资应做好沟通,不应一断了之》,2015年9月17日,https://www.163.com/money/article/B3D1D7TJ002547FQ.html,2023年8月28日。

阵,突发事件突击监管的现象;二是监管理念存在偏差,对场外配资一味禁止,颇有彻底的釜底抽薪之势;三是监管措施单一,监管手段粗暴,直至利益相关者抗争才得以纠正。不管是伞形信托还是配资公司的直接配资均采取暴风骤雨式的限期清理,禁止接入券商交易端口的手法,致使证券市场如过山车般地运行,正常的融资融券也被磕碰得遍体鳞伤;四是缺乏场外配资入场的感应与监管启动机制,事前防范式的预防监管严重不足;五是监管组织的定位与监管人员的配备不当,监管人员的素质也有待提高,个别身担监管要职的证监会官员还涉嫌重大违规而遭到组织查处。

五、证券市场场外配资监管制度的建构

场外配资采用高杠杆操作,"该类杠杆给市场带来的最大风险在于杠杆规模、杠杆比例等因素不可测、不可控,且杠杆资金的归属不明确(不穿透、不实名);这就使得市场出现与杠杆资金相关的风险时,无法准确预测风险的大小,在风险暴露时,也就无法掌握和预测风险暴露的节奏和结构"[1],导致监管部门无法及时制定规范证券市场健康成长的政策,容易导致证券市场失控,场外配资必须纳入监管。

(一) 确立正确的监管原则

1. 疏导优于取缔的原则

场外配资能够在证券市场生存多年的事实本身证明其有着生存的空间,是迎合某些证券投资者的需要而存在的,也是市场自发配置资源在证券市场的反映,对该类投资者的所需要的利益诉求在经济民主的现代市场经济应该得到尊重。此外,一味地禁止场外融资容易扼杀金融创新,"金融创新的瓶颈在于监管机构的激励架构,对社会有价值但可能有风险的金融业务,按照'多一事不如少一事'的原则,监管部门本能选择是禁止",但是监管层有没有思考过"禁止"对金融创新,对证券市场的繁荣,乃

---

[1] 李小君:《规范高风险场外配资》,http//stock.qq.com/a/20150713/007030.htm,2015 年 7 月 20 日。

至对证券市场支撑下的我国经济结构调整与嗷嗷待哺的企业融资的影响？对证券市场自发形成的场外配资不能一棍子打死，应该作为一种既存力量加以疏导，让其兴利。

2. 形成以证监会为主体，一体多翼的协调监管体制

场外配资是资金所有者、资金中介者与资金运用者、证券交易通道提供者等多种因素、多种利益主体缠绕在一起的产物，利益是其诱导。要管理好场外配资就必须从其源头管起，梳理配资的运作通道，通道的每个环节涉及不同的金融监管部门，所以要让场外配资服务证券市场就需要多个监管部门协调监管，共同促进场外配资纳入法治的轨道。所谓雁无头不成行，确立以证监会为主导监管主体，其他监管部门相辅助的协调监管体制更有利于场外配资的监管。

3. 法制先行的原则

场外配资如何运作才合规？监管部门也不好擅自决定，需要立法部门事前立法，对配资资金的聚集、分流、配置、进入证券市场的方式、进入的节奏、进入的数量，相关当事人的权利与义务的分配等均需要有一个准则，不然会出现不可控的局面。要想管理好场外配资就必须有一个规范化的法律法规，以减少随意执法。

4. 证监会相机决策的原则

证券市场与资金之间是水与船的关系，场外配资则犹如生命力强的江河水系。股市如战场，证监会是股市的最高指挥官，何时何地调配决胜股市的资金供给，需要证监会根据证券市场的发展局势与上市公司融资的需求等多种因素进行相机决策，便宜行事。

5. 遵循社会整体利益最大化与社会公共利益优先原则

证券市场是经济市场的高度反映，也是遵循整体利益最大化的领域，证监会在调解场外配资服务于证券市场时应遵循经济法学科体系中的监管手段，运用经济的、法律的、行政的手段调节场外配资对证券市场的资金供给，既要维护证券市场的稳定与可持续性发展，同时要兼顾证券投资者与配资者的利益，争取社会整体利益的最大化。在监管场外配资的过程中如果出现场外配资扰乱证券市场的正常运营秩序，损害大多数证券投资者利益，甚至危及社会公共利益时，应该及时制止场外配资的疯狂，

遵循社会公共利益优先的原则。

(二) 制定适宜的场外配资监管制度

实践中,证监会对场外配资采用了分类监管、逐步清理的措施,对采用软件进行系统配资的场外配资严厉禁止,对一般的、零星的场外配资采取缓行、逐步查处的方式。从及时制止股市暴涨、防范证券市场风险向其他金融领域传导的监管实践来看,这无疑是可行的。但是紧急禁止系统性场外配资之后,却导致了证券市场流动性的暂时短缺,在中国证券金融公司动用高达数万亿元人民币救市的情况下才使股市恢复正常的市场交易。场外配资被严厉清查后,证券市场进入了低迷整理阶段。为了防范场外配资一放就乱,一乱就抓,一严管就低迷的现象在证券市场上循环发生,有必要设置一些预防性的风险警示性监管指标、规范性监管制度和责任追究制度。

1. 建立场外配资主动申报制度

为了使场外配资主体得到合规性监管,必须建立配资主体申报制度,配资主体未经事前申报不得开展场外配资业务。申报者应该在申报时提供经工商管理局核准登记的营业执照,经银保监会核准的从事金融业务或资金支付业务的行业准入许可证书,宜开展配资业务的资金规模,保证资金合法来源的保证书,杜绝配资商借配资通道进行洗钱。事前没有向证监会或受证监会委托的机构申报备案的场外配资提供商不得提供配资服务,不得与证券投资者签订配资合同。

2. 建立配资主体审查制度

证券经纪商在获取配资信息后应该通过互联网将配资信息发送给证券监管部门,由监管部门核查资金融出方与资金融入方的资格,主要审查配资账户的真实性与实名制,严禁设立虚拟账户。证监会在审查场外配资信息时,有权获取配资主体身份、资金等与场外配资有关的信息,其他持有配资主体信息的单位有义务提供该信息,并接受询问。证监会在查取场外配资信息时也可以委托工商、税务或金融部门调查具体信息,也可以在场外配资基本信息健全的情况下委托为场外配资提供交易端口的证券经纪商协同审查配资信息,以减轻证监会的工作量,提高其监管效力。

3. 建立场外配资基本信息的登记与备案制度

目前场外配资处于暗流状态,监管部门对其基本情况无法查清,难以预估其流入证券市场的风险,要让场外配资为证券市场健康发展服务,首先要做的事情就是让场外配资阳光化,避免阴暗操作带来的不可知与不可控风险。为此证监会应该建立场外配资资金来源登记制度、资金规模实时监控制度。证券交易采取的会员通道制,任何通过证券实时行情交易系统参与的证券交易与大宗交易均必须通过证券交易所的会员通道进行,证券经纪商是从事这一交易过程的经纪机构,因而为证券交易进行的配资活动始终需要接入证券经纪商的交易端口方能进行证券交易。因而只要把好这个关口,便能监控场外配资的流量,对于先配资后再以自有资金的形式入场的配资(隐性配资)尽管无法采用该种方法监控,但是把好"强制平仓"这一关,便可以在一定程度上敦促该类配资从控制风险、维护配资方利益的角度自愿接受证券经纪商的实时监控。因为当配资交易者遇到融资保证金比例达到合同约定的担保率警戒线而需要强制平仓时,总是需要通过证券经纪商的交易端口输入平仓指令,与这一平仓指令相对应强制平仓权应该依法规定只能由该接受指令的券商享有,未经证券经纪商的审核,其他任何人擅自强制平仓的应该承担因平仓而导致的损害赔偿责任。当然配资融入方可以输入交易指令而主动平仓,如果隐性配资方通过配资融入方主动平仓的话,证券经纪商又如何监控? 这时配资交易自律制度与举报制度能较好地弥补隐性配资监管不足的缺陷。

4. 健全场外配资合同核查制度

场外配资合同应该统一,以免发生纠纷时带来合同性质认定的差异,为了让证监会统计场外融资的规模与发展态势,场外配资合同不但应该采取统一的格式,而且应该由为其提供交易通道服务的券商作为一线审核人,对场外配资合同进行核查,一般核查配资双方当事人身份的真实性,配资主体的合格性,配资利息的妥当性,配资杠杆的合规性,配资规模与融资者有证据证明的年收入来源的比例性,平仓权授予给券商行使的合法性等。对未进行信息备案的配资主体,券商不得为其开展证券交易端口接入服务,更不得为其提供强制平仓服务。对进行备案的配资主体,配资合同不得约定融资者直接授权给配资主体直接行使平仓权,而只能授予其强制平仓申请权,强制平仓权只能在配资方或融资方书面签字申请的情况下,由券商享有。券商应该将每天的场外配资数据,按照证券结算的时间,报送给证券业协会与证监会,并将场外配资合同的电子文档发送给证券业协会与证监会备查。

5. 建立重大配资事件与存疑配资交易及时报告制度

风险总是逐步积累的,场外配资出现异常时,券商应及时提醒配资的双方主体,并就异常的情形及时报告证监会与证券业协会,证券业协会对不同券商汇报上来的有同类型、同性质的配资异常情况,应该及时告知证监会,并咨询应采取的对策,碰到足以影响证券市场的较大波动的特别重大的配资事件应及时报送证监会,以便证监会尽快采取相应的监管措施。所谓重大的配资事件是指配资规模与上一交易日相比,连续三日增长速度大于10%以上,或者连续三日的增量超过融资融券资金余额的增量的。统一配资主体对投资者的配资数量规模巨大,显著超过其事先备案时说明的资金总量的,或配资主体出现联合巨量提供场外配资,足以影响证券市场价格较大幅度波动的等事件,具体应该包括哪些事件,有待配资的进一步实践。存疑配资是指对先配资后以投资者自身资金进行证券交易的隐性配资,券商通过审核投资者身份等信息,对其用于投资的资金与投资者职业收入有显著差异时,券商可以将其列为存疑配资行为,重点关注其资金动向,并将该情况及时报送所在地的证监会派出机构,以加强隐性配资的监管。

(三) 健全场外配资的监管启动机制与相机决策制度

当前的场外配资是在风险堆积,导致证券市场暴涨之后,证监会才开始整顿的,这种事后式的监管显示不能适应高效率运转的证券市场。所以应该建立健全的场外配资监管程序,形成科学的相机决策机制。场外配资什么情况下需要放行,什么时候应该引导与限制,什么时候应该暂停,需要一个启动的机制。有人认为这种事情很难把握,交给市场本身去解决会比较好办。然而,场外配资本身是自发的、非理性的,非理性就可能出乱象,就必须给予疏导。如何进行疏导应该有一个纲,有一个可操作性的依据。疏导之术的运用在于证券市场对资金流的要求,在于监管者调控证券市场的目的,尽管某个特定的时期证券市场的战略不同,但是其服务经济建设的功能是一致的。证券市场有自己的运行规律,只要疏导之术因应证券市场运行之规律的同时,兼顾特定时期国家经济建设规划的需要,就可以大概确定证券市场所需要的资金流,也就可以制定场外配资的流量控制步伐。证券市场总市值与一个国家的国民生产总值之间有一个比值,通过我国三十来年证券市场发展的历程以及对日本、英国与美国等国家证券市场的历史考察,可以得知某一特定时期证券市场的价值中轴,低于这个中轴时,表明市场的资金流供应是偏紧的,这时监管部门可以适当放松场外配资的监管;极度地向下偏离这个价值中轴时可以放松场外配资的监管;高于这个中轴时,可以适当收紧场外配资,向上偏离价值中轴较多时可以从严管制场外配资,甚至停止新增场外配资的进入。所以证监会应该会同证券业协会制定场外配资的监管启动机制与证监会相机决策的制度,因应证券市场的运行状态,采取相应的监管策略与具体的监管方式。

(四) 规范场外配资的行业自律制度

场外配资仅靠官方的行政监管难以取得良好的效果,必须辅之以民间自治式的行业自律,而行业协会的监管,更多的是对本协会成员的某一业务进行规范与约束,我们称该类监管为行业自律制度。2015 年 7 月 30 日,证券业协会发布《场外证券业务备案管理办法》(下文简称《场外业务办法》),提到了属于场外证券业务的场外配资业务,因而可以说是证券业协会会员从事场外配资业务的自律性规范。该办法从监管范围、监管对象、监管方式三个方面对场外证券业务提供了监管规范,作为场外证券资产融资业务(即场外配资业务)的监管自然可以适用。《场外业务办法》规定的监管方式主要有:"A. 备案制。B. 报告制:备案机构每月 10 日报送信息列表和每年 4 月 30 日前报送上年年度报告。C. 检查制:协会负责做客户适当性检查、信息披露情况检查和公司治理情况检查。D. 黑名单制:将严重违规机构及人员列入黑名单。未经备案从事场外业务、备案机构存在应报未报情形的、备案机构在黑名单有效期内开展场外业务的,可提请证监会查处。"从《场外业务办法》的规定来看,该文件所称的备案其实是证券业协会会员开展场外配资等场外证券业务时向证监会或证券业协会备案,涉及场外配资的规范不是很多,有规定的主要是规范证券业协会的场外证券业务。实际上证券业协会会员开展场外配资业务涉及众多的业务规范,单纯依靠券商等证券业协会会员向监管机构备案的方式来监管场外配资业务显然存在制度供应不足的问题。在前文的论述中,我们主张配资主体的配资信息由配资主体主动申报,由券商审核并向监管部门备案,更能强化配资主体与券商参与配资业务的自律,更有利于券商通过证券交易的端口展开对场外配资的一线查验,有利于从通道关口加强对配资的监管,加强这方面的制度建设能够对场外配资业务的开展与监管提供更多的制度供给。光靠证券业协会会员的自律容易导致券商通过证券交易端口对配资的审核功能与自身接入场外配资业务的自律功能完全重合,就会出现既是裁判又是运动员的角色重合,所以配资主体自身自律,券商审核监管,证券业协会指引性监管与证监会行政监管相配合,方能发挥出自律与监管的合力,形成完善的场外配资自律制度。所以,应该由场外配资的经营者制定"场外配资自律规章"报中国证监会备案,证券业协会根据其自律章程指导证券经纪商监督场外配资经营者自律。

六、制定配套的场外配资法律责任制度

(一)配资强制平仓权的配置与运行

券商端口型场外配资作为配资主体、融资主体与证券经纪商三方共同参与的附属性证券交易行为,其存在三方法律关系,一是配资方与融资方之间的证券交易融资法律关系与担保法律关系;二是融资方与证券经纪商之间的证券交易委托关系与强制平仓权的授权委托关系;三是配资方与证券经纪商之间的配资证券交易委托管理关系。这三方面的法律关系中最核心的就是强制平仓权的运行法律关系,只有强制平仓权运用得好,才能充分保障配资方的资金安全,同时保障融资方的合法权益,减少券商与配资方、融资方之间的矛盾与纠纷,最终也保障券商的权益。为了

保障配资合同三方主体之合法权益,同时保护证券市场的公共利益,配资合同应该明确强制平仓权的权利义务关系,并合理设置配资保证金比例,当证券交易触及合同设定的强制平仓警戒线时,配资方享有强制平仓申请权,该申请权经券商审核通过后方可进入强制平仓程序进行平仓。之所以给配资方设置强制平仓申请权而不是直接配置强制平仓权,就是为了加强券商对场外配资的核查,避免配资方自行平仓以规避监管。券商在收到配资方要求强制平仓的申请后应及时告知融资方,通知其及时追加保证金,融资方在接到通知的约定时间内不追加保证金的,券商便可将平仓交易指令输入证券交易系统,进行强制平仓。

(二)明确配资主体违规配资的法律责任

配资主体是证券交易场外配资的基础,配资主体不依法依规申报前文所述有关配资信息的,或超越事前报备的配资总额未申请增加配资额度而擅自继续配资的,不得从事配资服务。配资合同应该约定提供证券交易端口服务的券商应在配资核查阶段审慎核查配资方的基本情况,配资方也应该在配资合同里承诺遵循配资服务的规范性文件,依法合规配资,未依法依规配资的除应该对券商承担违约责任外,对因违规配资对券商与融资方造成的损失,如合同约定的违约金无法弥补的,还应该承担赔偿责任。配资合同不得约定超越配资法规与配资指导意见规定的杠杆比例进行配资,超越规定的,券商可视情节将其记入黑名单,对多次超越杠杆比例配资的配资者,券商可暂停该配资者的配资业务,并将该情形报告给证券业协会,由协会决定是否停止其在所有券商处的配资业务。

对事先备案进行配资,或虽经备案但配资规模超越事先报备的额度总量,或多次采用高杠杆比例配资,或未向券商申请强制平仓而自行平仓,情节比较严重的,除暂停其配资业务外,还应根据其违规情节的程度,报备给证监会,由证监会根据证券法规给予行政处罚。对违规情节特别严重,逃避监管,损害券商或证券投资者利益,或伴随有其他犯罪情节的,证券业协会应该将其情形提请证监会决定,是否将违法配资主体移送公安部门侦查,追究其相应的刑事责任。

(三)规范融资主体违反配资合同的法律责任

融资主体应该按照配资合同进行证券交易,碰到合同约定的事项出现时应及时向券商报告,以便券商采取相应的处置措施。融资主体应该按照配资合同约定,买卖券商指引的配资投资标的,不得擅自买卖风险系数高的证券标的,因违规买卖证券标的而导致风险急剧增加,以至于无法及时平仓,损害配资方利益的,应该承担违约责任,违约金不足以弥补配资方损失的,应该承担赔偿责任;融资方与配资方互相勾结,避开券商的管控,扰乱场外配资监管秩序的,券商应该通知其改正,并可以限制其进行配资交易的权利,将其纳入黑名单,以便加强管理。

(四)强化券商在场外配资中的责权与利益

券商在场外配资中的责任主要包括违反配资合同的责任与违反配资监管规范,未尽到配资合同一线监管的责任。

1. 券商违反配资合同的责任

券商应该按照配资合同严格履行自己协助配资方与融资方进行配资证券交易的义务,合理购买监控配资保证金比例的软件,以便及时监控融资交易者的交易风险,对可能出现的爆仓行为及早向融资者提出警示,并告知配资方,以便配资方及时行使强制平仓请求权。券商应该通过软件设置融资者证券交易保证金的转出行为,对未了结配资合约的证券保证金账户,应该禁止其资金自由转出。因券商管控不力,造成融资者将担保配资的保证金资金转出证券保证金账户的,券商应该承担违约责任。券商应该审慎行为强制平仓权,未经配资方申请与通知融资者增加保证金,券商不得擅自平仓,因违约行使强制平仓权致使配资方或融资方遭到损失的,应该承担违约责任;经配资方申请,券商不履行通知融资方增加保证金,不按照约定行使强制平仓权而导致配资方利益受损的,券商应承担违约责任。券商未尽到审核配资者资质之责任,导致配资合同被撤销或无效而致使融资方受到损失的,应该承担违约责任;前面所列情形,违约责任不足以弥补配资者或融资者损失的,应该赔偿损失。

2. 券商疏于审核配资合同的责任

券商是直接为融资者提供配资交易通道服务的主体,是配资合同的一线监管者,负有对配资者资质等配资信息审核的义务。如果券商疏于审核配资合同,致使无配资资质的配资主体提供配资服务,必将积累证券交易风险,损害证券交易秩序与证券投资者利益。对于券商对配资合同的审查内容、审查时机、审查方式、审查过程中应采取的相应措施均应该由配资监管规范来规定,配资监管规范同时应该明确券商没有尽到审慎审核配资合同的责任,该责任应该以行政责任为主。证监会可以根据券商在审核配资合同时的违规程度,社会危害性以及对投资者损害程度的程度,对券商处于警告、责令改正违规行为、暂停开展配资业务、罚款、停业整顿、吊销其证券从业资格等行政处罚措施。情节特别严重的,对证券交易秩序危害巨大的违法行为,可移交公安部门侦查,追究其刑事责任。具体的民事责任与刑事责任则可以根据民事法律法规以及刑法典的规定办理,对民事法规未规定的,按照互助性证券交易行为的行业惯例办理。

3. 券商在境外配资中的利益

券商处于场外配资的监管端口,承担着场外配资的一线核查与管控工作,按照权责利相一致的原则,场外配资的市场化运作中应该给券商以相应的收益,对于证券投资者,可以参照场内融资融券的做法,对融资交易者的交易佣金严格按照证监会核定的佣金比例缴纳,不给予相应的折让,也可以按配资金额直接向配资提供者收取一定比率的管理费,具体做法由《场外配资业务操作指引》加以规定。

(五) 科学设置监管部门懈怠监管的法律责任

场外配资的监管部门主要是证监会。证监会根据配资的监管情形,可以委托证券业协会对有关配资行为进行协助监管,证券业协会可以依据行业协会章程的规定,将某些具体事项如配资合同的审核交给其会员(券商)办理。监管部门懈怠监管的法律责任主要是指证监会职能部门监管不力的责任与证券业协会懈怠监管的责任。对于证监会懈怠行使监管职责,可以根据《证券法》第 216 与 217 条、《行政处罚法》第 62 条的规定处理,对证券业协会与证券公司不按照《证券法》与场外配资监管规则的规定受托或协助监管场外配资的行为,不仅可以按照《证券法》与《行政处罚法》的相关规定处罚,还可以依照证监会的有关规章认定其违法行为,并采取具体的处罚措施。

为了更好地规范场外配资行为,正在修订的《证券法》不但应该对融资融券交易行为确立明确的规范,对场外配资这种民间融资证券交易行为也应该有所涉及。除此之外,证监会应该会同证券业协会、证券法学会等民间社会团体组织就场外配资的规范进行研究,制定适合我国证券交易场外配资的规范性文件,力争做到场外配资有法可依,场外配资的监管可以依法进行。

(六) 设置有激励措施的场外配资民间举报制度

对于配资主体主动申报型的场外配资可以很好地通过券商的交易通道端口开展管制。对于事先已经完成配资再以投资者自有资金进入证券保证金的场外配资(隐性配资),如果没有人揭露,或者不是因为纠纷而不得不暴露的话,就很难被人发现,难以纳入有效的监管。无论配资自律制度如何健全,外在管制制度如何严谨,如果没有民间举报制度,难免会出现逃离监管的现象。只有自律、督查与举报制度结合起来才能使监管的阳光普照大地的每个角落。正所谓"民众的眼睛是雪亮的",只有充分发挥民间的举报制度,才能使隐性民间配资暴露在阳光之下,推动督导职能的发挥,防范懈怠监管。

第三节　场外配资案司法判决所反映的价值取向

尽管我国的证券法律法规禁止场外配资,但实践中场外配资一直不同程度地存在,只是 2015 年场外配资风波后监管层抑制了其疯狂入市的行为,场外配资自此转入见不得阳光的地下配资。2015 年《深圳市中级人民法院关于审理场外股票融资合同纠纷案件的裁判指引》,法院并没有当然地判决合同无效,而是尊重合同当事人的意思自治,根据各自的过错,结合公平原则进行判决。既尊重行政监管部门清理配资的监管措施,又尊重配资双方在配资合同中的各自过错,双方在面对政府清理场外配资的政策时是否存在对抗,因对抗而造成损失进一步扩大的,无过错的一方可以免责,有过错的一方应承担责任。2019年11月8日,最高院正式出台《全国法院民商事审判工作会议纪要》,该纪要对场外配资合同的效力进行了正式的规定,明确了除依法取得融资融券资格的证券公司与客户开展的融资融券业务外,任何单位或者个人与用资人的场外配资合同无效。至此,关于场外配资合同效力的司法认定有了明确的、最高的司法标准。

一、利用信托合同配资进行证券交易的场外配资类型

案例一:郝茹莎因与万向信托有限公司信托纠纷
申请再审案(2017)最高法民申 3856 号①

(一)再审申请人申请再审的理由

再审申请人(一审原告、二审上诉人):郝茹莎,女,1974年9月11日出生,汉族,住上海市静安区。

被申请人(一审被告、二审被上诉人):万向信托有限公司,住所地浙江省杭州市体育场路429号天和大厦12—17层及4层(401—403);肖风,董事长。

再审申请人郝茹莎因与被申请人万向信托有限公司(以下简称万向公司)信托纠纷一案,不服浙江省高级人民法院(2017)浙民终184号民事判决,向本院申请再审。本院依法组成合议庭进行了审查,现已审查终结。

郝茹莎申请再审称,原审判决存在《中华人民共和国民事诉讼法》第二百条第二项、第六项规定之情形,应予再审。请求:1. 依法撤销浙江省高级人民法院(2017)浙民终184号民事判决,并重新审理本案;

---

① 本案例来自中国裁判文书网:https://wenshu.court.gov.cn。

2. 依法改判支持郝茹莎的原审诉讼请求;3. 判令万向公司承担全部诉讼费用。主要事实和理由:原审法院对信托基础认识错误。第一,法院关于结构化信托具有天然融资功能的认定法院关于结构化信托具有天然融资功能的认定错误。

法院认定万向公司的证券结构化投资集合资金信托计划 71 号(以下简称 71 号)信托计划同时具备了证券投资信托、结构化信托、集合资金信托这三种类型的信托特征,那么就应当同时遵守证券投资信托、结构化信托、集合资金信托涉及法律法规的规定。原审法院仅通过援引结构化信托的概念来说明 71 号信托计划的合法性,在适用法律上出现了重大疏漏,基础认识错误。71 号信托计划不是"母子信托",具体表现为:1. 总计只有一个信托,即 71 号信托计划,万向信托公司也仅就 71 号信托计划向监管部门进行了备案;2. 每一期信托单元不是信托,只是万向信托利用合同的工具进行信托计划内部进行记账的产物,根本不属于《信托法》项下所称信托;3. 每一期信托单元的委托人(受益人)都是 71 号信托计划的委托人(受益人);4. 但 71 号信托计划不是每一期信托单元的委托人(受益人)。因此,71 号信托计划显然不具备母子信托的特征,根本就不是母子信托。结构化信托不具备天然的融资功能,结构化信托只有借助信托资产的债权运用方可与所谓融资挂钩。从合规角度来说,受托人应当自主决策,运用信托财产进行证券投资。但是受托人如将信托财产的投资管理权让渡给了劣后委托人(受益人),那么性质就发生了根本性的变化,结构化信托成了融资的工具和平台。这种做法显然已经走出了合规的边界,直接构成了违法银保监会 11 号文第 21 条明确规定的受托须亲自管理、自主决策,不得将投资管理职责委托《中国银行业监督管理委员会关于加强信托公司结构化信托业务监管有关问题的通知》(银监通〔2010〕2 号文,以下简称 2 号文)更是在第 1 条的基础上表明对信托公司在结构化信托业务方面的自主管理能力的要求。因此,结构化信托本身并不具备也不可能实现"融资功能"。

第二,法院对信托计划是否出借证券账户与涉嫌证券融资的认识错误。

1. 对于"不属于非法出借证券账户的"认定明显错误。原审法院承认71号信托计划下挂的信托单元是通过71号信托计划的证券账户在进行证券交易,但对委托人拥有投资决策权的事实视而不见,对出借账户的实质含糊其辞。但根据合同约定,委托人自行决定信托财产管理运用、委托人代表具有投资决策权,委托人发送投资指令,这些才是真正的事实,是判断证券账户出借的事实基础。从约定角度看,合同表明受托人只是委托人投资指令的执行者,所谓的审查要求与股民炒股应遵循的内容并无实质区别,并无审核的意思表示。从信托合同的约定以及实际操作可以看出,在正常情况下,郝茹莎的股票交易通过71号信托计划的证券账户完全可以且实际上依据自己的投资指令顺利完成。因此,本案中"出借证券账户"的特征非常清晰、事实非常清楚。受托人在设计71号信托计划时就已经定性自己是通道的角色,因此在信托合同中明确信托财产的管理处分由委托人自行决定,并据此进而明确由委托人代表行使信托财产的投资决策权,由委托人代表发出委托人投资指令,这些必然导致证券账户出借的实质和结果。万向公司违反证券法第80条关于"禁止法人出借自己或者他人的证券账户"的禁令。

2. 对于"不属于非法融资证券的"认定明显错误。一审判决认为证券法第142条只规制证券公司,而非信托公司。这种表述显然曲解了证券法的规定,对融资融券制度缺乏正确的认识。实践中,除经批准的证券公司外,其他任何机构都不能从事融资融券业务。结构化信托本身并不具备融资功能,71号信托计划实际上是借了结构化信托这样合法的外衣,通过信托合同的约定以让渡"投资决策权"的方式使得郝茹莎借入对应优先级委托人1.2亿元的资金用于证券买卖,万向公司还从中收取信托报酬。万向公司在未取得《经营证券业务许可证》的情况下,变相从事融资业务,已经构成了非法从事融资融券业务的情形,根据合同法司法解释一第10条,信托合同应属无效。

3. 对于"不构成损害社会公共利益的"认定明显错误。71号信托计划是万向公司作为金融机构向市场推出的格式化的投资于证券市场的金融产品。万向公司作为金融机构，其发行的金融产品具有相当的社会公信力。因此，这种产品一旦违法，对社会造成影响和冲击是显而易见，直接破坏了金融秩序，影响证券市场的平稳和健康。本案万向公司通过信托合同的约定设立71号信托计划，提供场外配资服务并出借证券账户，已经严重违反证券法及国家金融秩序，显著加剧了证券市场的价格波动，损害了社会公共利益。

第三，伞形信托就是一个打着创新旗号的违法产品。

从信托性质来看，伞形信托属于违法信托产品。以证券投资为目的的伞形信托，属于证券投资信托，如前文所述，证券投资信托必须由受托人亲自履行投资决策事项，不能将投资管理职责委托他人行使。伞形信托明确将投资决策权让渡给了委托人，这显然是违反了法律规定。另外，伞形信托假借结构化信托的合法形式，变相地向次级/劣后级委托人提供对应优先级的资金，供次级/劣后级委托人买卖股票的行为，同样构成了非法从事融资业务的情形，违反了《证券法》第142条及《合同法》相关规定。这种伞形信托产品其实就是以规模化从事证券市场融资业务为目的，以让渡信托财产投资决策权为变种手段，以出借证券账户为证券投资路径和融资保障措施。这些变种都是以违规为代价，违反了法律的禁止性规定和强制性规定，最终导致损害社会公共利益的结果。监管部门对于伞形信托的违法性早有定论。2015年9月17日，证监会再度明确伞形信托的非法性并明确提出了清理要求。证监会发布了《关于继续做好清理整顿违法从事证券业务活动的通知》，要求甄别、确认涉嫌场外配资的相关账户并明确了信托产品账户清理的范围。本案71号信托计划完全符合该监管文件指出的涉嫌场外配资的信托产品账户的三个认定标准，完全属于场外配资的违法行为。

第四，"郝茹莎因股票投资失败而被强制平仓""信托合同对认购风险进行了特别提示"，这种说法纯属万向公司逃避法律责任的托词。

郝茹莎遭受的损失并非因为"强制平仓"，实系郝茹莎在毫不知情的情况下早在 2015 年 9 月 17 日就已经失去了对证券账户的控制,而此时,信托净值并未跌破平仓线,但郝茹莎却丧失了交易机会。在证券账户失控后的两个交易日内,信托净值受包括伞形信托在内的非法场外配资被集中清理的大环境影响下跌破了平仓线。当时郝茹莎连补仓的渠道都已经被切断,这是郝茹莎没有预料到的情况。对此,万向公司不仅没有任何解释,反而还在一审过程中提交其单方制作的证据,说明万向公司于 2015 年 9 月 18 日收盘后向郝茹莎发送跌破平仓线的短信,营造出郝茹莎的损失是因为跌破平仓线而遭到强制平仓的假象。通过本案的证据可以知晓,郝茹莎本身具备一定的经济实力,在投资出现亏损的情况下已陆续补仓三千余万元。万向信托称郝茹莎眼看着 4,000 万元投资本金及三千余万元的补仓投入接连遭受损失而置之不理,显然不符合常理。

(二) 被申请人万向公司的书面答辩

第一,诉争信托计划符合《信托法》等法律法规的要求,系合法有效的信托产品。

诉争信托计划符合结构化信托、集合资金信托及证券投资信托的相关要求。诉争信托计划作为一种集合信托计划,符合银保监会关于集合资金信托计划的相关要求。本案中,万向公司将包括郝茹莎在内的多名委托人交付的资金进行集中管理、运用、处分的资金信托业务活动属于集合资金信托计划,符合《信托公司集合资金信托计划管理办法》对集合资金信托计划的要求。在子信托单元中,郝茹莎作为劣后委托人及委托人代表享有投资建议权,并通过 IT 账户系统向受托人提交指令建议。万向公司作为受托人收到指令建议后,根据信托文件的规定进行审查,审查通过后发出交易指令。信托单元本质上是"结构化证券投资信托"产品,本案一、二审法院援引《中国银监会关于加强信托公司结构化信托业务监管有关问题的通知》予以说明,并无不妥,结构化信托合法合规。伞形结构化证券投资信托仅仅只是技术创新,不改变结构化信托法律关系的性质,与信托的效力无关。郝茹莎主张伞形结构化证券投资信托无效没有事实依据。本案一、二审法院对诉争信托性质的认定正确,不存在郝茹莎所称的认识错误。诉争信托产品并非个别信托公司的个别行为,在信托行业内具有广泛的普遍性,涉及的信托产品规模在万亿规模以上,系特定监管时期形成的信托产品,目前均已经被监管部门叫停。

第二,本案终审判决认定事实清楚、适用法律正确,不存在再审申请人所称的认定错误。

诉争信托不存在非法出借账户的情形。在信托计划存续期间,万向公司作为受托人始终对信托股票账户享有控制权,并在此基础上随时对信托财产进行管理、执行风控措施。万向公司依据其受托人权限和责任对次级委托人提交的指令进行审查,并享有拒绝执行指令的权利。如果存在如郝茹莎所言的违法出借证券账户的情况,则万向公司必然丧失对该股票账户的控制权,也无法执行风控措施。证监会发布的《关于继续做好清理整顿违法从事证券业务活动的通知》系要求清理、整顿相关的信托产品账户而非对信托计划本身的效力或是否违法作出认定,是司法实践中的普遍共识。本案中,也不存在诉争信托计划被证监会列为违规项目的情形,证监会依法对场外配资中证券违法违规案件作出的行政处罚亦不包括万向公司及诉争信托计划。郝茹莎并不能直接地、不受约束地根据自己的指令建议和意志来完成股票配置。所有的交易指令都是由受托人所控制的资产管理系统(软件系统)发出的,而受托人是根据该系统来管理次级受益人的指令建议并执行风控措施。IT技术的应用实现高效率的指令传递,并不意味着万向公司没有对投资指令进行审核,更不能以外观操作引起的错觉来颠覆其法律关系的判断。

第三,诉争信托系依法合规的信托产品,根本不构成非法融资融券。

本案所涉信托计划为合法的结构化股票投资信托产品,不涉及融资融券业务,万向公司也未违法从事融资融券业务。本案中,万向公司作为信托受托人,从未向郝茹莎或任何信托委托人出借资金或证券。至于案外人上海金元百利资产管理有限公司作为优先级受益人和郝茹莎作为次级受益人的分配关系,这是按照结构化信托的规定和不同委托人的风险偏好作出的安排,是结构化融资的应有之义,也不存在借贷法律关系。因此,郝茹莎混淆结构化信托与融资法律关系,并直接在《再审申请书》中称诉争信托计划系"借钱给委托人用于炒股"等内容,是对法律关系的判断错误。本案信托计划万向公司从事的依法合规的结构化信托业务,与融资融券业务并无关系。结构化信托的融资功能仅仅是结构化形式所产生的附随效果,并不能据此认定为存在融资法律关系。诉争信托计划系合法、正当的证券投资,不存在损害社会公众利益的情形。信托公司从事结构化信托业务,与证券公司的融资融券业务并无关系,诉争信托的法律关系也不是融资法律关系。郝茹莎以万向公司违规从事融资融券业务进而主张万向公司损害社会公共利益,显然不成立。

第四,由于信托单元财产单位净值低于止损线后,郝茹莎未及时追加增强信托资金,万向公司根据《信托合同》执行了止损线风险控制措施,后依据郝茹莎提出的提前终止信托单元申请,已依法完成对信托财产的清算、分配。

诉争信托单元财产单位净值于2015年9月18日低于止损线,万向公司于当日收盘后通过系统短信通知郝茹莎追加增强信托资金,郝茹莎于2015年9月21日未追加增强信托资金,万向公司按照《信托合同》第8.30条止损线风险控制之规定,自2015年9月21日起对信托单元项下持有的全部证券资产进行变现操作。此后,郝茹莎于2015年10月31日向万向公司提出提前终止信托单元的申请,万向公司根据该申请对信托财产进行了清算、分配,并于2015年11月4日出具清算报告,后分别于2016年11月3日、2016年11月5日针对停牌股票进行了第二次信托财产分配,信托财产现已全部分配完毕。因此,万向公司严格依据《信托合同》,谨慎有效地执行了止损通知及信托单元变现操作,并依据郝茹莎的申请对信托单元进行了清算分配。综上所述,本案一、二审法院认定事实清楚,适用法律正确,请求依法驳回郝茹莎的再审申请。

（三）再审法院认为案件争议的主要问题与裁判依据

第一是诉争信托计划的效力如何认定；第二是万向公司是否违法从事金融业务；第三是万向公司强制平仓是否具有过错。具体分述如下：

第一，关于诉争信托计划效力如何认定的问题。

根据中国银行保险监督管理委员会《信托公司证券投资信托业务操作指引》《信托公司集合资金信托计划管理办法》等关于设立信托计划的相关要求，万向公司为依法设立的信托公司，符合设立资管计划的主体条件，诉争 71 号信托计划合同由律师事务所出具法律意见书，依法向浙江省银监局事前报告审核，符合《信托公司集合资金信托计划管理办法》中对于信托计划书的相关规定，也不存在《中华人民共和国合同法》第五十二条与《中华人民共和国信托法》第十一条无效信托的条件。并且在《中国银行业监督管理委员会关于加强信托公司结构化信托业务监管有关问题的通知》中明确规定了结构化信托业务是指信托公司根据投资者不同的风险偏好对信托受益权进行分层配置，按照分层配置中的优先与劣后安排进行收益分配，使具有不同风险承担能力和意愿的投资者通过投资不同层级的受益权来获取不同的收益并承担相应风险的集合资金信托业务。本案中万向公司设立的 71 号合同对信托计划投资限制与信托单元投资限制作出了具体的规定，通过 IT 技术完成不同子信托单元的组合配置合法合规。证监会发布的《关于清理整顿违法从事证券业务活动的意见》和《关于继续做好清理整顿违法从事证券业务活动的通知》是要求清理、整顿相关的信托产品账户，并不是对信托计划本身效力是否违法作出认定。因此诉争信托计划符合法律法规，原审法院认定 71 号合同合法有效并无不当，本院予以确认。

第二，关于万向公司是否违法从事金融业务的问题。

1. 万向公司并不构成出借证券账户。中国银行保险监督管理委员会关于印发《信托公司证券投资信托业务操作指引》的通知第二十一条规定：证券投资信托设立后，信托公司应当亲自处理信托业务，自主决策，并亲自履行向证券交易经纪机构下达交易指令的义务，不得将投资管理职责委托他人行使。结合双方在 71 号合同中的约定，本案诉争信托计划是采用母子信托模式,子信托通过母信托的账户进行投资交易,组成不同的资产组合进行独立交易,万向公司针对一个集合信托开立一个证券账户,以信托资产配置证券资产,并无不当。万向公司依照相关规定对指令建议进行审查后再发出交易指令,始终对信托财产以及信托股票账户享有控制权,能够自主决定交易指令的发出以及执行风控措施。因此万向公司并未出借账户,原审法院认定事实清楚,并无不当。2. 万向公司并没有从事非法融资融券业务。根据《证券公司融资融券业务管理办法》第二条规定:融资融券是指向客户出借资金供其买入证券或者出借证券供其卖出,并收取担保物的经营活动。71号合同中第三条关于信托目的规定,委托人基于对受托人的信任,自愿将其合法所有的资金委托给受托人并加入信托计划,指定受托人将本信托计划项下的信托计划资金投资于股票、场内货币型基金、债券逆回购等。71号合同第8.23条亦明确约定投资限制中规定不得进行融资融券交易。根据本案实际情况,万向公司与郝茹莎签署的信托合同并不符合融资融券的业务规定,万向公司也未向郝茹莎出借资金或者证券,并且诉争的信托计划属于结构化信托,其结构化形式所产生的融资功能,是其本质具有的附随效果,并不能因为信托属于结构化信托并具有融资功能,就将其认定为融资法律关系即万向公司开展融资业务,原审法院认定诉争信托不属于非法融资融券正确。3. 诉争信托计划并没有损害社会公共利益。根据71号合同中关于信托利益的计算与分配、风险承担等规定可知,诉争信托合同只约束郝茹莎以及万向公司双方,并不对外产生效力,并且2015年的股灾形成和扩大的影响因素众多,不能因为股灾的发生就认定由诉争的信托计划导致,并且进而损害社会公共利益,原审法院认定股灾发生并不能归咎于伞形信托,更得不出单个伞形信托合同损害社会公共利益的结论,并无不当。

第三,关于万向公司强制平仓是否具有过错的问题。

根据本案查明的事实,郝茹莎在投资71号信托计划时,万向公司明确告知郝茹莎,即信托计划不承诺保本和最低收益,具有一定的投资风险,适合风险识别、评估、承受能力较强的合格投资者。同时信托计划资金的用途亦已告知郝茹莎,即主要投资于在上海证券交易所、深圳证券交易所已经公开发行并挂牌交易的上市流通中的股票、场内货币型基金、债券逆回购等等。另外71号信托计划说明书中亦对投资风险、可能面临的各种风险,包括市场风险、经营风险、资金回收风险、安全生产风险、法律与政策风险等进行了释明。根据本案实际情况,郝茹莎的信托单元净值于2015年9月18日低于止损线,万向公司在当日收盘后根据信托合同的相关要求,通过系统短信通知郝茹莎追加增强信托资金,郝茹莎在2015年9月21日未按时追加增强信托资金,故万向公司按照信托合同中止损线风险控制的规定,对郝茹莎信托单元项下的全部证券资产进行变现操作,符合合同约定,郝茹莎主张万向公司存在主观过错,但未提供相关证据予以证明。因此,原审法院认定万向公司强制平仓并无过错正确,本院予以确认。

(四) 再审法院的判决

郝茹莎的再审申请并不符合《中华人民共和国民事诉讼法》第二百条第二项、第六项规定之情形,依照《中华人民共和国民事诉讼法》第二百零四条第一款,本院《关于适用的解释》第三百九十五条第二款规定,裁定如下:

驳回郝茹莎的再审申请。

二、运用银行理财资金配置从事证券交易的类型

案例二:李春辉场外配资合同纠纷上诉案([2020]浙民终525号)①

(一) 一审原告袁建华的起诉请求

袁建华起诉请求:1.判令李春辉、董初升共同向袁建华支付袁建

---

① 本案例来自中国裁判文书网:https://wenshu.court.gov.cn。

华已卖出的 13,666,209 股东方精工股票造成的损失及违约金等合计 53,024,890.92 元（暂计算至 2018 年 9 月 4 日，具体以袁建华全部卖出股票造成的亏损为准）；2. 判令李春辉、董初升承担本案的诉讼费用。在审理过程中，袁建华以股票全部减持完毕为由变更第一项诉讼请求为：判令李春辉、董初升共同向袁建华支付袁建华已卖出的 31,372,500 股东方精工股票造成的损失 10,000 万元。

（二）一审法院认定事实

2017 年 3 月 29 日，李春辉、董初升作为甲方与作为乙方的袁建华签订《差额补足协议》一份，协议约定：1. 袁建华或袁建华指定的第三方（指定第三方的另行补充协议约定）参与认购东方精工（以下简称标的公司）2017 年非公开发行股票认购出资劣后本金为 8,000 万元，对应优先级金额为 16,000 万元，认购股份金额为 23,200 万元（以下统称认购金额）；2. 李春辉、董初升同意对袁建华或袁建华指定主体认购股份全部出售时收回的本金及收益按袁建华认购金额计算不足年化 10% 部分进行补足（本协议所提到的有关收益均为税前收益）。协议 1.1 条约定：李春辉、董初升对袁建华承诺，袁建华或袁建华指定第三方本次对标的公司投资所取得的对应股票（下称标的股票），在解除锁定之日后 8 个月内按各次减持股票的价格与认购时取得标的股票的价格差计算且加上现金分红后（如有）应实现不低于（含）认购金额年化 10% 的综合收益（收益自袁建华出资资金到达本次非公开发行缴款账户之日起计算）。第 1.2.1 条约定：各方同意，如袁建华或袁建华指定的第三方于股票解除锁定后 8 个月内未能实现上述综合收益，则各方应当按照如下公式对袁建华或袁建华指定第三方以现金方式进行补偿，综合收益差额为各次减持所产生的收益差额之和加上分得的全部现金股利，单次减持所产生的收益差额＝某次减持股份数×{[实际发行每股单价×（1＋10%）÷365×该次减持股份的资金时间－该次减持的股票的发行价]}……李春辉、董初升应在标的股票全部减持完成后三个工作日内给予袁建华或袁建华指定第三方进行现金补偿，如果李春辉、董初升未能在上述期限内向袁建华进行现金补偿或未进行全额补偿，则逾期部分按照 10%年利率（单利）支付利息。逾期超过 30 日，李春辉、董初升按应付金额的 20%向袁建华支付违约金。第 1.2.3 条约定：双方确认，如袁建华或袁建华指定第三方在股票解禁期间或解除锁定后 8 个月内未能实现上述综合收益或造成袁建华持有股票亏损的，李春辉、董初升同意以 10,000 万元为限为袁建华承担担保责任。2.1 条约定：股票解除锁定后如袁建华在股价满足年化收益超过 10%（含）以上减持，需提前一日以书面形式告知李春辉、董初升。2.2 条：股票解除锁定后如袁建华在股价低于年化收益 10%以下减持，则需获得李春辉、董初升同意，李春辉、董初升不同意的，按 1.2.2 条约定进行补仓。协议还就超额收益的分配、协议变更解除等内容进行了约定。

2017 年 3 月 29 日，袁建华作为委托人与受托人云南国际信托有限公司签订《云信新安 3 号集合资金信托计划资金信托合同》一份。该合同约定：信托计划项下分为优先级受益人与一般级受益人。受托人按照信托计划规定分配信托利益时，最优先支付优先级受益人的信托利益，在全体优先级受益人应得信托利益得到偿付之前，不向一般级受益人分配信托利益，一般级受益人在全体优先级受益人按照信托计划约定获取信托利益后才可以提取信托利益。持有优先级信托单位的优先级委托人系优先级受益人，持有一般级信托单位的一般级委托人系一般级受益人。信托计划规模预计为 30,000 万元，其中：优先级信托资金预计募集 20,000 万元、一般级信托资金预计募集 10,000 万元，均以实际募集规模为准。该合同第七条约定：本合同项下的信托资金，由受托人按委托人的意愿和本信托合同以及《信托计划说明书》的约定，用于受让云南国际信托有限公司设立的云信富春 3 号单一资金信托的信托受益权，该单一信托的信托财产运用方式为将不超过 30,000 万元信托资金用于认购长信基金管理有限责任公司发起设立的长信基金-浦发银行-聚富 21 号资产管理计划，该资产管理计划资金用于认购东方精工于深圳交易所非公开定向发行的股票（002611东方精工）总金额不超过 30,000 万元，锁定期 12 个月。袁建华在《云信新安 3 号集合资金信托计划资金信托合同》签署页签字确认其作为委托人加入的信托资金为一般级信托资金 10,000 万元。同日,袁建华向云南国际信托有限公司转汇 10,000 万元。

长信基金资产管理有限责任公司于 2019 年 5 月 6 日出具长信基金-浦发银行-聚富 21 号资产管理计划财产第四次清算报告,该报告显示截至 2018 年 4 月 29 日,投资组合内所有证券已变现。长信基金管理有限责任公司出具的成交清算日报表(A128)显示该资产管理计划下的股票自 2018 年 8 月 7 日开始减持,至 2019 年 4 月 26 日全部减持完毕。

2019 年 5 月 10 日,云南国际信托有限公司出具云信新安 3 号集合资金信托计划清算报告,报告载明信托计划于 2019 年 5 月 8 日终止,自项目成立以来,已向受益人分配信托利益 28,145 万元(一般级受益人 6,500 万元,优先级受益人 21,645 万元)。优先级委托人——浦发银行已于 2018 年 9 月 12 日全部提前退出,剩余份额为 0。本次清算日,受托人按本信托计划信托文件约定的信托利益分配方式,扣除截止终止日(不含)的费用后,应向本信托计划受益人袁建华分配信托利益 1,425,151.15 元,本次实际可支付其信托利益 1,425,151.15 元。本次分配后,信托计划剩余信托份额为 0。信托项目清算收支情况表显示信托财产本金为 410,645,703.73 元,其中优先级本金 20,000 万元,次级本金 10,000 万元,申购损益平准金 110,645,703.73 元,信托收益为 -127,770,552.58 元。

原审法院于 2019 年 3 月 18 日作出(2019)浙 05 民终 71 号民事判决,查明 2017 年 3 月 29 日,袁建华、董初升签订《份额代持协议》一份,董初升通过袁建华认购信托计划中的一般出资金额 2,000 万元,由袁建华账户代为认购并无偿代为持有。还查明,袁建华向云南国际信托有限公司支付增强信用资金和补仓资金 11,000 万余元,并在减持前向董初升进行了通知。该案判令董初升支付袁建华垫付的增强信用资金和补仓资金 22,066,120.75 元及逾期付款违约金。

（三）一审法院的审理与裁判的理由

一审法院认为，本案主要争议焦点如下：一是案涉《差额补足协议》是否有效；二是李春辉、董初升应否向袁建华承担差额补足责任。

关于争议焦点一。李春辉、董初升认为案涉《差额补足协议》无效的理由有两个，一是具有赌博性质，违反社会公序良俗，二是案涉资金来源可能涉嫌挪用资金犯罪。赌博行为作为一种射幸行为，之所以被排除在法律保护范围之外，在于该行为对财富的分配机制是随机的，不会以主体的行为付出而改变财富分配的数量和方向，赌博行为是一种无秩序价值的行为。而本案李春辉、董初升之所以愿意签订案涉协议，是基于李春辉、董初升对袁建华参与认购的东方精工股票从商业角度作出了价值判断，李春辉、董初升运用经济学工具和技能对股票价值预期进行了评估，目的是追求投资利益，实质是一种具有商事交易秩序价值的对赌行为，并非李春辉、董初升主张的丧失秩序价值的赌博行为。至于李春辉、董初升主张案涉资金来源可能涉嫌挪用资金犯罪，仅是一种推测，并无证据证明。据此，李春辉、董初升主张本案所涉《差额补足协议》无效的理由不能成立。本案《差额补足协议》是当事人之间真实意思表示，未违反法律行政法规的强制性规定，也不损害国家、集体、第三人利益，合法有效，应予保护，当事人应当按照合同约定履行义务。

关于争议焦点二。《差额补足协议》约定"如袁建华或袁建华指定第三方在股票解禁期间或者解除锁定后 8 个月内未能实现上述综合收益或造成袁建华持有股票亏损的，李春辉、董初升同意以 10,000 万元为限为袁建华承担担保责任"，李春辉、董初升据此认为双方之间是保证合同关系，因不存在相应的债权人，故袁建华要求李春辉、董初升承担担保责任不能成立。虽然合同约定用了"承担担保责任"的表述，但本案不存在主债权债务关系，故本案的《差额补足协议》不属于保证合同，该协议应视为双方当事人之间合意形成。李春辉、董初升自愿承担袁建华投资损失及投资收益补足赔偿责任的无名合同，其本质系董初升、李春辉自愿对袁建华可能产生的投资收益不足部分及损失的承担。袁建华按照合同约定要求李春辉、董初升对其收益及损失进行补足应当予以支持。

关于李春辉、董初升应承担的责任金额。李春辉、董初升承担责任的范围是自出资资金达到非公开发行缴款账户之日起至解除锁定后8个月年内化10％的收益及持有股票亏损的损失，根据查明的事实，袁建华共计投入劣后本金8,000万元及申购损益平准金110,645,703.73元，扣除（2019）浙05民终71号民事判决认定董初升应承担的22,066,120.75元，袁建华实际投入资金为168,506,562.98元。本案所涉信托计划终止后，一般级受益人收回的信托财产为66,425,151.15元，收回财产部分与袁建华投入部分差距为102,081,411.83元，在不计算收益的情况下，袁建华亏损已经超过10,000万元，故袁建华诉请要求李春辉、董初升以10,000万元为限承担合同责任应当予以支持。

至于李春辉、董初升认为袁建华存在过错的理由，经审查，双方合同明确约定袁建华可以委托第三方认购，且认购对象已经明确为东方精工股票，故由袁建华自行认购或委托第三方进行认购并不会造成风险的扩大或减少，李春辉、董初升认为非袁建华本人认购造成风险扩大的理由不能成立。另，针对减持行为，袁建华减持时股价收益低于10％，且在减持前向董初升进行了通知，董初升未按约定进行补仓，李春辉与董初升作为共同责任人理应知道减持的事实，其抗辩未接到通知的理由不予采信。至于补仓行为，袁建华继续支付增强信用资金行为处在信托计划期限内，作为补仓义务人须履行追加增强信用资金的义务，袁建华的补仓行为并无过错。故袁建华的减持及补仓行为均未违反双方之间及袁建华与第三方之间的合同约定，其在合同履行中不存在过错。

（四）一审法院的判决

依照《中华人民共和国合同法》第八条、第六十条、第一百零七条、第一百零九条及《中华人民共和国民事诉讼法》第一百四十四条之规定，判决：董初升、李春辉共同向袁建华支付10,000万元，限于判决生效之日起十日内履行。如未按判决指定的期间履行给付金钱义务,应当依照《中华人民共和国民事诉讼法》第二百五十三条之规定,加倍支付迟延履行期间的债务利息。本案案件受理费 541,800 元,由董初升、李春辉共同负担。

(五) 二审上诉人上诉的事实与理由

上诉人(原审被告):李春辉,男,1966 年 11 月 3 日生,汉族,住浙江省宁波鄞州区。

被上诉人(原审原告):袁建华,男,1960 年 3 月 18 日生,汉族,住浙江省德清县。

原审被告:董初升,男,1956 年 6 月 1 日生,汉族,住广东省深圳市罗湖区。

上诉人李春辉因与被上诉人袁建华、原审被告董初升合同纠纷一案,不服湖州市中级人民法院(2019)浙 05 民初 1 号民事判决,向本院(浙江省高院)提起上诉。本院依法组成合议庭,公开开庭审理了本案。上诉人李春辉的委托诉讼代理人胡边、徐建君,被上诉人袁建华的委托诉讼代理人汪政到庭参加诉讼。原审被告董初升经合法传唤无正当理由拒不到庭参加诉讼。本案现已审理终结。

李春辉上诉请求:(1)撤销原审判决,改判驳回袁建华的诉讼请求。(2)一、二审诉讼费用由袁建华承担。事实和理由:

1. 案涉《差额补足协议》约定由袁建华出资劣后本金为 8,000 万元,对应优先级金额为 16,000 万元,以上海浦东发展银行股份有限公司杭州分行(以下简称浦发银行)优先级别 1∶2 配资,该约定的配资人、用资人等形式,表面上是双方追求投资利益而形成的具有商事交易秩序价值的对赌行为,实质系违法场外配资,应依法认定无效。

2. 袁建华依据《差额补足协议》约定要求李春辉为袁建华的投资差额补足提供担保责任,此为保证法律关系,是从合同法律关系,必须以债权人与债务人存在主合同债权债务法律关系为基础和前提。因本案不存在主合同基础法律关系,故保证法律关系也依法不能成立。且保证法律关系是保证人为债务人提供担保,只有债权人有权行使担保债权,被担保人无权行使担保权利。本案李春辉为袁建华承担的担保责任并不存在相应的债权人,故作为担保对象袁建华要求李春辉承担担保责任依法不能成立。

3.《差额补足协议》明确确定,袁建华指定第三方认购案涉股票需另行签订补充协议。但袁建华以信托方式委托第三人参与认购东方精工股票时,并未另行签订补充协议,故袁建华要求李春辉承担差额补足担保责任不符合协议约定。

4.即便认定《差额补足协议》有效,李春辉减持东方精工股票所造成的差额补足款约 10,000 万元,该金额的形成过程缺乏事实与法律依据。袁建华在计算差额补偿的过程中,违背合同本意,计算的损失不符合双方对差额补偿的约定。同时,2019 年 4 月 26 日的减持行为已超过约定期限,且在减持过程中有 2 次现金分红,袁建华并未计算在内,故李春辉无需承担差额补偿担保义务。

5.袁建华在减持过程中存在过错,应自行承担责任或承担主要责任。(1)李春辉从未收到任何通知,袁建华的减持行为未得到李春辉同意。即便是收到通知也不构成默示,即便构成默示,该通知仅仅对通知后的最近一次减持行为有效,其他减持行为均是袁建华的单方行为,故李春辉亦无需承担相应差额补偿的合同担保义务。(2)袁建华自 2017 年 5 月 25 日起至 2018 年 7 月 19 日累计 25 次现金补仓高达 11,000 万余元,对扩大的损失袁建华存在重大过错。

6.李春辉补充上诉事实和理由:(1)袁建华并非东方精工 2017 年非公开发行股票合格投资者,其主张的投资行为违反了中国证券监督管理委员会(以下简称证监会)关于非公开发行的规定,为严重扰乱证券市场的违法违规行为,应属无效的投资行为,所受损失应由其自行承担;(2)袁建华以《差额补足协议》为据主张亏损补偿,实质是主张证券投资的保留收益,违反投资风险自负原则和证券业监管法规,严重扰乱金融市场秩序,为无效承诺;(3)《差额补足协议》是没有基础的商事交易关系,其实质为基于标的股票未来股价的赌博,破坏公序良俗、破坏金融交易秩序,为法律所禁止,应认定无效。

（六）被上诉人的答辩

1.《差额补足协议》约定由袁建华出资劣后本金 8000 万元、优先级资金 16,000 万元对东方精工 2017 年非公开发行股票进行认购，并由李春辉、董初升以 10,000 万元为限承担差额补足义务，同时约定对超额收益按李春辉和董初升 20%、袁建华 80% 比例分配。该协议作为一份独立合同系各方真实意思表示，未违反法律法规强制性规定，未损害国家、集体、第三人利益，依法有效。另案（2019）浙 05 民终 71 号生效判决已认定董初升与袁建华共同签署《份额代持协议》，同意由袁建华与云南国际信托有限公司签署《云信新安 3 号集合资金信托计划资金信托合同》，该信托资金通过东方精工非公开发行股票的合格投资人长信基金管理有限责任公司设立的长信基金-浦发银行-聚富 21 号资产管理计划参与投资，该投资行为李春辉、董初升明知且同意，是经中信建投证券股份有限公司报证监会核准的合法投资行为。

2.《差额补足协议》约定由袁建华作为出资人可获投资 10% 收益外另享有超额收益 80% 的分红权，李春辉、董初升享有 20% 的分红权，同时，李春辉、董初升承担以 10,000 万元为限承担差额补足义务，超出部分均由袁建华自行承担，且李春辉在不出资的情况下与董初升共同享有 20% 的分红权，故本案实质是双方利益共享、风险共担的合作投资模式，并非构成保底承诺。

3.《差额补足协议》虽有承担担保责任的表述，但本案不存在主债权债务关系，该协议约定不属于保证合同，应视为双方当事人之间的一种合意，系董初升、李春辉自愿对袁建华可能产生的投资收益不足部分及损失承担差额补足责任，该约定亦非博彩赌博行为。

4. 2017 年 3 月 29 日当日签订《差额补足协议》《份额代持协议书》《云信新安 3 号集合资金信托计划资金信托合同》《信托计划说明书》等，袁建华同日还向云南国际信托有限公司转汇 10,000 万元。李春辉、董初升作为利益共同体对袁建华通过第三方云信新安 3 号集合资金信托计划参与东方精工非公开发行股票完全明知且予以认可，在（2019）浙 05 民终 71 号案件诉讼中，董初升对此亦未提出过异议。

5.《差额补足协议》第1.2.1条约定已明确了差额补偿的计算方式,结合2019年5月6日长信基金管理有限责任公司出具的第四次清算报告、成交清算日报表(A128),2019年5月10日云南国际信托有限公司出具的清算报告等,证明案涉信托收益为－127,770,552.58元。(2019)浙05民终71号生效判决已认定在董初升未按约补仓的情况下,袁建华又投入补仓资金11,000万余元,扣除董初升应承担的22,139,140.75元及信托费用,认定袁建华实际损失金额为102,081,411.83元。故袁建华实际损失已超10,000万元(详见《李春辉、董初升应付差额补足计算清单》),李春辉、董初升理应按约向袁建华支付10,000万元差额补足款。

6.《差额补足协议》第1.2.3条和第2.2条已明确约定投资股票解禁后如股价低于年化收益10%应予减持,李春辉、董初升不同意减持的,应按合同第1.2.2条约定补仓。但李春辉、董初升在收到通知后均未补仓,由此造成的损失应由李春辉、董初升承担。且(2019)浙05民终71号案件已对案涉补仓和减持损失及责任作出了认定。故袁建华在补仓和减持过程中不存在过错。综上,请求驳回李春辉的上诉,维护原判。

董初升未提交答辩意见。

(七)二审期间当事人提交的新证据与新意见

1. 李春辉提交1份新的证据,即《中信建投证券股份有限公司关于东方精工发行股份及支付现金购买资产并募集配套资金暨关联交易之非公开发行股票发行过程和认购对象合规性的审核报告》(以下简称《审核报告》),证明袁建华并非东方精工非公开发行股票的合格投资者。

2. 袁建华提交书面质证意见认为,对该份证据的真实性、合法性均无异议,但对李春辉的证明目的和关联性有异议。该《审核报告》恰能证明袁建华系合格投资者。(1)该《审核报告》第一条第(三)款载明发行对象为长信基金管理有限责任公司等8名投资者符合《上市公司证券发行管理办法》《上市公司非公开发行股票实施细则》的相关规定;

(2)该《审核报告》第三条第(一)款第1项明确长信基金管理有限责任公司以其管理的长信基金-浦发银行-云南信托-云信富春3号单一资金信托等1个产品,上述产品均按照《中华人民共和国证券投资基金法》和《基金管理公司特定客户资产管理业务试点办法》等相关规定完成登记和备案程序。第2项明确"综上,主承销商认为,本次上述发行对象具有认购本次非公开发行股票的主体资格"。(3)根据原审中袁建华提供的证据一《云信新安3号集合资金信托计划资金信托合同》《信托文件》《信托计划说明书》、证据七《云信新安3号集合资金信托计划清算报告》等证据,证明袁建华作为一般级委托人受让云南国际信托有限公司设立的云信富春3号单一资金信托,且该信托资金用于认购长信基金管理有限责任公司发起设立的长信基金-浦发银行-聚富21号资产管理计划,该资产管理计划资金用于认购东方精工非公开定向发行的股票,总金额不超过30,000万元,锁定期12个月。2017年3月29日,袁建华在上述协议签字确认并于同日向云南国际信托有限公司支付10,000万元。该信托计划自2017年4月5日成立至2019年5月8日终止。故袁建华通过资金信托和资产管理计划投资10,000万元用于认购东方精工非公开发行股票符合法律规定。

3. 袁建华提交1份新的证据,即《李春辉、董初升应付差额补足计算清单》,主要是依据《差额补足协议》第1.2.1条约定的计算方式,计算袁建华在减持东方精工股票过程中造成差额损失超过10,000万元的形成过程。

4. 李春辉质证认为,对该份清单计算过程没有异议,但对合法性、关联性不予认可,因袁建华通过场外配资的违法违规形式进行操作,且按《差额补足协议》约定应在2018年12月24日之前将案涉股票完成减持,但其并未按约履行,故该清单不能证明袁建华的具体损失,如有损失亦应由其自行承担。

5. 袁建华对于清单载明案涉股票减持截止日期为2019年4月26日的问题,庭审后通过微法院提交质证意见认为,根据(2019)浙05民终71号生效判决认定,2017年3月29日,袁建华通过信托计划的信托资金认购资产管理计划的东方精工非公开定向发行的股票,股票锁定期为12个月,于2018年4月26日解除限售即可在二级市场流通并进行交易。证监会于5月27日发布实施《深圳证券交易所上市公司股东及董事、监事、高级管理人员减持股份实施细则》。因长信基金-浦发银行-聚富21号资产管理计划认购的股票为31,372,549股,该股票属于该实施细则第二条第二项规定的特定股东范畴,且持股数量已超过东方精工总股份的1%。因此,袁建华无法按《差额补足协议》第1.1条约定在解除锁定之日后8个月内减持全部股票。袁建华在向李春辉、董初升发出《减持股票通知书》后,自2018年8月7日开始至2018年10月15日共减持股票28,793,509股(已达到东方精工总股份的1%的比例),减持金额为98,155,961.9元,剩余股票2,579,040股因该实施细则的规定而无法减持。2019年4月26日根据该实施细则解除锁定期满当日全部减持完毕,减持金额14,780,448.52元。因此,袁建华未按《差额补足协议》约定8个月内将股本减持完毕系证券有关规定发生重大变化导致,并非袁建华存在过错。同时,剩余案涉股票于2019年4月26日完成减持,成交清算日报表(A128)显示,该减持成交金额为14,780,448.52元,长信基金-浦发银行-聚富21号资管计划财产第四次清算报告显示,在扣减交易费用及加上利息后实际分配金额为14,821,999.92元,而案涉信托项目信托收益为－127,770,552.58元,故在最后一期减持前案涉股票的亏损已超过双方《差额补足协议》第1.2.3条约定的10,000万元的上限。且2018年8月7日至2018年10月15日期间减持东方精工股票成交均价为5.34元/股,而2019年4月26日减持的剩余股票2,579,040股成交金额为14,780,448.52元,即每股成交价为5.73元,故2019年4月26日的减持行为并未导致双方损失的扩大。

6. 李春辉通过微法院提交答复意见认为,根据该实施细则第四条的规定,袁建华完全可以按约减持全部股票,但其未按约在8个月内将案涉股票减持完毕,存在违约。同时,袁建华亦未就减持案涉股票向李春辉发出《减持股票通知书》,故对该计算清单不予认可。

7. 袁建华通过微法院提交答复意见认为,根据实施细则第四条第二款规定,股东通过集中竞价交易减持上市公司非公开发行股份,在股份限制转让期间届满后 12 个月内,减持数量还不得超过其持有该次非公开发行股份的 50%。即在股票锁定期 2018 年 4 月 26 日满后 12 个月内减持股票不得超过其所持股票数量的 50%,剩余 50% 股票必须自股票锁定期满 12 个月后再进行减持。

8. 董初升未提交新的证据,亦未提交质证意见。

(八) 上诉审法院对案件的审理

1. 李春辉提交的《审核报告》系中信建投证券股份有限公司向证监会提交的报告,该信托资产管理计划的投资行为已经证监会核准,并明确发行对象为长信基金管理有限责任公司等 8 名投资者。长信基金管理有限责任公司以其管理的长信基金-浦发银行-云南信托-云信富春 3 号单一资金信托等 1 个产品已登记和备案程序。袁建华作为一般级委托人受让该单一资金信托用于认购东方精工非公开定向发行的股票,不涉及其他投资人权益,亦不违反法律规定。

2. 袁建华提交的《李春辉、董初升应付差额补足计算清单》,系根据《差额补足协议》第 1.2.1 条约定,并结合有关清算报告、成交清算日报表(A128)等资料,最终计算信托收益亏损为 $-127,770,552.58$ 元。袁建华通过集中竞价和大宗交易的方式减持案涉股票,在时间、数量、比例上均符合上述实施细则的规定。(2019)浙 05 民终 71 号生效判决亦认定在李春辉、董初升未按约补仓的情况下,袁建华支付增强信用资金和补仓资金 11,000 万余元,在扣除董初升应支付袁建华垫付的增强信用资金和补偿资金 22,139,140.75 元后,袁建华账面损失金额为 102,081,411.83 元。该计算清单载明的计算时间、减持股数、减持股价、年利率、结算天数、逾期付款利息等计算过程李春辉并无异议,亦未提供相反证据予以反驳,且袁建华 2019 年 4 月 26 日的减持行为并未导致双方损失的扩大,故该份计算清单可证明袁建华在减持东方精工股票过程中所形成差额损失。

3. 二审查明的新事实。上诉法院除对原审法院认定的事实予以确认外,另查明,袁建华自 2018 年 8 月 7 日开始至 2018 年 10 月 15 日共减持东方精工股票 28,793,509 股,减持金额为 98,155,961.9 元,减持股票每股成交均价为 5.34 元。剩余股票 2,579,040 股于 2019 年 4 月 26 日全部减持完毕,减持成交金额为 14,780,448.52 元,减持股票每股成交价为 5.73 元。

4. 二审法院认为案件的主要争议焦点:(1)案涉《差额补足协议》法律效力的认定;(2)李春辉、董初升是否应向袁建华承担差额补足责任。

5. 二审法院对案件的评析:

《差额补足协议》合法有效,对双方具有法律约束力。

(1)案涉非公开发行股票行为已得到证监会核准。2017 年 3 月 29 日,袁建华与云南国际信托有限公司签订《云信新安 3 号集合资金信托计划资金信托合同》《信托计划说明书》等明确信托资金用于认购长信基金管理有限责任公司发起设立的长信基金-浦发银行-聚富 21 号资产管理计划,该资产管理计划资金用于认购非公开定向发行的东方精工股票。李春辉提交的《审核报告》已明确中信建投证券股份有限公司审核确认了上述投资东方精工非公开发行股票等相关事宜,投资金额为 30,000 万元且为单一资金信托,不涉及其他投资人权益,该产品依法已完成登记和备案程序。《审核报告》由中信建投证券股份有限公司报证监会核准。(2019)浙 05 民终 71 号生效判决对案涉信托资金认购东方精工股票亦予以认定,故该东方精工非公开发行股票发行过程和认购主体、对象等均未违反法律规定。

(2)《差额补足协议》不属于场外配资行为。《差额补足协议》《份额代持协议》约定袁建华、李春辉、董初升作为共同投资人,同意由袁建华与云南国际信托有限公司签署信托合同,参与长信基金管理有限责任设立的长信基金-浦发银行-聚富 21 号资产管理计划投资,投资范围仅限于东方精工这一特定股票,不得投资其他股票,这是双方协商达成的特定交易。该信托公司也是经国家相关部门依法成立的金融机构。东方精工非公开发行股票的认购行为系经中信建投证券股份有限公司报证监会核准的合法投资行为。该定向增发操作模式、流程已经证监会登记和备案程序，并非金融机构接受投资者委托，对受托的投资财产进行投资管理的金融服务。因此，案涉认购交易涉及融资、买卖证券环节等并不具备配资方向用资人出借证券账户、缴纳保证金、用资人自行决定股票投资方向等场外配资业务的法律特征，无论从投资主体、投资方式、协议实质内容及监管审核程序等均不符合未经金融监督管理部门批准的非法场外配资行为的构成要件。李春辉提供的证监会于 2015 年 9 月 17 日发出的《关于继续做好清理整顿违法从事证券业务活动的通知》、深圳市中级人民法院《关于审理场外股票融资合同纠纷案件的裁判指引(2015)》、证监会于 2016 年 7 月 14日发出的《证券期货经营机构私募资产管理业务运作管理暂行规定》等均不能证明袁建华的上述交易行为属于规避证券监督管理机构监管的非法场外配资行为，故《差额补足协议》未违反法律、法规的禁止性规定。

（3）《差额补足协议》不存在无效保底收益情形。《差额补足协议》1.2.3 条约定：……造成袁建华持有股票亏损的，李春辉、董初升同意以 10,000 万元为限为袁建华承担担保责任。第三条约定：……袁建华同意对超过部分的收益与李春辉、董初升分成，李春辉、董初升分得 20%，袁建华分得 80%。本案双方共同出资 10,000 万元参与认购非公开定向发行的东方精工股票。袁建华出资 8,000 万元，除10% 获益外另享有超额收益 80% 的分红权；董初升出资 2,000 万元由袁建华代持，李春辉、董初升共同享有 10% 投资收益之外超额收益的 20% 分红权。如投资亏损则由李春辉、董初升以 10,000 万元为限向袁建华承担担保责任，超出部分由袁建华自行承担。该约定仅为袁建华、李春辉、董初升三人之间共同投资的内部约定，并未涉及其他人的权利义务，亦未损害其他投资人合法权益，实质是投资双方对投资利益、投资风险共同承担的合作投资模式，属于当事人的意思自治范畴。《差额补足协议》的主体亦非金融机构，投资模式也没有破坏证券市场稳定和增加证券市场风险，故双方的约定不属无效保底条款情形，亦不违反法律、法规的禁止性规定。

（4）李春辉、董初升对袁建华通过第三方信托认购案涉股票明知且认同。《差额补足协议》鉴于 1 约定：袁建华参与东方精工 2017 年非公开发行股票认购，如袁建华指定第三方认购需另行签订补充协议。经查，①根据《差额补足协议》《份额代持协议书》的约定，李春辉、董初升作为利益共同体和共同责任人对劣后本金、优先级投资金额、认购对象为东方精工股票等投资事项均完全明知。在签订上述两份协议的当日，双方也按约履行了出资义务，袁建华亦向委托的第三方信托公司实际转汇 10,000 万元资金（含董初升出资的 2,000 万元）。袁建华自行认购或委托第三方进行认购并不存在本质差别，不会造成双方投资风险的扩大或减少。②对袁建华委托第三方信托公司认购案涉股票并未另行签订补充协议的行为，自 2017 年 3 月 29 日签订案涉协议至 2019 年 1 月袁建华提起本案诉讼，李春辉、董初升对此从未提出异议。其中，针对案涉股票的减持、补仓情况，袁建华曾提前向董初升履行了告知义务，李春辉与董初升作为共同责任人理应知悉袁建华减持、补仓的事实，但李春辉、董初升对袁建华未另行签订补充协议从未提出不同意见，亦从未依照《中华人民共和国合同法》第五十四条规定的可撤销事由行使撤销权，故应认定李春辉、董初升认可袁建华通过第三方信托公司认购案涉股票。

（5）《差额补足协议》并非保证合同。《差额补足协议》1.2.3 条约定：……造成袁建华持有股票亏损的，李春辉、董初升同意以 10,000 万元为限为袁建华承担担保责任。此约定系双方基于对东方精工股票未来商业价值判断并愿意分担责任，为双方真实意思表示，该《差额补足协议》为李春辉、董初升自愿承担袁建华投资损失及投资收益补足义务，并以 10,000 万元为限。同时，双方亦对李春辉、董初升可享有的超额收益 20% 的分红权作了约定。该约定符合等价有偿的原则，不存在其他违法无效情形，亦不具有保证合同的法律特征，故原审法院认定该《差额补足协议》"本质系董初升、李春辉自愿对袁建华可能产生的投资收益不足部分及损失的承担"，有相应的合同为据。

（6）《差额补足协议》具有商事交易秩序价值的对赌属性。本案交易架构运作方式所认购的非公开发行东方精工股票,已经中信建投证券股份有限公司报证监会核准。《差额补足协议》已对双方投资金额和风险等权利义务作了明确约定,其中董初升出资2,000万元,李春辉、董初升可共同享有超过部分收益20%的分成,并承担最高不超过10,000万元亏损的差额补足责任。该约定是李春辉、董初升作为利益共同体、共同责任人基于对投资东方精工股票未来估值发展不确定性的一种商业价值判断,目的是为袁建华巨额投资后所产生的融资风险而为之提供的保障承诺,本质实为双方自愿设立以东方精工股票的涨跌为条件的投资对赌关系,并非系违反社会公序良俗含有博彩性质的赌博行为,亦不损害上市公司或其债权人合法利益,故原审法院认定该协议具有商事交易秩序价值的对赌行为并无不当。

(九)二审法院的判决

1. 案涉《差额补足协议》系双方自愿签订,属当事人意思自治范畴,协议内容未违反法律、行政法规禁止性规定,也不损害国家、集体和第三人利益,更未因此破坏金融交易秩序,原判认定该协议合法有效有相应的事实和法律依据。

2. 李春辉、董初升应按约向袁建华承担差额补足责任。

(1)李春辉、董初升应按约定的补偿计算方法承担差额补足责任。双方已按《差额补足协议》《份额代持协议》约定实际履行了相应出资义务。(2019)浙05民终71号生效判决已认定因东方精工股票价格下跌,袁建华分26次向云南国际信托有限公司支付A类增强信用资金和补仓资金共计11,000万余元。根据《差额补足协议》第1.2.1条约定的补偿计算方法、2019年5月6日长信基金管理有限责任公司出具的清算报告、成交清算日报表(A128)、2019年5月10日云南国际信托有限公司出具的清算报告等资料,证明袁建华共计投入劣后本金8000万元及申购损益平准金110,645,703.73元,扣除董初升应承担的22,139,140.75元,袁建华实际投入资金为168,506,562.98元。本案所涉信托计划终止后,一般级受益人收回的信托财产为66,425,151.15元,收回财产部分与袁建华投入部分差距为 102,081,411.83 元。据此,原判认定袁建华亏损已经超过10,000 万元,对袁建华诉请李春辉、董初升以 10,000 万元为限承担差额补足责任有相应的事实为据。

(2)袁建华持减案涉股票行为并不存在违约。李春辉上诉认为袁建华未按约于 2018 年 12 月 24 日之前减持案涉股票完毕,存在违约。对此,袁建华已在微法院提交质证意见说明其未按《差额补足协议》约定 8 个月内将股本减持完毕系证券有关规定发生重大变化所导致,并非其自身过错原因。同时,案涉部分剩余股票于 2019 年 4 月 26日全部减持完毕,减持成交金额为 14,780,448.52 元,因该信托项目信托收益亏损为 -127,770,552.58 元,故在最后一期减持前案涉股票亏损已超过《差额补足协议》第 1.2.3 条约定的 10,000 万元的上限。且 2018 年 8 月 7 日至 2018 年 10 月 15 日期间减持东方精工股票成交均价为 5.34 元/股,而 2019 年 4 月 26 日减持的剩余股票成交价为 5.73 元/股,故 2019 年 4 月 26 日的减持行为并未导致双方损失的扩大。至于李春辉提出减持过程中有关现金分红等情况,成交清算日报表(A128)等资料显示已通过派息等方式进入信托公司账户,经抵扣后本案信托收益最终亏损为 -127770552.58 元,故该分红对李春辉、董初升同意以 10,000 万元为限为袁建华承担差额补足责任并无实质性影响。

(3)袁建华在补仓和减持股票过程中并不存在过错。①《差额补足协议》第 2.2 条约定:股票解除锁定后如袁建华在股价低于年化收益 10% 以下减持,则需获得李春辉、董初升同意,李春辉、董初升不同意的,按 1.2.2 条约定进行补仓。(2019)浙 05 民终 71 号生效判决已认定董初升对袁建华作为一般级信托单位加入信托计划是明确知晓,就案涉补仓和减持股票事宜,袁建华数次发函的通知行为及董初升的回函行为可视为双方对董初升未按通知支付增强信用资金时的违约责任进行了明确,董初升亦自认其在回函后资金并未筹集到位,也未与袁建华就股票平仓事宜进行商量,据此,该案判决由董初升支付给袁建华垫付的增强信用资金和补偿资金 22,066,120.75 元并承担相应违约责任。故此,原判认定李春辉与董初升作为共同责任人理应知道该减持事实,对李春辉抗辩未接到通知的理由不予采信有相应的事实依据。②袁建华继续支付增强信用资金尚处在信托计划期限内,其作为补仓义务人必须履行追加增强信用资金的义务,当信托单位净值达到预警线或止损线时,如不进行补仓,信托公司和基金公司将对股票进行强制平仓,从而造成更大损失,故袁建华支付增强信用资金及补仓行为均未违反双方之间及与第三方信托之间的合同约定,袁建华行为并不存在过错。

3. 原审法院根据《差额补足协议》第1.2.3条约定的补偿计算方法认定袁建华亏损已经超过10,000万元,李春辉、董初升应以10,000万元为限承担差额补足责任,有相应的事实和法律依据。

4. 李春辉的上诉理由不能成立。原审判决认定事实清楚,适用法律正确,实体处理恰当。依照《中华人民共和国民事诉讼法》第一百七十条第一款第(一)项、第一百四十四条之规定,驳回上诉,维持原判。二审案件受理费541,800元,由李春辉负担。本判决为终审判决。

三、对场外配资司法案例的评析

(一) 郝茹莎因与万向信托有限公司信托纠纷申请再审案

该案是因为结构性集合信托项目引起的投资损失纠纷,本案中再审申请人一再强调被申请人存在如下过错:①出借证券投资账户,②存在信托公司对其进行融资,③信托公司对投资账户存在控制不当致使郝茹莎无法在投资标的跌破止损设定点前及时平仓,④信托公司在投资标的跌破止损点时进行的平仓行为不当。而法院的裁判理由是:①万向公司并不构成出借证券账户,万向公司依照相关规定对指令建议进行审查后再发出交易指令,始终对信托财产以及信托股票账户享有控制权,能够自主决定交易指令的发出以及执行风控措施,这一点与郝茹莎无法控制投资账户的表述可以得到验证;②万向公司并没有从事非法融资融券业务,诉争的信托计划属于结构化信托,其结构化形式所产生的融资功能,是其本质具有的附随效果,并不能因为信托属于结构化信托并具有融资功能,就将其认定为融资法律关系;③信托合同本身规定受托人万向公司享有证券投资证券账户的控制权;④万向公司平仓是因为郝茹莎在投资标的跌破止损点时未及时补充担保物。

再审申请人郝茹莎认为 71 号信托计划无效的理由就是该信托计划是一种伞形信托,而伞形信托是 2015 年 6 月份股灾形成的原因之一,而且证券监管部门也发布了清理伞形信托的通知。但是清理伞形信托是及时制止场外配资对股市助涨助跌的监管措施之一,清理与禁止场外配资仅仅是为了防止场外配资继续危害股市,监管部门并没有明确表示场外配资无效。尽管禁止场外配资监管措施属于强制性规范但属于管理性强制性管理规范,不是效力性强制性规范。

所以郝茹莎试图通过清理伞形信托,禁止场外配资监管措施以及认为 71 号信托计划涉嫌场外配资来认定信托合同无效显然得不到法院的支持。既然是信托合同就应该严格按照合同的约定与性质去理解信托投资双方的权利与义务。本案要弄清楚的是郝茹莎在签订信托投资合同时是否明确理解 71 号信托计划是结构性信托计划,对该合同存在优先级与劣后级资金及其各自对应受益人的权利与义务是否清楚。如果不清楚明白时是否请求了万向信托公司就合同的专业术语与合同条款进行解释。签订合同后有没有经过再三思考弄清楚结构性信托的真正含义后觉得风险过大以认识错误为由行使了撤销权。如果没有的话,郝茹莎就应该遵循合同,承担 71 号信托计划给其带来的风险。风险与收益成正比是金融学的基本常识,金融法理应遵循风险收益与责任配比原则。郝茹莎既然自愿签订结构性信托计划就应该承担该信托带来的风险,因为如果投资成功的话同样能够带来高收益。

(二) 对案例二"李春辉场外配资合同纠纷上诉案"的评析

本案的主要争议焦点是:(1)董初升出资 2,000 万元由袁建华代持,袁建华出资 8,000 万元作为劣后级资金受益人,浦发银行理财资金作为优先级资金受益人出资 16000 元,形成信托资金用于认购长信基金管理有限责任公司发起设立的长信基金-浦发银行-聚富21号资产管理计划，该资产管理计划资金用于认购非公开定向发行的东方精工股票，是否构成场外配置；(2)案涉《差额补足协议》法律效力的认定；(3)李春辉、董初升是否应向袁建华承担差额补足责任。上述(1)所述事项是否构成场外配资直接关系到《差额补足协议》的效力认定。

上诉人李春辉认为：案涉《差额补足协议》约定由袁建华出资劣后本金为8000万元，对应优先级金额为16000万元，以上海浦东发展银行股份有限公司杭州分行(以下简称浦发银行)优先级别1∶2配资，该约定的配资人、用资人等形式，表面上是双方追求投资利益而形成的具有商事交易秩序价值的对赌行为，实质系违法场外配资，应依法认定无效。针对这一点上诉审法院未给予回应，这种情形跟前面的案例一均涉及信托公司结构性资管计划中的融资问题对于这种信托公司未迎合一般资金委托人以小博大，在集合理财投资信托项目中给予"配资"的行为。

《信托公司集合资金信托计划管理办法》(中国银行业监督管理委员会令2009年第1号)没有禁止，也没有明文规定可以从事结构性资管信托。《管理办法》第二条"在中华人民共和国境内设立集合资金信托计划(以下简称信托计划)，由信托公司担任受托人，按照委托人意愿，为受益人的利益，将两个以上(含两个)委托人交付的资金进行集中管理、运用或处分的资金信托业务活动，适用本办法"，第二十五条"信托资金可以进行组合运用，组合运用应有明确的运用范围和投资比例。信托公司运用信托资金进行证券投资，应当采用资产组合的方式，事先制定投资比例和投资策略，采取有效措施防范风险"。《中国银行业监督管理委员会关于加强信托公司结构化信托业务监管有关问题的通知》(银监通〔2010〕2号)第一条明确规定："结构化信托业务是指信托公司根据投资者不同的风险偏好对信托受益权进行分层配置，按照分层配置中的优先与劣后安排进行收益分配，使具有不同风险承担能力和意愿的投资者通过投资不同层级的受益权来获取不同的收益并承担相应风险的集合资金信托业务。本通知中，享有优先受益权的信托产品投资者称为优先受益人，所有享有劣后受益权的投资者称为劣后受益人。"本案中《差额补足协议》约定由袁建华出资劣后本金为8000万元，对应优先级金额为16,000万元，以浦发银行优先级别 1∶2 配资形成信托资金用于认购长信基金-浦发银行-聚富 21 号资产管理计划,正是该类结构性资管信托产品,属于当时的监管部门银监会允许的信托资管行为。

证监会发布的《关于清理整顿违法从事证券业务活动的意见》(2015 年 19 号公告)和《关于继续做好清理整顿违法从事证券业务活动的通知》(2015 年 9 月 17 日通知)是要求清理、整顿涉嫌违法从事证券业务活动账户,一是在证券投资信托委托人份额账户下设子账户、分账户、虚拟账户的信托产品账户;二是伞形信托不同的子伞委托人(或其关联方)分别实施投资决策,共用同一信托产品证券账户的信托产品账户;三是优先级委托人享受固定收益,劣后级委托人以投资顾问等形式直接执行投资指令的股票市场场外配资。对于符合业务合规性要求的证券账户,各证监局应当督促证券公司持续做好客户服务。本案所涉及的信托项目是属于"符合业务合规性要求的证券账户",不属于清理范围。上诉人李春辉上诉主张信托项目涉嫌配资的理由自然得不到上诉审法院的认同,但是法院没有驳斥这一主张是不作为的表现,容易造成他人误解为法院选择性审理。

本案的其他评析见前述案例二第(八)部分(上诉审法院对案件的审理)的第 5 点(二审法院对案件的评析),在此不再赘述。

从以上涉嫌场外配资的司法案例来看,场外配资的监管首先要区分是合法的信托经营行为,还是非法的肆意配资行为,从外观表现来看合规的结构性资管行为尽管也涉及劣后级受益人通过融资旨在谋取以小博大的投资收益,但是该行为是依据"银监通〔2010〕2 号"文件的合规经营行为,而且该类经营行为一般事先向监管部门进行了备案,并规范化经营,而场外配资一是没有事先备案,二是其本身就是经不起检验的乱加杠杆行为,是一种扰乱证券市场经常交易的违法经营行为,在行政管理层面是必须清理与禁止的,在司法层面必然是被法院否定的行为。但由于场外配资合同是配资双方自愿签订的"杠杆融资"行为,尽管在行政层面是违规的,但是在民事角度又是当事人意思自治的行为,监管政策与法规的红线不容触碰,民商主体意思自治的合意又不能完全忽视的情况下,立足配资合同的自愿基础,分清各自在配资投资证券行为的过错,将清理配资行为视为一种特殊的不可抗力来看待,配资双方按照各自的过错行为承担在配资清理中的责任,应该是明智与公平的。《深圳市中级人民法院关于审理场外股票融资合同纠纷案件的裁判指引》正是如此处理的。2019年11月最高院正式出台的《会议纪要》明确了除依法取得融资融券资格的证券公司与客户开展的融资融券业务外,任何单位或者个人与用资人的场外配资合同无效。

无论是深圳市的裁判指引还是最高法院的《会议纪要》均是应景的裁判指南,是为了解决当时复杂的场外配资纠纷而出台的具有特定历史背景的裁判政策。但是政策本身具有暂时性,经不住漫漫历史长河的检验。场外配资的性质与归宿还是要从整个金融业发展的趋势与金融繁荣发展的公平与法治目标去界定。其中他国的经验也值得我们参考,金融业特别繁荣的美国并没有一味地禁止场外配资,而是交由美联储去监管,由投资者自己去选择是否采用场外配资的方式参与证券交易。这跟美国特定的金融信用体制与证券监管制度有关,也与美国证券投资人以职业投资人为主,他们的专业知识与投资经验较为成熟有关。就目前而言,我国居民是不具备的,所以我国的场外配资要达到美国那种由投资者自由选择的状态,尚有一段漫长的路要走。

"场外配资行为并不是纯正的证券交易行为,而是辅助性证券行为,它涉及到货币市场的融资行为与证券市场的证券交易行为,场外配资就其行为源头来看应该归属于金融监管局监管的货币交易行为,其行为的目的是为了融资交易以博取更高的收益,交易的结果扰乱了现行的交易秩序,所以场外配资行为应该由金融监管局与证监会共同监管,配资进入融资者的证券账户后未进行证券交易的属于金融监管局监管,进行了证券交易就属于证监会监管。融资的杠杆与融资的去向是否合法应该由调整货币市场的法律法规去规范,正规金融涉嫌场外配资违反了关于信贷资金不得投入证券市场、不得用于炒房的规定,自然应该由贷款的金融单位追回资金,终止贷款合同,必要时可以追究借款人的违约责任。民间借贷目前也是纳入了金融监管局的监管,如果民间借贷的借款人借入的资金投入了证券或房地产用于谋求投机,也可以以违反借款合同论处,监管部门只要完善民间借贷的相关行为规范就可。证监会的监管并不能杜绝场外配资行为，投资者之所以杠杆融资炒股是因为股市里面有投资机会，低迷的股市根本吸引不了场外配资。证券市场低迷时证监会希望证券市场交投活跃，这个时候禁止场外配资进入股市不利于活跃证券市场，所以证监会对待场外配资的态度应该是引导与调节，调节证券市场的资金供应量，在证券市场火爆时应该从严监管，降低证券交易的融资杠杆，必要时禁止场外配资，尤其是要禁止杠杆镶嵌行为。

第十章

研究结论与立法建议

第一节　研究结论

一、股票交易融资应遵循八大合规性标准

通过研究可以发现股票交易融资的合规性标准主要有：当事人意思自治原则、机构主体遵循公司治理的原则、信息披露原则、融资杠杆适度原则、一致行动人合并计算原则、金融消费者权益保护标准、杠杆收购的反垄断审查原则、股票交易融资的产业政策标准这八大标准。八大标准之间不是孤立的而是一个有机的系统，它们之间相互联系，共同规范股票交易融资，使其健康运行。

二、监管部门监管股票交易融资的研究结论

股票交易融资合规性监管模式采取国务院中央金融委员会领导下的"一委一会一局"的协调监管模式，证监会主要监管股票质押交易融资的安全性、流动性、效益性与公平性，其中安全性是首要监管目标。当股票交易融资出现风险，安全性受到威吓时，可以调整股票质押融资的杠杆，可能出现系统性风险时可以暂停某些股票或某些机构的融资交易业务。

金融监局对银行资金与保险资金参与证券交易融资的监管,对违规资金进入证券市场的行为进行查处,同时银保监会对银行理财与保险理财以及保险资金参加融资股票交易的行为进行监管,对银行理财与保险理财资金参加高风险的杠杆收购融资行为进行监管,对保险资金融资投资股票的行为进行监管,在出现安全性问题时降低银行与保险公司融资交易行为的杠杆系数,有出现系统性苗头时应暂停其参与或参加股票交易融资的业务。中国人民银行负责制定货币政策,并按照产业政策调节货币的供应量,并根据货币市场的货币充盈程度与汇率变化展开利率与汇率的引导性活动。中央金融委员会主要设立金融信息互动平台,建立证监会与金融监督管理局之间的监管信息共享机制,在股票交易融资中协调金融监管部门之间的合作。

股票交易融资是融证券交易与股票质押融资于一体的复杂性商事关系,其交易的过程固然以当事人意思自治为基本原则,但是基于证券市场与货币市场风险控制的需要,股票交易融资除应该遵守民商法的规定外,还应该接受经济法的规制。所以股票交易融资合规性的监管既包括股票交易融资的合规性制度建设,也包括金融监管部门对其的行政监管。合规与监管之间不是孤立的,而是相辅相成的,合规性标准既是证券经营机构与证券融资交易投资者自律的准绳,也是证券监管部门日常监管证券融资交易经营者与交易者的标尺,可以此标尺衡量证券融资交易是否合规。当金融形势发生变化,证券交易风险可控的前提下,监管部门可以适当调校股票交易融资的合规性标准。

第二节　立法建议

一、建议证券监管部门牵头委托证券法研究专家、证券协会、券商的研究机构、大型基金管理公司、保险业协会、大型银行的合规部门与大型保险公司的合规部门,制定"股票交易融资的合规性标准",并将初步制定的"股票交易融资的合规性标准"运用到机构投资者与证券公司、保险公司投资部门、银行理财部门等参加或参与股票交易融资的实务部门进行检验,取得运行数据后再反馈给"股票交易融资的合规性标准"的研究机构进行完善。

论证理由:"股票交易融资的合规性标准"是规范股票交易融资参加者与参与者合规操作的准绳,"股票交易融资的合规性标准"有股票交易融资价值实现的需要,更是防范股票融资交易风险,避免证券市场内生性系统风险发生的第一道防线。

二、建议立法部门修改《证券法》时考虑场外配资间接参与股票交易融资,场外配资通过认购券商或信托公司等具有资产管理经营业务的公司发行的资产管理产品,或者通过杠杆收购财务顾问组织的筹资渠道进入杠杆收购融资交易的方式进入股市。

论证理由:场外配资是一种分散信用,监管成本较高,让其集中起来通过法定几种渠道进入股票融资交易,既有利于券商与财务顾问公司对其进行管理,也有利于降低场外配资资金的风险,有利于监管部门了解场外配资的真实规模,从而制定防控证券系统性风险的应对措施,同时满足民间资金分享证券市场发展带来的收益,体现平等的证券融资交易参与权。

三、建议立法部门修改《证券法》时,在上市公司并购章节设置杠杆收购的有关制度,如杠杆收购的杠杆比重、杠杆收购融资结构、杠杆收购的持股比例、杠杆收购达到一定持股比例后对剩余股东的收购要约的义务与豁免的条件、杠杆收购的反垄断审查、杠杆收购的产业政策问题等。

论证理由:宝能收购万科的失败,表明杠杆收购因缺乏购并融资制度的困境,为了培育足够参与国际竞争的大型企业集团,有必要确立有利于收购成功的配套融资制度;为了控制杠杆收购的风险有必要明确杠杆收购的杠杆比重与杠杆收购融资结构;为了规制垄断,有必要确立杠杆收购的反垄断审查,避免国外巨无霸企业集团通过杠杆收购控制我国的民族产业;为了支持高科技创新企业的发展,有必要对高新技术创新企业的公司购并与杠杆收购给予一定的优惠政策。

四、建议立法部门制定《金融业监督管理法》时,确立中央金融委员会协调金融监管的体制。就中央金融委员会对金融业的日常协调、金融信息共享平台的建设、金融监管信息的保密、利用智能数据分析系统筛选股票交易融资信息,及时发现风险因素并发布监管指令的机制进行明确规定。

论证理由:金融分业跨界经营层出不穷,有朝金融混业经营方向发展的趋势,传统的分业监管的机构监管模式无法及时防范并切断金融业风险的传导,必须借助金融科技,运用智能数据分析才能及时发现风险点,并快速采用防范措施,切断金融风险的传导。股票交易融资的风险很容易通过大量个股风险转化为系统性风险,并传导给货币市场,因而利用智能数据分析系统筛选股票交易融资的风险点,及时加强该风险点的规制措施,如降低杠杆系数、暂停投资者或融资交易经营者的股票融资交易业务。

后 记

不当家不知柴米油盐贵,不著书不懂智情才识困。本书是 2019 年司法部课题《上市公司股权质押系统性风险的法律治理》(项目编号 19SFB5013)的研究成果。奈何鄙人才学浅陋,加之证券市场的监管实践与法律规制日新月异,使得原本写好的初稿不得不面临多次修改,即便尽力斟酌亦难以避免遗漏与错误,原打算在写完我国证券市场的监管实践之后,再撰写数字经济下我国证券市场交易融资监管的发展一章,但是真正动笔撰写之时方才发现这一内容创新性极强,非得对数字中国背景下区块链技术在证券监管领域的应用有深刻的理解方能胜任。正因为证券市场监管的专业性与实践性强的原因,在当前区块链技术应用于证券监管实践没有全面展开前,去撰写这一内容必然会陷入盲人摸象,甚至痴人说梦的境地,所以本文只能停留在对已经发生了的证券监管实践进行总结与分析。即使是仅仅反映我国股票交易融资的合规性监管实践的著述,由于初稿完成后耽搁时间长,写作期间监管政策与监管新论层出不穷,导致文中某些观点有所陈旧,所以在此请读者在翻阅本书时批评指正,以便作者以后写作同类著作时能够吸收学界同仁的新思想、新观点。

考虑到引用他人观点的文献在正文下方均用脚注标注了文献的来源与出处,绿色经济背景下,为节省印刷纸张,本书节省了文后的参考文献,读者需要了解本书参考文献可查阅文中的脚注。

作者

2023 年 6 月 1 日

图书在版编目(CIP)数据

上市公司股票交易融资合规性监管制度研究/赖华子著.—
上海:上海三联书店,2024.3
ISBN 978 - 7 - 5426 - 8316 - 8

Ⅰ.①上… Ⅱ.①赖… Ⅲ.①股票交易－金融监管－研究－
中国 Ⅳ.①F832.51

中国国家版本馆 CIP 数据核字(2023)第 236290 号

上市公司股票交易融资合规性监管制度研究

著　　者 / 赖华子

责任编辑 / 郑秀艳
装帧设计 / 一本好书
监　　制 / 姚　军
责任校对 / 王凌霄

出版发行 / 上海三联书店
　　　　　(200041)中国上海市静安区威海路 755 号 30 楼
邮　　箱 / sdxsanlian@sina.com
联系电话 / 编辑部:021－22895517
　　　　　发行部:021－22895559
印　　刷 / 上海惠敦印务科技有限公司

版　　次 / 2024 年 3 月第 1 版
印　　次 / 2024 年 3 月第 1 次印刷
开　　本 / 640 mm×960 mm　1/16
字　　数 / 280 千字
印　　张 / 19.5
书　　号 / ISBN 978 - 7 - 5426 - 8316 - 8/F・909
定　　价 / 88.00 元

敬启读者,如发现本书有印装质量问题,请与印刷厂联系 021－63779028